beck'sche reihe

Die „Klassiker des politischen Denkens" haben sich mit sechs Auflagen über mehr als 30 Jahre hinweg erfolgreich verkauft und werden nun in neuer Ausstattung in der Beck'schen Reihe vorgelegt. Alle Beiträge sind überarbeitet worden, über die Hälfte wurde gänzlich neu geschrieben.

„Es gibt keine bessere Zusammenschau, die gleichermaßen für den Laien wie für den berufsmäßig mit der Politik Befaßten geeignet ist." Süddeutscher Rundfunk

Hans Maier, Prof. emeritus an der Ludwig-Maximilians-Universität München, von 1970 bis 1986 Bayerischer Staatsminister für Unterricht und Kultus.
Horst Denzer, Leitender Akademischer Direktor i.R. an der Akademie für politische Bildung in Tutzing.

Klassiker des politischen Denkens

Erster Band

Von Plato bis Thomas Hobbes

Herausgegeben von
Hans Maier und Horst Denzer

Verlag C. H. Beck

Die erste Auflage dieser Ausgabe erschien 2001.

2. Auflage (in der BsR). 2004
© Verlag C. H. Beck oHG, München 2001
Gesamtherstellung: Druckerei C. H. Beck, Nördlingen
Umschlagabbildungen: Platon, Niccolo Macchiavelli,
Hugo Grotius (Archiv für Kunst und Geschichte, Berlin)
Umschlagentwurf: +malsy, Bremen
Printed in Germany
ISBN 3 406 42161 X

www.beck.de

Inhalt

Einleitung
von Hans Maier 7

Platon (427–347 v. Chr.)
von Daniela Hüttinger 15

Aristoteles (384–322 v. Chr.)
von Peter Weber-Schäfer 33

Cicero (106–43 v. Chr.)
von Wilfried Nippel 53

Augustin (354–430)
von Hans Maier 65

Thomas von Aquin (1224/25–1274)
von Jürgen Miethke 79

Dante Alighieri (1265–1321)
von Klaus Ley 95

Marsilius von Padua (1275–1342/43)
von Dirk Lüddecke 107

Niccolò Machiavelli (1469–1527)
von Herfried Münkler 119

Thomas Morus (1477/78–1535)
von Richard Saage 135

Martin Luther (1483–1546)
von Hans Karl Scherzer 149

Francisco de Vitoria (1483–1546)
von Ulrich Horst 165

Jean Bodin (1529/30–1596)
von Horst Denzer 179

Hugo Grotius (1583–1645)
von Daniel-Erasmus Khan 193

Thomas Hobbes (1588–1679)
von Christine Chwaszcza 209

Literaturhinweise 227

Die Autoren 254

Einleitung

> *If we cease to believe in the future, the past would cease to be fully our past: it would become the past of a dead civilisation.*
> T. S. Eliot, *What is a classic?* (1944)

Klassiker der Literatur – das ist ein altbewährter, alteingesessener Begriff, und eine Sammlung solcher Klassiker dürfte dem einen nützlich, dem andern vielleicht konventionell, keinem aber überraschend vorkommen. Aber Klassiker des politischen Denkens? Wird der ehrwürdige Titel des Klassischen hier nicht über Gebühr gedehnt und strapaziert – fast so, wie wenn man heute von ‚klassischen‘ Kochbüchern, Kriminalromanen, Liebespaaren spricht? Läßt sich das Politische überhaupt in solche literarische Kategorien fassen? Trifft auf den, der über Politik schreibt – vorausgesetzt, er schreibt gut – ebenso schlicht und klar wie für seinen poetischen Zwillingsbruder die sainte-beuvesche Definition des Klassikers zu: „un écrivain de valeur et de marque, un écrivain qui compte, qui a du bien au soleil, et qui n'est pas confondu dans la foule des prolétaires" (*Causerie du lundi* III, 1850)?

In der Tat reihen sich die politischen Schriftsteller, die in diesem Buch versammelt sind, nicht ohne weiteres zu einem Gedanken- und Gestaltenzug zusammen. Viele von ihnen stehen zueinander – denkt man sie etwa an einem Ort zur gleichen Zeit versammelt – viel eher im Verhältnis des Streites, der Polemik, der Disputation. Auch darin unterscheiden sie sich von den Klassikern der reinen Literatur, daß sie nicht nur in der Sphäre der Empfindung und des Gedankens gewirkt haben, sondern die politische Praxis, das Zusammenleben der Menschen beeinflußt und verändert haben und noch verändern bis zum heutigen Tag. Woher also bei diesen Denkern der Anspruch des Klassischen, der sich doch in unseren Vorstellungen meist mit der Idee des Zeitüberhobenen, Immer-Gültigen, Allgemein-Menschlichen verbindet?

Eine erste Antwort wäre die, daß es, wie im rein Literarischen, so auch im Bereich des politischen Denkens jenes Phänomen gibt, das wir Kanonbildung nennen. Aus einer Fülle von Schriften und Autoren kristallisieren sich allmählich die mustergültigen, erstklassigen (*classici*) heraus. (Das Wort *classicus* bezeichnet im Lateinischen ursprünglich die Angehörigen der ersten Steuerklasse!) An diesem Vorgang haben literarische Kritik und Wertung ebenso ihren Anteil wie Volksmund und Publikumsgeschmack; soziale und kulturelle Verwandtschaften zwischen Autor und Gesellschaft, literarischem Werk und historischer Epoche spielen eine Rolle, kurz, die Kriterien des Klassizismus bilden sich in einem langwierigen und differenzierten Prozeß. So wenig man in der Politik einem Staatsmann den Zusatz ‚der Große' autoritativ verleihen kann (wie man es bei uns mit Wilhelm I. versucht hat) oder ihm diesen Titel nachträglich wieder entziehen kann (wie es Friedrich dem Großen geschah), so wenig geben Gesichtspunkte stilistischer und literarischer Autorität allein den Ausschlag, wo es um die Investitur eines literarischen Klassikers der Politik geht. Zu guter Letzt ist es immer, wie in der Literatur ganz allgemein, die Probe der Zeit, die ein klassischer Autor bestehen muß; denn, wie T. S. Eliot in seiner Studie über den Klassiker Vergil gesagt hat, „it is only by hindsight, an in historical perspective, that a classic can be known as such" (*What is a classic*, 1944).

Kein Zweifel nun, daß ein solcher Kanon des Klassisch-Politischen in unserer westlichen Tradition tatsächlich existiert – zumindest könnte man sich leicht auf einen Grundbestand von Werken und Autoren einigen, denen nach übereinstimmender Auffassung das Prädikat des Klassikers gebührt. Am leichtesten fällt das für die Antike und das Mittelalter. Plato, Aristoteles, Cicero, Augustin und Dante gehören ohne Frage zu diesem Kreis, aber auch Schriftsteller von geringerer Universalität und Wirkung wie Polybius, Ambrosius, Johann von Salisbury, Marsilius von Padua. Schwieriger wird die Auswahl in der Neuzeit, die politischen Äußerungen werden spezialistischer, die nationalen Unterschiede treten schärfer hervor. Aber auch hier hat sich im Lauf der Zeit ein ähnlicher Kanon herausgebildet wie für die Antike und das Mittelalter: Machiavelli und Bodin, Vitoria und Grotius, Hobbes und Pufendorf sind die Gründerfiguren, es folgen die Klassiker des modernen Verfassungsstaates, Locke, Montesquieu, die Autoren des *Federalist* und Kant, dann die Theoretiker der modernen Revolutionen von Rousseau über Hegel, Tocqueville und Marx bis Nietzsche, mit denen eine neue, noch nicht abgeschlossene Phase des politischen Denkens beginnt. Ungefähr diese Autoren sind es, die man findet, wenn man ein beliebiges englischamerikanisches Textbuch der politischen Theorie aufschlägt; auch die anspruchsvolleren Lehr- und Quellenbücher (Sabine, Strauss-Hobson, Touchard, Bergstraesser-Oberndörfer) gehen von diesem Kanon aus und ebenso die großen Klassiker-Reihen: Blackwell in England, die Pléjade in Frankreich und die ‚Klassiker der Politik' bei uns. Was wir hier vor uns haben, sind Musterautoren wie in jenen Schriftstellerverzeichnissen des Altertums und Mittelalters, die den Lesestoff für die Grammatikschulen enthielten: Klassizität im Sinne des Exemplarischen, der pädagogischen Stil- und Geschmacksbildung; die Rechtfertigung für die Aufnahme eines Autors liegt hier einfach in seiner literarischen Verwendbarkeit für diesen Zweck.

Indes, die Existenz eines literarischen Kanons ist ja nur ein formales, ein traditionalistisches Argument. Was berechtigt uns *sachlich* dazu, von Klassikern des politischen Denkens zu sprechen? Bloße Sprachrichtigkeit, literarische Exemplarität kann es nicht sein, obwohl beides gewiß auch bei politischen Autoren nicht unwichtig ist: ein Comte etwa vermag sich in Frankreich nur mühsam in der Rangliste der politischen Klassiker zu halten, weil er schlecht schrieb, und ähnliches gälte wohl, wenn wir in Deutschland strengere literarische Maßstäbe hätten, auch für Hegel, ja sogar Fichte, für Max Weber. Wohingegen ein so schimärischer Geist wie Hobbes, aller Ablehnung der Zeit und Nachwelt zum Trotz, vermöge der Klarheit und Kraft seines Stils bis heute fortlebt, und die formal anspruchslosen *Federalist Papers* sich wegen ihrer journalistischen Frische und ihrer einladend-unkomplizierten Art zu sprechen im Kreis stärkerer Zeitgenossen mühelos behauptet haben. Doch zum klassischen Rang gehört mehr. Das große politische Werk muß, über seine sprachlich-literarische Qualität hinaus, in einem besonderen Verhältnis zu der Gesellschaft stehen, in der es entworfen und für die es geschrieben wurde. Eine neue Erfahrung, eine für das politische Zusammenleben konstitutive Erkenntnis, ein Anspruch an die Gesellschaft muß in ihm formuliert sein – etwas, das Widerhall und Aufnahme findet, wenn nicht heute, so doch morgen, und was weiterwirkt über die Person des Autors und seine Lebenszeit hinaus. Es ist gewiß nicht nötig und kommt auch selten vor, daß politische Werke schon zu Lebzeiten ihrer Autoren den Zenit ihrer Wirksamkeit erreichen. Nur ganz selten ist in der politischen Literatur der Gedanke auch schon die Tat. Wichtige Schriftsteller bleiben unbekannt, treten erst postum in überraschenden Renaissancen wieder ans Tageslicht. Aber von einem Klassiker des politischen Denkens sprechen wir nur dann, wenn sein Werk *einmal,* und sei es nur für eine kurze Frist, im Mittelpunkt der politischen Ideen und Vorstellungen einer Epoche stand, wenn es repräsentativ wurde für eine Gesellschaft und wenn es – eine weitere, nicht unwichtige Bedingung – sowohl die Möglichkeit universeller Verbreitung wie auch die Kraft geschichtlichen Weiterwirkens in sich trägt.

Schon hier wird deutlich, daß das klassische politische Werk nicht in einem augenblicklichen Einfluß auf den Tag und die Tagespolitik aufgehen kann, daß seine Wirkungsphasen länger, und das heißt auch: langsamer sind als die der aktuellen Politik. Wo Theoretiker und Analytiker der politischen Welt das verkannten, wo sie, gelegentlich sogar in blindem Eifer, der öffentlichen Wirkung ihres Denkens künstlich nachzuhelfen versuchten, da sind sie meist an den Fallstricken und Fußangeln der Politik gescheitert. Zumindest ist ihre praktisch-politische Tätigkeit im Gegensatz zu ihren Schriften rasch verblaßt. Ein Plato ist als Schöpfer der *Politeia* und der *Nomoi* in die Geschichte der Politik eingegangen, nicht als Berater Dions, ein Aristoteles als Sammler und Systematiker der Staatsverfassungen seiner Zeit, nicht als Prinzenerzieher der Makedonen. Machiavellis *Principe* hat den Stürmen der Zeit weit besser standgehalten als seine florentinische Miliz, und Rousseaus *Contrat social* ist zum Grundbuch der modernen Revolution geworden, während seine Verfassungsentwürfe für Korsika und Polen die politischen Geschicke jener Länder kaum zu beeinflussen vermochten. Obwohl es unter den Klassikern des politischen Denkens auch Staatsmänner und Diplomaten gibt – Cicero, Thomas Morus, Grotius, Tocqueville sind nur einige der hervorragendsten Beispiele –, bilden sie doch die Ausnahme, nicht die Regel: ganz selten nur scheint sich ein analytisch-philosophisches Verhältnis zur Politik mit praktischer Wahrnehmung politischer Ämter zu vertragen. Das heißt nicht, daß diese Schriftsteller neutrale, leidenschaftslose Betrachter der politischen Szene gewesen wären: keiner, der je über Politik schrieb, ist der Verstrickung in die politischen Wirrungen seiner Zeit entgangen, und oft war Enttäuschung über ein politisches Regime der erste Anlaß, über Politik zu schreiben (Plato, Machiavelli), oft haben sich politische Schriftsteller einer Partei verschrieben (Sieyes, Burke) oder sich zu Herolden einer neuen politischen Ordnung aufgeworfen (Dante, Rousseau, Comte). Aber die meßbaren, greifbaren Wirkungen großer politischer Literatur liegen meist nicht in der Umwelt und im Kreis der Zeitgenossen. Veränderungen des Denkens brauchen lange, bis sie sich in Normen des praktischen Verhaltens umsetzen. Erst aus einiger Entfernung enthüllt sich die mächtige, sichtbestimmende und tatauslösende Wirkung einer „auf den Begriff gebrachten" philosophischen Politik – dann freilich so gewaltig, daß nur banausischer Zweifel noch die Wirkkraft von Ideen in der Geschichte unterschätzen kann: so bei Plato und Augustin, bei Rousseau und Hegel, bei Marx und Nietzsche.

Aber noch einmal: widersprechen sich die Stimmen der Denker, die hier versammelt sind, nicht unaufhörlich – so sehr, daß das Ergebnis kein Chor, sondern ein chaotisches Stimmengewirr ist? Gehört zum Klassischen nicht auch die Einheit, die Konkordanz, die Kontinuität, die Verwurzelung in Traditionen? Gewiß, die innere Einheit ist bei den politischen Klassikern sehr viel schwerer zu erkennen als bei den Klassikern der schönen Literatur. Dennoch fehlt sie nicht völlig. Denn sieht man genauer zu, so nehmen alle klassischen Autoren gegenüber dem Politischen eine spezifische Haltung ein, sie erfüllen eine spezifische Aufgabe. Einmal: sie erinnern. Sie sind bemüht, im Lärm des politischen Alltags (der damals wie heute das Wichtige und oft sogar das Politische selbst übertönt) die Erinnerung an die stets gestellten Aufgaben des Gemeinwesens wachzuhalten, sie den Regierenden dort, wo sie vergessen wurden, ins Gedächtnis zu rufen. Sodann: sie messen. Sie rücken das, was sich in der praktischen Politik tagtäglich abspielt, unter das Richtmaß der ursprünglich gesetzten Ordnung des Zusammenlebens, der Ur-Vereinbarung, der *première convention* (Rousseau) des Gemeinwesens. Und sie üben Kritik. Philosophische Kritik der Zustände als Verpflichtung zum Umdenken, als Ansatz der Reform: das ist der Ursprung aller wissenschaftlichen Politik seit der sokratisch-platonischen Frage nach der Polis; denn die Aufgabe des Philosophen ist es, in der Reflexion auf das Gute Ziele des politischen Handelns als richtig zu begründen oder als unrichtig zu verwerfen, und hierin stimmt er mit der wahren, auf das menschenwürdige Leben bezogenen Politik überein.

Versteht man den Zusammenhang der großen politischen Denker so, sieht man die Kontinuität ihres Denkens nicht in einer gleichförmigen Aussage, sondern in der Hartnäckigkeit der immer neu gestellten Frage, so wird auch deutlich, warum diese Denker einander widersprechen, warum ihr Wort zu verschiedenen Zeiten verschieden klingt. Da alle politische Ordnung sich in der Geschichte realisiert und realisieren muß, wechselt der konkrete Inhalt des immer Aufgegebenen mit den jeweiligen Situationen, und mit ihnen wechselt auch der Inhalt der politischen Aussagen. Die immer gleiche Frage nach der guten politischen Ordnung treibt zu verschiedenen Zeiten und in verschiedenen Gesellschaften unterschiedliche Antworten hervor. Und doch ist es, im Sinne der philosophischen Kritik der Zustände, stets der gleiche Vorgang, wenn die politische Theorie die praktische Politik auf besondere geschichtliche Aufgaben verweist, ob nun ein Bodin in einer Zeit der Glaubenskriege und der inneren Selbstzerfleischung auf die Souveränität des Fürsten als eines letzten Schiedsrichters hindeutet, oder ein Montesquieu in einer Zeit wachsender Entbindung des Königtums vom Recht in der *ratio scripta* der Gesetze eine Balance gegen die Willkür fürstlicher Gebote sucht; ob im liberalen 19. Jahrhundert die Kathedersozialisten an die Pflichten der Gesellschaft gegenüber dem Proletariat erinnern, oder ob Max Weber gegenüber einer ideologiebefangenen Gesinnungspolitik auf die Verantwortungsethik hinweist, da das Tun eines Politikers nicht nach seinen Gesinnungen, sondern nach den Folgen seines Handelns beurteilt werden muß.

An diese innere Einheit des Politischen darf uns ein Kanon klassischer politischer Schriftsteller wohl erinnern: doppelt heute, da sich die nationalen und kulturellen Sondertraditionen in Ost und West, Nord und Süd in einem „Weltalter des Ausgleichs" (Max Scheler) zu neuer, noch undeutlicher Gestalt verschränken. Freilich, die Betrachtung des politischen Denkens zeigt auch, daß die mögliche politische Einigung der Zukunft kein Ergebnis technischer Prozesse ist, daß eine neue politische Ordnung heute wie immer allein aus der aktiven Bemühung um Frieden und Gerechtigkeit, also um rechte Normen des Zusammenlebens entspringt. Technische Hilfen nehmen dem Politiker die Last der Frage nach dem Richtigen nicht ab. Die *res agendae*, die ihn angehen, sind nicht die *res futurae* einer sich als Politik ausgebenden Technokratie oder

Futurologie. Denn Politik ist nicht vorgegebener Zukunftshorizont, sondern stets neu gestellte Aufgabe ordnender Gestaltung – nichts anderes ist der Inhalt einer Geschichte der politischen Theorie, wie sie aus den Gestalten dieses Buches deutlich wird.

Die beiden Bände „Klassiker des politischen Denkens" haben sich mit 6 Auflagen über mehr als dreißig Jahre hinweg als Standardwerk bewährt. Zuletzt vergriffen, hat der C. H. Beck-Verlag die Überführung der Bände in schlankerer Form und an einen breiteren Leserkreis angepaßt in die Beck'sche Reihe gewünscht. Die dadurch notwendige völlige Neubearbeitung wurde dazu genutzt, für über die Hälfte der Beiträge neue jüngere, kompetentere Autoren zu gewinnen. Dadurch wird das Werk, so hoffen Herausgeber und Verlag – wieder über Jahrzehnte hin seinen beachteten Rang bewahren.

Ein kurzes Wort zum Gebrauch des Buches. Es kann und soll ebenso der unbefangenen Lektüre dienen wie dem Studium, der wissenschaftlichen Orientierung – daher ist versucht worden, jede einzelne Klassikermonographie zu einem Gesamtbild zu runden. Leben, Werk und Wirkungsgeschichte des Autors werden knapp, aber eingehend dargestellt. Am Anfang jeder Monographie steht eine biographische Zeittafel, nach dem Text folgen Literaturhinweise. Dem monographischen Charakter des Bandes entsprechend wurde auf ausführliche Quellenzitate und auf Anmerkungen verzichtet. Der Benutzer hat aber durch die Kurzzitierung mittels Sigeln im Text, die in der Zeittafel, in den Literaturhinweisen oder bei der ersten Textstelle erklärt werden, die Möglichkeit der eigenständigen Erarbeitung der Texte. Zur Erleichterung sei der Leser hier auf die Textsammlungen von Rudolf Weber-Fas (1977), Norbert Hoerster (1976, ²1992), Klaus Adomeit (1992/95) und Theo Stammen u. a. (1997) hingewiesen. Erfreulicherweise wird bei den Textsammlungen das vergriffene Standardwerk von Bergstraesser/Oberndörfer (1962, ²1975) jetzt völlig überarbeitet in der Beck'schen Reihe neu erscheinen: Klassische Staatsphilosophie. Texte und Einführungen von Platon bis Rousseau, Hg. Dieter Oberndörfer/Beate Rosenzweig, München 2000.

Hans Maier

Daniela Hüttinger

Platon (427–347 v. Chr.)

Zeittafel

427 v. Chr.	Geburt in Athen als Sohn des Ariston und der Periktione
(431–404	Peloponnesischer Krieg)
ca. 407	Platon lernt Sokrates kennen
404/403	Umsturz der 30 Tyrannen (u. a. Kritias, Platons Onkel)
	Wiedereinführung der Demokratie
	Protagoras (?)
	Anklage, Verurteilung und Hinrichtung des Sokrates durch die Polis Athen wegen Verachtung der Polisgötter, Einführung neuer Götter und Verderben der Jugend
	Platons endgültiger Entschluß zum Rückzug aus der Politik
	Apologie (?)
	Freundschaftliche Beziehungen zu Archytas von Tarent und den Pythagoreern in Unteritalien
389	*Gorgias (?)*
	erste Reise nach Sizilien an den Hof des Dionysios I von Syrakus
	Freundschaft zu Dionysios' Schwager Dion
	Zerwürfnis mit Dionysios (Platon wird ca. 387 als Sklave verbannt)
ca. 387	Gründung einer Philosophenschule im Hain des Akademos in Athen (Akademie, wird erst 529 n. Chr. durch Justinian geschlossen)
372 (?)	*Politeia*
368 (?)	*Politikos*
	Nach dem Tod Dionysios' 2. Reise nach Sizilien auf Bitte Dions und Dionysios II, Platon als Berater am Hof des Dionysios II
	Scheitern des Verhältnisses, Verbannung Dions
	Eintritt Aristoteles´ in die Akademie
364 (?)	Beginn mit den *Nomoi*
361/360	3. Reise nach Sizilien
357	Eroberung Syrakus' durch Dion
354	Ermordung Dions durch Kallipos
347	Tod Platons

I. Platon und die Begründung der politischen Philosophie

Die Begründung der politischen Philosophie durch den ersten Klassiker des politischen Denkens des Abendlandes vollzieht sich im Rahmen der Entdeckung des Politischen durch die Griechen. Das Politische als bewußt erfahrene Form menschlicher Vergesellschaftung kristallisiert sich uns nachvollziehbar im Athen des 5. und 4. Jahrhunderts v. Chr. Thukydides zeichnet in seiner fiktiven Leichenrede des Perikles, der diese um das Jahr 430 v. Chr. tatsächlich gehalten haben mag, das Bild des Atheners als das eines „philosophierenden Bürgers": eines Bürgers, der in Liebe zur Weisheit zugleich private und gemeinsame Angelegenheiten mit Eifer betreibe. Tugend, Mitte und Mäßigung waren die Leitbegriffe im Hintergrund. In den Augen der Athener war dies das Politische, das Polishafte. Man fand es ihrer Meinung nach nur in Athen, der „Schule von Hellas" (Thukydides, Peloponnesischer Krieg II, 37–41). Kurze Zeit später gab es in dieser Stadt nur einen einzigen, der nach Platons Ansicht dem Anspruch genügte: Sokrates. Platons Freund und Lehrer war Kind der Polis Athen, des Höhepunkts ihrer Macht, aber auch des beginnenden sittlichen und politischen Verfalls. Nachdem die eigene Heimatstadt den gerechtesten aller Menschen zum Tode verurteilt hatte, wurde für Platon der Bruch im Verhältnis zwischen Mensch und Polis, Ethik und Politik offenbar; dies veranlaßte ihn zu weiterführender Reflexion auf die athenische Politik, auf Politik überhaupt. Platons reflektierte Politik ist insofern der Beginn politischer Philosophie, als sie die polisweltliche Realität transzendiert. Platon entwickelt in seinem Hauptwerk *Politeia* ein Paradigma für Politik, welches empirisch selbst nicht faßbar ist. Der Maßstab, die Politeia (Verfassung), liegt „im Himmel" (Politeia 591 e–592 b). Sie nährt sich aus der Idee des Guten, die „jenseits des Seins" (Politeia 509 b) ist. Die Kritik der bestehenden Verhältnisse läßt die erste uns bekannte philosophische Reflexion von Politik entstehen.

Der Beginn der politischen Philosophie hat es mit einem seltsamen Phänomen zu tun. In Platon und Sokrates werden wir mit zwei Personen konfrontiert, die sich schwer auseinander dividieren lassen. Dabei ist nicht Sokrates' historische Existenz, die auch von Aristophanes, Xenophon und Aristoteles bezeugt wird, sondern die Trennung zwischen sokratischen und platonischen Gedanken problematisch. Sokrates vermachte uns keine einzige schriftliche Zeile. Platon seinerseits berichtet fast ausschließlich von Gesprächen des Sokrates. In den Dialogen scheint Platon die Gedanken und Argumente seines Lehrers wiederzugeben. Sie verlaufen meist kreisförmig und enden in der Aporie, d.h. einer Situation, in der die Gesprächsteilnehmer weniger zu wissen glauben als zuvor. Erst im späteren Werk tritt der Gesprächsteilnehmer Sokrates in den Hintergrund, und Platons eigene Gedanken entwickeln sich. Formal sind die Dialoge jetzt durchsetzt von längeren Monologen; insbesondere zeugen davon *Politeia* und *Nomoi*. So läßt sich eine gewisse Reihenfolge der Dialoge festmachen: frühe Dialoge *(Apologie, Euthyphron, Gorgias, Hippias Minor, Ion, Kriton, Laches, Politeia Buch I, Protagoras)*, Übergangsdialoge *(Euthydemos, Hippias Maior, Lyses, Menexenos, Menon)*, mittlere *(Kratylos, Parmenides, Phaidros, Phaidon, Politeia II–X, Symposion, Theaitetos)* und späte *(Timaios, Kritias, Sophistes, Politikos, Philebos, Nomoi)*. Dennoch ist die Differenzierung zwischen sokratischen und platonischen Gedanken mit Vorsicht zu prüfen. Eine Trennung und Bewertung der beiden Personen (z.B. Popper, Arendt) ist kaum legitimiert.

Über 40 Dialoge und einige Briefe sind uns überliefert. Die Dialoge zeugen von der Ablösung der traditionellen Mythen, allerdings nicht durch rationale Abhandlung, sondern in Form von neuen, platonischen Mythen (vgl. der Prometheus-Mythos im Protagoras 320c–0322d, der Mythos des Pamphyliers Er in der Politeia X 614a–621b), die die „wahre Philosophie lobpreisen" (epainon ten orthen philosophian VII. Brief, 326a6–7). Es sind Platons Dialoge selbst, die in Form eines Mythos „erdichtet" sind, wie die Verfassung der *Politeia (*he politeia hen mythologumen logo Politeia 501e2–5). Die Dialoge verweisen auch auf die methodische Situation der Wissenschaften. Für Platon existiert nur eine Wissenschaft, nur ein Wissen, das Mathematik, Ethik, Politik und Rechtslehre inhaltlich umfasst. Erst Aristoteles benennt spezialisierte Wissenschaftszweige, welche dann in Form der Abhandlung bearbeitet werden.

Welche Dialoge sind für das politische Denken relevant, welche sind politisch? In der frühen Phase bilden die Sophisten für den von Platon gezeichneten Sokrates den Gegenpol seines Lebens und Denkens. Ihre aus Platons Sicht „machtpolitischen", „rechtspositivistischen" und relativistischen Auffassungen vom menschlichen Erkennen, Urteilen und Handeln sind der Grund, auf dem sich die sokratisch-platonische Suche nach Wesen und Wahrheit entfaltet. Hatten die Sophisten im Gefolge der Naturphilosophen erstmalig die anthropologischen Fragen in den Mittelpunkt gerückt, so gab sich Sokrates mit deren seiner Meinung nach utilitaristischen „Halbwahrheiten" nicht zufrieden. Im späteren Werk setzte Platon eigene politische Ordnungsentwürfe dagegen. So sind die meisten Dialoge in mehrfacher Hinsicht politisch: einmal, wenn sie Konfrontationen des Sokrates mit machtpolitisch motivierten Personen aufzeichnen, zweitens, wenn sie inhaltlich Ordnungswissen wie die politische Kunst, oder Ordnungsformen wie die *Politeia* betreffen. Drittens aber können nahezu alle Dialoge als politisch bezeichnet werden: Der Mensch ist in der griechischen Kultur nur als Bürger denkbar. Fragt man wie Sokrates nach dem besten Leben für den Menschen, so impliziert dies immer die Frage nach dem besten Handeln. Wie aber wird jemand ein gut handelnder Mensch? In griechischer Anschauung muß er dazu erzogen werden, braucht er andere Menschen: die Polis. Die Frage nach dem besten Leben ist eng verknüpft mit der Frage nach der besten Polis. Da es in fast allen Dialogen um das gute Leben geht, ist eine Auswahl politischer Dialoge schwierig.

Wir konzentrieren uns im Frühwerk auf die Gespräche, in denen die Tugend in ihrer Ganzheit behandelt wird: den *Protagoras*, den *Gorgias*, aber auch die *Apologie*, den *Menon* und den *Euthydemos*. Sodann in der mittleren Schaffensperiode die *Politeia*, in der sich das Gerechte in einem Entwurf einer besten politischen Ordnungsform kristallisiert. Im Spätwerk versuchen die Dialoge *Politikos* und *Nomoi*, das Paradigma in eine zweitbeste Polis auf irdischem Grund umzusetzen und ein realisierbares Wirkungsfeld für die so lange gesuchte politische Kunst bereitzustellen.

II. Die frühen Dialoge

Einer der Anklagepunkte gegen Sokrates lautete, er habe neue Götter eingeführt. Man war mißtrauisch geworden, da er gerne von seinem „daimonion" sprach (aus seiner Sicht freilich nicht im

Sinne eines Gottes, sondern einer inneren Stimme). Das „daimonion" hatte ihm abgeraten, so berichtet Sokrates in seiner Verteidigungsrede, sich an den politischen Angelegenheiten (politika) zu beteiligen (Apologie 31 d). Sokrates war in seiner äußeren Umgebung, in der politischen Sphäre der Heimatstadt, nicht willkommen. Zweimal hatte er in seinem Leben in verantwortlicher Position an der Polispolitik teilgenommen: in beiden Fällen hatte er seiner Überzeugung gemäß gerecht gehandelt, und gegen die Mehrheitsmeinung der Politiker votiert. Beide Male hatte er Anstoß erregt, weil er für Gerechtigkeit eingetreten war (Apologie 32–33a). So hielt er sich künftig außerhalb des politischen Bereiches. Und trotzdem tolerierte ihn die Vaterstadt nicht – sie brachte ihn um. Der tiefere Grund für die Hinrichtung mag darin gelegen haben, dass Sokrates trotz aller öffentlichen Zurückhaltung die menschlich-politische Autorität immer für sich beansprucht hatte (schließlich verlangte er in der *Apologie* – 36 d – statt der Todesstrafe die höchste Ehrung für einen Bürger: die Speisung im Ratsgebäude). Im *Gorgias* rühmt sich Sokrates, dass er „alleine wahrhaft die politische Kunst" betreibe (Gorgias 521 d 7–8).

Die politische Kunst (techne politike), in den Dialogen identisch mit der politischen Tugend (arete politike) und dem politischen Wissen (episteme politike), ist der immer wiederkehrende Gegenstand sokratischer Diskussionen. Sie umfasst inhaltlich alle anderen Einzeltugenden, die in der „ganzen Tugend" (Laches 199 e 5) aufgehen. „(M)enschliche und politische Tugend" (arete, he anthropine kai politike, Apologie 20 b 4–5) hatte Sokrates sie kurz vor seinem Tode genannt. Die Frage nach dem Menschen weist immer schon auf sein Leben in der Gemeinschaft, in ihr allein läßt sich menschliche Tugend vollenden. Dabei gründet jene Tugend in Wissen und Einsicht. Diese These entwickelt Sokrates-Platon in den Dialogen, in denen er sich an Sophisten wie dem großen Protagoras reibt, der behauptet, die Menschen „in den politischen wie auch in den privaten Angelegenheiten besser zu machen" (Protagoras 319a). Nachdem dies übereinstimmend als politische Kunst identifiziert ist, diskutieren Sokrates und Protagoras über deren Lehrbarkeit und Wesen. Protagoras zeigt die Lehrbarkeit an einem Mythos auf (320 c 8–322 d 5): Die Menschen waren nackt und hilflos der rauhen Natur und den Tieren ausgeliefert, weil Epimetheus sie mangelhaft ausgestattet hatte. Da stahl

Prometheus das Feuer für sie, die Grundlage handwerklicher Kunst. Eine wirkliche Rettung erfolgte jedoch erst durch Zeus. Er ließ bei allen Menschen Scham (aidos) und Recht (dike) einrichten, so dass sie sich zum Schutz vor den wilden Tieren zusammenschließen konnten. Nun war es auf höchsten Befehl Pflicht, die Anlagen zur politischen Kunst zu fördern, sei es durch Erziehung, Gerichte oder Gesetze (327 d 1–2). Die Polispolitik selbst ist es nach Ansicht des Protagoras, in der die Menschen erzogen werden. In der Praxis kann die politische Tugend gelehrt werden. Die politische Konvention entscheidet über den Inhalt von Tugend, Gerechtigkeit und Gesetzen. Der Maßstab wird im Mythos schlicht vor die Folie des Nichtfunktionierens gestellt: Nachdem Prometheus das Feuer für die Menschen gestohlen hatte, hatten sie zwar gegen die Tiere bestehen können, sich aber gegenseitig umgebracht.

Die sokratische Gegenthese setzt an jenem Maßstab an. Basiert er nicht doch auf Wissen oder Erkenntnis (episteme 361 b 1,3)? Beruhen nicht alle Tugenden auf Wissen? (359 a–360 e). Ein Mensch, der weiß, was tapfer, besonnen oder gerecht ist, ist tapfer, besonnen oder gerecht. Jemand, der ungerecht ist, weiß es nicht besser. Als Untermauerung der These führt Sokrates die Handwerke an (z. B. Gorgias 460 b–e): Wer ein bestimmtes Handwerk wie die „Tonkünstlerei" erlernt habe, besitze ein bestimmtes könnendes Wissen darüber, und werde als ein „Tonkünstler" bezeichnet. Er sei immer das, wozu ihn das Wissen gemacht habe. Ebenso beim Gerechten. Der, der wisse, was Gerechtigkeit sei, werde niemals ungerecht handeln.

Immer geht das sokratisch-platonische Fragen tiefer. Die politische Kunst als reine Redekunst? Als die Tausendkünstlerei der Sophisten? Für Sokrates ist das Können der Sophisten reine Schmeichelei, Betrug. Sophistik und Rhetorik basierten auf „Geschicklichkeit", nicht auf Können. Sie schmeichelten der menschlichen Seele. Dabei liegt Sinn und Zweck der politischen Kunst für Sokrates in etwas anderem: „Hast du wohl schon einen Menschen besser gemacht?" fragt Sokrates den Machtpolitiker Kallikles (Gorgias 515 a 4–5). Ziel und Maßstab einer wahrhaften politischen und menschlichen Tugendhaftigkeit ist für Sokrates die Besserung des Ganzen. Dieser Aufgabe wird nur die wahre politische Kunst gerecht: sie besteht in Gesetzgebung (nomothetike) und Gerechtigkeit (dikaiosyne). Sophistik und Rhetorik dagegen seien heimlich in deren Gewänder geschlüpft und gäben vor, die Seelen der Menschen zu bessern. So wie sich im Falle des Leibes Kochkunst und Kosmetik im Kleide der Medizin und Gymnastik versteckten, um Heilung, Wohlbefinden und Schönheit vorzugaukeln (463d–465e).

Tugend ist Basis der politischen Kunst, welche letztendlich sehr wohl die Verwaltung der öffentlichen Angelegenheiten zum Ziel hat, – derer sich Sokrates in seinem Leben enthalten hat: „wenn du nur in der Tat edel und gut bist (kalos k'agathos) und die Tugend ausübst, (...) wollen wir uns der politischen Angelegenheiten (politika) annehmen" (527d). Es müsse hart geprüft werden, ob man sich an der in der Heimatpolis betriebenen Politik beteiligen und „die Polis verwalten solle wie ihr sie eben jetzt verwaltet, oder ob man sich zu einer Lebensweise in der Philosophie (en philosophia) halten solle". (500c). In einer Polis, in der es wie bei den Köchen zugehe, deren Tätigkeit auf reiner Übung (empeiria), nicht auf Kunst (techne) basiere (500b4–69), ist von der Teilnahme an der Politik abzuraten. Philosophie alleine ist die Grundlage der Tugend zur Politik. Somit ist eine Beschäftigung mit den politischen Angelegenheiten ohne zugrundeliegendes Wissen und Können pseudo-politisch, nicht des Menschen wert.

Die Suche nach der menschlichen und politischen Tugend, die das spezifisch Menschliche und Politische faßt, steht noch ganz an ihrem Beginn. Das offenbart der Blick in weitere Frühdialoge: „... ob die Tugend lehrbar ist, das untersuchen wir schon so lange", heißt es im *Menon* (93b1–2). In den politischen Angelegenheiten und im politischen Handeln äußere sie sich, doch die Frage, ob die Tugend auf Erkenntnis (episteme) oder auf „richtiger Meinung" (eudoxia 99b3–11) basiere, führt in diesem Gespräch zu großer Verwirrung (93a.b). Im *Euthydemos* kommt man einen Schritt weiter: die politische Kunst macht glücklich, da sie Erkenntnis ermöglicht (292b8). Sokrates scheitert am Inhalt der Erkenntnis. Sein Gesprächspartner Kriton diagnostiziert Aporie (292e7–8).

Das sokratische Nichtwissen besteht in einem Suchen nach der wahrhaft menschlichen Tugend, die mit der politischen identisch ist. Sokrates hat sie in den Gesprächen, von denen Platon in den frühen Dialogen berichtet, nicht wirklich gefunden. Dennoch ist er der einzige, der um ihre Bedeutung weiß und sich der politischen Betätigung enthält, solange er nicht in ihrem vollständigen Besitze ist. Im Jahre 399 v. Chr. stirbt Sokrates durch den Schierlingsbecher, den die Stadt Athen ihrem politisch enthaltsamen letzten philosophierenden Bürger verabreicht hatte.

III. Die *Politeia*

Platons *Politeia* ist eine Antwort auf die Fragen und eine Reaktion auf das Leben und Sterben des Sokrates. Sie soll zum Maßstab werden. Dabei reflektiert sie polisweltliche Machtpolitik. „Wenn nicht (…) entweder die Philosophen Könige werden in den Poleis oder die jetzt so genannten Könige und Gewalthaber (dynastai) wahrhaft und gründlich philosophieren, und also beides zusammenfällt, die politische Macht (dynamis te politike) und die Philosophie, (…) eher gibt es keine Erholung von dem Übel für die Poleis (…) und das menschliche Geschlecht" (Politeia 473 c–d). Philosophie und Macht müssen eins werden, um jene Politeia (Verfassung) ins Leben zu rufen, die Sokrates gerade im Gespräch (logo) beschrieben hat (473 e 2). Realpolitisch sind Macht und Philosophie niemals verbunden gewesen. So stellt Platon die Philosophenherrschaft als das größte Hemmnis, zugleich aber als die einzige Realisierungschance des gesamten Entwurfes vor. Die realpolitische Möglichkeit der paradigmatischen Verfassungsform wird im Hinblick auf machtpolitische Gegebenheiten geprüft, und zugleich verworfen. Denn der Philosoph wird niemals der politischen Macht habhaft werden – abgesehen davon, dass er sie gar nicht „wollen" darf, auch dies ein konstitutiver Bestandteil der Politeia selbst (519 d, 521 b). Er wird scheinbar wie ein „Buchstabenkrämer" in der Ecke des Polis-Schiffes sitzen und sich nicht wie die anderen um den Posten des Steuermannes streiten. Allein, er wäre der einzige, der das Schiff zu lenken vermöchte (488 a–489 d). Seine Liebe zur Philosophie und das dadurch bedingte Desinteresse an der Macht sind notwendig zur Rettung der Polis, und dennoch vereiteln sie die Möglichkeit derselben: im stürmischen Winter einer schlechten Verfassung wird der Philosoph gezwungen sein, sich schutzsuchend unter einen Mauervorsprung zu flüchten, um nur selbst „frei von Ungerechtigkeit" zu bleiben

(496 d–497 a). Er muß beiseite treten, um zumindest seine „bestehende innere Verfassung" in Ordnung zu halten (591 e–592 b), und um zu überleben. Doch Sokrates bedauert: „(es wäre) nicht das Größte, weil er eben keine angemessene Verfassung gefunden hat. Denn in einer solchen würde er selbst wachsen, und neben den eigenen Angelegenheiten (idion) auch das Gemeinsame (ta koina) retten." (496 d–497 a). Das eigentlich sokratische Paradoxon schwebt in aller Deutlichkeit vor uns: je gerechter die Seelenverfassung eines Menschen ist, desto weniger wird er sich in einer schlechten Polis zurechtfinden. Um so weniger aber ist er imstande, das wahrhaft Menschliche in sich zu verwirklichen. Denn der griechische Mensch ist zuallererst Mensch als Bürger. Auf der anderen Seite würde die schlechte Polis nur durch die Ausweitung der Seelenordnung eines gerechten Menschen geheilt. Die schlechte Polis bedürfte zu ihrer Besserung nicht nur der Existenz gerechter Menschen (die sie tolerieren müßte), sondern vielmehr deren „sozialdominanter" Existenz (Weber-Schäfer): die Gerechten müßten regieren. Politische Macht und Philosophie sind jedoch unvereinbar in der Welt, in der Menschen leben (488 a–489 d).

Platons Denken ist geprägt von machtpolitischer Analyse, entgegen Vermutungen, er entwerfe mit der Politeia einen Idealstaat, den er für realisierbar halte. Es handelt sich nicht um ein Ideal, das realisiert werden soll, sondern um ein Paradigma, welches „im Himmel" (en ourano 592 b 3) liegt. Nur dort werden Philosophie und Macht vereint sein, ja selbst dort müssen die Philosophen zum Regieren gezwungen werden (519 d, 516 e–517 a). So werden wir sogar innerhalb des Paradigmas noch der Spannung zwischen machtpolitischer und philosophischer Realität gewärtig. Platons Politeia ist in der Ansicht ihres Schöpfers in der Poliswelt nicht realisierbar: auf die Frage, welche der bestehenden Verfassungen der Philosophie und damit einer Verfassung angemessen sei, wie Sokrates sie im Gespräch beschrieben habe, antwortet dieser: „keine" (497 b 2–3).

Wie endet der Mythos vom gerechten Menschen, was ist die Lösung des Paradoxons? Es gibt für den Philosophen keinen Ausweg, vielmehr zahlt er einen Preis (Voegelin, Jaeger). Im äußeren Leben wird er sich zurückziehen und an die Gesetze halten, wie es Sokrates zeitlebens getan hat (vgl. den Dialog *Kriton*). Ansonsten bleibt ihm nur, „die in ihm bestehende Verfassung (hen en hauto politeian) gut (...) zu hüten, (...) wovon aber die bestehende innere Verfassung (ten hyparchusan hexin) aufgelöst werden könnte, davor wird er sich in acht nehmen (...) – wird er sich wohl nicht mit politischen Angelegenheiten (ta ge politika) einlassen wollen, wenn ihm jenes am Herzen liegt? – Beim Hunde, sprach ich (Sokrates, D.H.) in seiner eigenen Polis (he heautu polei) gar sehr ..." (591 e 1–592 a 9). Der Philosoph muß sich auf die existentielle Ordnungserfahrung beschränken, die er in einer „inneren Vergegenwärtigung der Politeia" (en hauto politeia) erlebt. Sie konstituiert seine Seelenordnung, seine „Haltung" (hexis). Hier hat die Politeia ihren Ort. Sie ist keine Utopie (Ort-Losigkeit). Warum aber solch detaillierte Beschreibung jener Polisverfassung, um sie nach aufwendigem Gespräch symbolisch in die Seele des Philosophen einzusaugen (Friedländer)?

Verfolgen wir von Beginn an den Verlauf des Dialoges. In Gestalt der Gesprächspartner des Sokrates werden die umlaufenden Meinungen von Gerechtigkeit vorgestellt. Thrasymachos bringt die „rechtspositivistische" Definition der Sophisten ins Spiel: das Gerechte (dikaion) sei „das dem Stärkeren Nützliche" (344 c 7). Glaukon erklärt die Motivation der Menschen, gerecht zu handeln, „vertragstheoretisch" und untermauert die These mit einem Mythos (vom „Ring des Gyges": 359 c–360 d), sein Bruder Adeimantos (beide sind übrigens historisch die Brüder des Platon) argumentiert über die Folgen und den „Ruf" der Gerechtigkeit, der einem Menschen zugute komme (362 d–364 e). So recht zufrieden sind die Brüder nicht mit den vorliegenden Ideen. Denn Sokrates hatte die jungen Männer neugierig gemacht: die Gerechtigkeit sei „sowohl um ihrer Folgen willen (...) als auch um ihrer selbst willen" wert, besessen zu werden (367 c 6–d 1). Das soll ihnen Sokrates genauer erklären. Der beschließt, „die Untersuchung darüber so anzustellen, wie wenn uns jemand befohlen hätte, sehr kleine Buchstaben von weitem zu lesen, (...) und dann einer gewahr würde, dass dieselben Buchstaben auch anderwärts größer und an größerem zu schauen wären". Die Gerechtigkeit „findet sich an einem einzelnen Manne, aber auch an einer ganzen Stadt" (368 d–e).

Es folgt ein langes Gespräch über die beste Polis, anhand derer die Gerechtigkeit an sich selbst als wertvoll erwiesen wird. Scheinbar erst im IX. Buch kehrt man zum Menschen zurück.

Nun geht es um die Folgen der Gerechtigkeit. Im Leben erweist sich der Ungerechte als der Unglücklichere. Er ist der „sozialdominante Typus" der schlechtesten Verfassung, der Tyrannei, die Platon zur Überleitung von der Polis zum Menschen dient (543a–569c). Eine bildliche Analogie zeichnet den Ungerechten von einem vielköpfigen Ungetier beherrscht, das über den „inneren Menschen" (entos anthropos 589b1) die Gewalt erlangt hat. Die wahre Belohnung der Gerechtigkeit erfolgt nach dem Tode. Diese Dimension kann nur in einem Mythos durchdrungen werden. Der Pamphylier Er erhält die Gelegenheit, das Schicksal der Seelen nach dem Tode zu beobachten.

Der Gerechte ist in jeder Hinsicht der glücklichste Mensch, so wie die gerechte Polis die glücklichste ist. Der Abstieg von der besten Verfassung, dem Philosophenkönigtum, über Timokratie, Oligarchie und Demokratie zur Tyrannei gleicht dem naturnotwendigen Verfall paradigmatischer Gerechtigkeit und vollendeten Glücks.

Welche Verfassung aber ist die beste? Die großen Buchstaben gleichen der Natur der Sache nach den kleinen. Die entworfene Polisverfassung gestaltet sich wie eine menschliche Seele. Platon läßt Sokrates eine Polis entwerfen, die aus drei Teilen besteht. Wie im Menschen selbst muß für die lebensnotwendigen Bedürfnisse gesorgt werden. In der Polis sind es die Bauern und Handwerker, die sich arbeitsteilig um das leibliche Wohl der Polis kümmern. Daneben gibt es die „Wächter", welche die Polis nach innen und außen beschützen, im Menschen entspräche diesen das „Muthafte". Die Wächter leben gleichgestellt mit ihren Frauen, in gemeinsamem Besitz und jener berüchtigten „Frauen- und Kindergemeinschaft" (449a–466d). Erst nachdem die ersten beiden Schichten eingeführt sind, geht Platon im Rahmen der Frage nach der Möglichkeit einer solchen Verfassung über zur Vorstellung des Philosophenkönigtums. Die Philosophen sind analog der Vernunft in der menschlichen Seele diejenigen, die die Verfassung beherrschen müssen, damit sie als gerechte Verfassung überhaupt möglich wird (473a ff.). Bevor das Zusammenwirken der einzelnen Teile in der Gesamtordnung als Gerechtigkeit identifiziert ist, hat Platon jedem der Teile eine Tugend zugeordnet: dem untersten die Besonnenheit oder Mäßigung (sophrosyne 430d–432a), dem muthaften Teil bzw. dem der Wächter die Tapferkeit (andreia

429a–430c) und dem vernunftbegabten Teil die Weisheit (sophia 428a–429a). Die Tugenden sind voneinander abhängig und werden von der Weisheit der Philosophen bzw. der Vernunft genährt. Die Gerechtigkeit im großen Bild der Polis wird entziffert als freiwilliger Beitrag, den jeder Teil, und auch jeder einzelne Mensch, entsprechend seinen Fähigkeiten dem Ganzen entrichtet. Gerechtigkeit bedeutet, „das Seinige zu tun" (ta hautou prattein 370a, 433d9–434a1). Noch aber hat Platon Wesen und Quelle der Weisheit nicht geklärt.

In jedem Fall liegt sie jenseits der Meinung (doxa). Liebe zur Weisheit (Philo-Sophie) bedeutet das Streben nach Wahrheit. Die Gegenstände der Meinung und des wahren Erkennens verhalten sich zueinander wie Schatten oder Spiegelbilder zu den Dingen, die sie abbilden (507a–517a). „Auf jeden Fall hast du es schon nicht selten gehört, (…) dass die Idee des Guten (tu agathu idea) die größte Einsicht (mathema) ist (…), durch welche erst das Gerechte und alles (…) nützlich und heilsam wird" (504e8–505a4). Die Idee des Guten (übrigens das einzige, was aus Platons angeblicher „Ideenlehre" in der *Politeia* angeboten wird) kann nur in Form eines weiteren Mythos oder Gleichnisses (im Sonnengleichnis 508a–509b) dargestellt werden: wie die Sonne durch ihr Licht erst alles sichtbar mache, so verleihe die Idee des Guten dem Erkennbaren Wahrheit (aletheia 508e1), und wie die Sonne die Sehkraft entstehen lasse, so verleihe die Idee des Guten dem Erkennenden die Kraft (dynamis 508e2) zur Einsicht in Wahrheit (aletheia) und Sein (to on 508d5). Sie selbst aber ist „nicht das Sein (uk usias ontos tu agatu)". Sie liegt, was Würde und Kraft betrifft, jenseits (epekeina) des Seins (509b7–10). Der Maßstab der Ordnung der gerechten Seele und der gerechten Polis ist transzendent. Hier entsteht die Philosophie, Philosophie als Maßstab für das Menschliche und das Politische.

Im Höhlengleichnis (514a–517a) wird der philosophisch begabte Mensch gezwungen, sich in langer mühsamer Arbeit aus der Höhle an das Licht der Sonne zu begeben. Wenn er geblendet vom Licht der Idee in der realen Welt (die im Gegensatz zum herkömmlichen Gebrauch des Wortes eine rein geistige Welt ist) wahres Glück erfährt, muß er in die Welt des Scheins und des Werdens zurückkehren. Er soll gezwungen werden, in der Höhle die Herrschaft zu übernehmen, und die Polis zu heilen. Doch wer zwingt den Philosophen – zum Licht und dann an die Herrschaft? „Würde man ihn nicht auslachen?" Würde man ihn „nicht umbringen?" (517a2–7) Keiner zwingt den philosophisch Begabten. Außer Sokrates, der selbst von der Polis Athen ausgelacht und umgebracht wurde.

IV. *Politikos* und *Nomoi*

Der Philosophenkönig als Bedingung der besten Verfassung steht vor uns, ebenso wie dessen Wissen und Kunst. Im *Politikos* läßt Platon den „jüngeren Sokrates" (Platon?) mit Hilfe eines „Fremden" (der alte Sokrates?) nach dem Politiker fragen. Schnell geht man über zum zugehörigen Wissen, zum politischen Wissen (episteme politike). Als „Sorge um eine gewisse Herde" wird es zuerst definiert (Politikos 267c–d), im zweiten Anlauf anhand der Webkunst analysiert, die Charaktere und Tugenden in den Poleis auf das Beste zusammenwebe (279a–281d, 305d-311c). Warum fragt Platon erneut? Ist das politische Wissen nicht längst in der politischen Philosophie, in der Weisheit des Philosophenkönigs erwiesen?

Die paradigmatische Polis, derer Platon im *Politikos* als „einzig wahrer Verfassung" (mone orthe politeia 293e2) eingedenk bleibt, ist geprägt durch den Philosophen, dessen Wissen die Politik beherrscht. Doch Platon hat in der *Politeia* nicht die Frage beantwortet, was in der historischen Welt, in den bestehenden Poleis geschieht. Wie kann das philosophische Wissen eine Polis durchdringen, wenn dem Philosophen naturgemäß der Zugang zur Macht verwehrt bleibt? In der *Politeia* hat sich der Philosoph in seine Seele zurückgezogen. Im *Politikos* geht es nicht mehr um den „Preis", den der Gerechte zahlt, sondern um eine in der Poliswelt realisierbare Lösung, freilich um eine zweitbeste. So wird die Frage nach der politischen Kunst mit Perspektive auf die zweitbeste Verfassung gestellt (297e3). Insofern weist die Botschaft des Dialoges weniger auf die Kunst oder das Wissen vom Politischen als vielmehr auf dessen Verwirklichung in den „Nachahmungen" (memimemenai 293e4) der wahren Verfassung.

Die einzige Möglichkeit, die beste Verfassung zu imitieren, ist diejenige, die Platon in seinem letzten Werk, den *Nomoi*, vorgestellt hat: eine Verfassung, die auf Gesetzen basiert, welche am Paradigma orientiert sind (vgl. Politikos 297d 6). Entsprechend wird im *Politikos* anhand des vorliegenden Maßstabes das Verfassungsschema entwickelt, welches durch Aristoteles berühmt geworden ist (291 d–293 e, 301 a–303 c). Die einzig wahre Politeia steht als Paradigma außerhalb der Aufstellung. Die Nachahmungen sind durch eine Trennlinie in zwei Spalten unterteilt. Eine listet die Verfassungen, die sich in ihren Gesetzen an die Politeia halten, die andere jene, die gesetzlos verwaltet werden. So entsteht das Schema der drei guten und drei schlechten Verfassungen. Die guten sind für Platon Abbilder der wahren Ordnung: Königtum, Aristokratie und Demokratie (den aristotelischen Begriff der Politeia als Mischverfassung verwendet Platon so noch nicht – die Politeia ist schließlich das Philosophenkönigtum). Durch Gesetzlosigkeit ergeben sich daraus: Tyrannei, Oligarchie und Demokratie (die „niemals jemand mit einem anderen Namen" benennt, ob sie nun gesetzmäßig oder gesetzlos sei 292 a 2–3). Später nannte Aristoteles die schlechten Verfassungen „Entartungen". Für Platon waren sie Abbilder von Abbildern.

Kurz vor seinem Tode schuf Platon selbst ein Abbild des Paradigmas. Nach dem Scheitern des Sokrates waren auch Platons Bestrebungen mißglückt, die Politik der historischen Welt zu beeinflussen. Zweimal mußte er Syrakus verlassen, nach kurzer Zeit des Einverständnisses zwischen dem herrschenden Tyrannen (Dionysios I bzw. II) und dem beratenden Philosophen. Dabei war es nicht einmal sein Ziel gewesen, die sizilische Politik im Sinne seiner Philosophenherrschaft zu reformieren. Wenn, dann hätte man sich nur jener zweitbesten Verfassung annähern können, die ihm später abermals nur „in Worten" (en logois Politeia 592 b 3) zu erschaffen blieb: in den *Nomoi*.

„Wenn ein Tyrann da wäre, jung, besonnen", sagt der anonyme Athener (Platon selbst?) zu dem Kreter Kleinias und dem Spartaner Megillos, „und es (…) zu seiner Zeit einen ausgezeichneten Gesetzgeber gibt und (…) ein glücklicher Zufall denselben an einen Ort mit ihm zusammenführt" (Nomoi 710 b–d), dann könnte eine Verfassung entstehen, wie sie in den *Nomoi* beschrieben ist. Dieser gebührt der zweite Rang, hinter „dem höchsten Muster einer Verfassung (paradigma ge politeias)", welches jetzt aus der Distanz nur „Göttern und Göttersöhnen" angemessen scheint

(739 d 6–e 7). Symbolisch begründet sich mit den *Nomoi* die Idee einer Vereinigung von Macht und Gesetzgebung: die Basis des späteren Verfassungsstaates. Die Ideen der Gesetzeswächter (die in Form des „Nächtlichen Rates" im XII. Buch vorgestellt werden) und Präambeln, die die Bürger zur Befolgung der Gesetze überzeugen sollen, sind unbemerkt in die Geschichte eingegangen. Der heutige Leser der *Nomoi* ist überrascht.

Platons „Erdichtung" (811 c–d) einer Gesetzesherrschaft reagiert auf historische Gegebenheiten ebenso wie auf das sokratische Paradoxon der *Politeia*. Die Polis Athen hatte zu Beginn des Jahrhunderts in einem Akt der Differenzierung einige Gesetze zu allgemeinen „Verfassungsgrundsätzen" erklärt und die Macht der Gerichte als Gesetzgeber erhöht. Die Athener waren somit in der Volksversammlung gebunden an eine Vorform von Verfassung im modernen Sinne. Platons Reflexion auf diese Entwicklung verbindet sich mit dem Versuch, die Politik der *Politeia* außerhalb der Seele des Philosophen umzusetzen.

Dabei hat Platon nicht nur auf die Unmöglichkeit der machtpolitischen Implementierung von Philosophie Rücksicht genommen, sondern auch auf jene Überlegung, die die „Schwäche der menschlichen Natur" im Philosophen selbst erkennt, „sobald er zu einem Selbstherrscher (autokrator) über die Polis werden sollte". Er würde schwerlich dem Grundsatz der „politischen Kunst" (politike techne) treu bleiben, der ihn dazu anhielte, „stets das Gemeinwohl (to koinon) in der Polis zu fördern". Vielmehr würde er zur „Habsucht" (pleonexia) getrieben. Und so „müssen wir uns an das Zweite halten, nämlich an Ordnung und Gesetz (taxin te kai nomon)" (875 a–d).

Wenn auch Form und Aufbau der zweitbesten Verfassung relativiert erscheinen (es gibt beispielsweise keine Frauen- und Kindergemeinschaft mehr), bleiben doch Ziel und Wesen der besten Verfassung als Maßstab erhalten. Das Menschliche vollendet sich in einer politischen Gemeinschaft, die auf das Vernünftige zielt. Die Herrschenden müssen wissen, dass das „politische Ziel" (skopon politikon) nur durch die „politische Vernunft" (nous politikos) erreichbar sei (962 a–b). Ziel und Mittel der Politik sind identisch und kristallisieren sich in der Vernunft, die selbst in nichts anderem besteht als in der Einheit der vier Tugenden der *Politeia*: Gerechtigkeit, Weisheit, Tapferkeit und Besonnenheit

(963 a–b). Die Vernunft wird in den *Nomoi* bereits von vornherein als politische gedacht. Oder umgekehrt: Politik im platonischen Sinne ist schon immer von Vernunft durchdrungen, sonst verdiente sie den Namen nicht. Alle andere Politik ist „Un-Politik" (vgl.: ouk eisin politeiai 712 e 10–713 a 2).

Quelle und Wesen der politischen Vernunft werden nicht mehr diskutiert. Die Legitimation von Platons Konzept rekurriert auf die Semantik der Polis: es ist der Poliswelt nicht wert, die Idee des Guten zu erwähnen. Nicht einmal Sokrates' Gesprächspartner in der *Politeia* wurden wirklich eingeweiht. Jetzt ist es schlicht das Göttliche (theion), was die Verfassung der *Nomoi* lenkt und begründet. „Gott ist das Maß aller Dinge" (716 c 4), nach dem die Menschen wie Marionetten „gottgefällig" spielen sollen (644 d 7–645 b 2). Auch wenn das Göttliche in Form der Vernunft auftritt und nicht in Gestalt traditioneller Polisgötter, bleibt Platon hier auf historischem Boden: die Bahnen der Sterne hatten sich durch die Forschungen des Eudoxos von Knossos als regelmäßig erwiesen. Vernunft schien den Kosmos zu durchwalten. Der göttliche „nous" ist nichts anderes als die neue symbolische Form, die nach dem Blitzeschleuderer Zeus zum Ordnungsprinzip der Poliswelt aufsteigt.

Am Ende seines Lebenswerkes, ganz zu Beginn der politischen Ideengeschichte, hinterläßt uns Platon einen Hinweis auf den Gegenstand des politischen Denkens: auf das Politische. „Das Politische (to politikon) ist offenbar für uns immer dieses Gerechte (to dikaion) selbst." (757 c 5–6). Dieses Gerechte ist eine Gleichheit, welche nach dem geometrischen Prinzip verteilt (757 c 3–5). Es handelt sich um eine Form der Gerechtigkeit, die uns durch Aristoteles und viele Nachfolgende als die distributive Gerechtigkeit bekannt geworden ist. Das also ist der Gegenstand von Platons philosophischer Politik, oder: seiner politischen Philosophie?

Erinnert man sich des Grundsatzes der *Politeia*, vertieft sich die Bedeutung des Satzes in seiner Schwere und Wichtigkeit. Es ist das Prinzip der platonischen Gerechtigkeit, die „jedem das Seine" (Politeia 370 a, 433 d 9–434 a 1) zukommen lassen will, die eines jeden Fähigkeiten für das Gemeinsame, das Ganze zu nutzen sucht. Es ist der platonisch durchdachte sokratische Versuch der früheren Dialoge, die Tausendkünstlerei und Vielbeschäftigung in der sophistischen Polispolitik (Politeia 492 a–b) zu überkommen und nach dem Wesentlichen für den Menschen zu suchen. Nach dem Wesentlichen, das die Einheit hinter dem Vielen ausmacht, und die Wahrheit hinter der Meinung. Das Menschliche, was zugleich das Politische ist (to politikon).

V. Wirkung und Ausblick

Eine Wirkungsgeschichte des Platon ist überspitzt formuliert identisch mit der Geschichte politischer Ideen. Jede Hervorhebung einzelner Autoren, die Platon rezipiert haben, ist unangemessen. Dennoch ein Abriß: Platons Schüler Aristoteles begründete nicht etwa, wie viele meinen, eine neue Denkschule, die in Antagonie zur platonischen den Verlauf der Ideengeschichte prägte. Gerade nach der Lektüre der platonischen Spätwerke dürften die Gemeinsamkeiten der beiden politischen Philosophen überwältigend erscheinen. Neben der Verfassungseinteilung, der Suche nach einer besten Politeia und der Idee der Gesetze als Garanten des gelungenen politischen Lebens ist es das Paradigma des Menschen als politischem Lebewesen, das ohne platonisches Vordenken nicht möglich gewesen wäre. Aristotelismus ist die Weiterentwicklung platonischer Gedanken. Nach Aristoteles haben Cicero, die „Neuplatoniker" im Gefolge des Plotin, Augustinus und arabische Denker Platon rezipiert und zum integralen Bestandteil der politischen Ideengeschichte gemacht. Alfarabi und Averroes verdanken wir ohnehin einen guten Teil der Überlieferung antiken Gedankenguts. Neuzeitliche Utopien wie die eines Morus oder Campanella werden auf platonischen Einfluß zurückgeführt. In der Zeit der Aufklärung rekurrieren unter anderen Rousseau und Montesquieu auf Platons Ordnungsentwürfe. Im 20. Jahrhundert erfährt platonische Tradition unter den Vorzeichen des Totalitarismus und dessen anschließender geistiger Verarbeitung eine eigene Geschichte. Karl Popper sah in Platon den „größten Totalitaristen" aller Zeiten, Hannah Arendt verurteilte ihn des Vergehens, Philosophie und Politik für zwei Jahrtausende getrennt zu haben. Die Levinson'sche Verteidigungsschrift „In Defense of Plato" ist eines unter vielen anderen Interpretationen der zweiten Hälfte des 20. Jahrhunderts, die Platon mit neuem Interesse und verändertem Blickwinkel lesen.

Platon steht nicht nur am Beginn der politischen Ideengeschichte, sondern prägt direkt oder indirekt deren gesamten Verlauf. Allein im ersten Buch der *Politeia* sind viele spätere Alternativen zu platonischer Politik vorweggenommen. Die Geschichte der politischen Philosophie besteht nicht aus Fußnoten zu Platon. Aber Platon eignet sich hervorragend für Fußnoten zur Geschichte der politischen Philosophie.

Peter Weber-Schäfer

Aristoteles (384–322 v. Chr.)

Zeittafel

384 v. Chr.	Als Sohn des Arztes Nikomachos und der Phaistis in Stageiros auf Chalkidike geboren
367	Nach dem Tod des Vaters Eintritt in die Akademie Platons in Athen, zunächst als Schüler, später mit Lehraufgaben betraut.
359	Thronbesteigung Philipps II. als König von Makedonien
348	Tod Platons. Auf Einladung des Tyrannen Hermias von Atarneus Gründung einer eigenen Schule in Assos an der kleinasiatischen Küste
345	Nach dem Sturz des Hermias auf Einladung seines Schülers und späteren Nachfolgers als Schulhaupt, Theophrast, nach Mytiline auf Lesbos
343	Als Erzieher von Philipps Sohn Alexander in der makedonischen Hauptstadt Pella tätig
338	Niederlage der Athener gegen das makedonische Heer in der Schlacht von Chaironeia
340	Gründung des gegen makedonische Vormachtsansprüche gerichteten „hellenischen Bundes" unter Führung Athens
336	Ermordung Philipps und Thronbesteigung Alexanders III., des „Großen"
335	Nach der Trennung von der Akademie Gründung einer eigenen Schule, des Lykeion, in Athen
323	Tod Alexander des Großen. Als angeblicher „Makedonenfreund" muß Aristoteles im Gefolge antimakedonischer Unruhen Athen verlassen.
322 v. Chr.	Tod in Chalkis auf Euböa, der Heimatstadt seiner Mutter

Neben einigen anderen der Politik gewidmeten Werken wie der *Rhetorik* und dem fragmentarisch erhaltenen *Staat der Athener* stellen die Vorlesungen des Aristoteles über politische Fragen, wie sie in zwei Teilen überliefert sind, die wir unter den Titeln der *Nikomachischen Ethik* (im Folgenden: NE) und der *Politik* (im Folgenden: P) kennen, den Kernbestand seiner Politiktheorie dar. Auf Inhalt und Bedeutung dieser beiden Werke sollen sich die folgenden Ausführungen beschränken. *Nikomachische Ethik* und *Politik* stellen gemeinsam die älteste in diskursiver Form verfaßte philosophische Abhandlung der europäischen Tradition dar, die explizit und nicht nur inzidentell den Fragen der seelischen Ordnung des Menschen als eines sozialen Wesens wie der richtigen, weil dem menschlichen Wesen angemessenen Form der Gemeinschaft gewidmet ist. Daß die beiden getrennt überlieferten Abhandlungen Teile eines einzigen Werks sind, wird sowohl durch die formale Parallelität ihrer Anfangssätze wie durch den inhaltlichen Aufbau belegt, sind sie doch einem Thema gewidmet, das unter zwei komplementären Fragestellungen behandelt wird: der Frage nach dem, was für den Menschen gut ist, und der Frage nach der Ordnung der guten Gesellschaft.

I. Die Ziele menschlichen Handelns

„Jede Kunst und jede Untersuchung", beginnt die *Nikomachische Ethik*, „ebenso wie jede Handlung und jede Entscheidung scheinen irgendein Gut zu erstreben. Deshalb hat man mit Recht das Gute als das bezeichnet, wonach alles strebt" (NE I.1094 a 1). Und zu Beginn der *Politik* heißt es über die Gemeinschaft der Polis, des altgriechischen Stadtstaats: „Da, wie wir sehen, jede Polis eine Gemeinschaft ist, und jede Gemeinschaft um irgendeines Gutes willen besteht – denn um dessentwillen, was ihnen ein Gut zu sein scheint, tun ja alle alles – ist es klar, daß jede Gemeinschaft auf irgendein Gut hinzielt, am meisten aber und auf das Bedeutendste von allen diejenige, die die Bedeutendste unter ihnen allen ist und alle die anderen umfaßt. Dies aber ist die sogenannte Polis und die politische Gemeinschaft" (P I.1252 a 1). Die Wissenschaft von dem, was für den Menschen ein wahres Gut darstellt aber ist die Politikwissenschaft, weil der Mensch ein „von Natur politisches Lebewesen" (NE I.1097 b) ist, ein auf das Leben in einer von der Vernunft geordneten Gemeinschaft mit seinen Mitmenschen hin angelegtes Lebewesen, das das ihm gemäße Gute nicht außerhalb der politischen Gemeinschaft finden kann. Denn „wer von Natur und nicht bloß aus Zufall außerhalb der Polis lebt, ist entweder weniger oder mehr als ein Mensch" (P I.1253 a 3), und „wer in der Gemeinschaft nicht leben kann oder ihrer zu seiner Autarkie nicht bedarf, der ist kein Teil der Polis, sondern entweder ein Tier oder ein Gott" (P I.1253 a 27).

Politikwissenschaft ist die Wissenschaft vom richtigen Handeln des Menschen in der Gemeinschaft und den vernunftgemäßen Zielen seines Handelns. Menschliches Handeln wird dabei immer als rationales Handeln im Gegensatz zu ziellosem Tun verstanden. Handeln ist sowohl zielgerichtet als auch von einer Willensentscheidung bestimmt, so daß die Fähigkeit zu handeln zu einem Spezifikum menschlicher Existenz wird, das keinem anderen Lebewesen zukommt: Tiere können nicht handeln, weil sie nicht über Vernunft und die Fähigkeit zur Willensentscheidung verfügen; Gott kann nicht handeln, weil er als vollkommenes und ewiges Sein bereits im Besitz des Guten und Besten ist, so daß es kein Ziel gibt, auf das sich sein Handeln richten könnte (NE X.1178 a 9).

Das Ziel einer jeden Handlung ist ein vermeintliches oder wirkliches Gut, das in der Handlung angestrebt wird. Man kann aber zwei Arten von Gütern unterscheiden, die einander hierarchisch überlagern: Es gibt Güter, die um ihrer selbst willen erstrebt werden, in deren Erlangen sich also das Handeln erschöpft; und es gibt andere Güter, die selbst nur angestrebt werden, weil sie zum Mittel werden können, ein anderes, höheres Gut zu erlangen. Das aber legt die Vermutung nahe, daß es unter all den denkbaren Gütern menschlichen Handeln ein höchstes Gut geben muß, das nur um seiner selbst willen und niemals um eines anderen, höheren Gutes willen angestrebt wird. Dieses höchste Gut bezeichnet Aristoteles als *eudaimonia* oder Glückseligkeit, das Ziel, das alle Menschen anstreben. Die Grundfrage der Politikwissenschaft ist also die Frage, worin die Glückseligkeit für den Menschen als zugleich politisches und vernunftbegabtes Lebewesen besteht. Zwar sind sich die Menschen nicht einig darüber, was dies höchste Gut sei, aber dennoch sprechen „die Vielen wie die Denkenden" von Glückseligkeit als der Einheit von gutem Leben und gutem Handeln und verhalten sich so, als sei dies das höchste erreichbare Ziel des menschlichen Lebens (NE I.1095 a 17). Die Wissenschaft davon aber, was menschliche Glückseligkeit ist, kann nur die Politikwissenschaft sein, weil die Ordnung der Polis die umfassendste menschliche Gemeinschaft ist, die den Einzelmenschen ebenso umspannt wie die kleineren Gemeinschaften, aus denen sie sich zusammensetzt. Ob das Gute für den Menschen nun das gleiche ist wie das Gute für die Polis oder nicht, „es erscheint besser und vollkommener, es für die Polis zu erreichen und zu erhalten; denn erfreulich ist es schon, dies für einen einzelnen zu tun, edler und göttlicher aber für ein Volk oder eine Polis" (NE I.1094 b 8).

„Wenn aber alle Handlungen ein Ziel haben, so ist dies das Gut des Handelns, und wenn sie mehrere haben, so sind es diese" (NE I.1097 a 22). Die Glückseligkeit erfüllt nun die Anforderungen, die an das gesuchte Ziel gestellt werden müssen, in zwiefacher Hinsicht: Einmal ist sie insoweit ein „vollkommenes Ziel", als sie nur um ihrer selbst willen erstrebt werden kann; zum anderen ist sie ein in sich „autarkes" Ziel, weil sie etwas ist, das den Menschen zufriedenstellen kann, ohne daß etwas anderes hinzutreten müßte. Aber mit der Feststellung der Vollkommenheit und Autarkie der Glückseligkeit ist nicht viel gewonnen, solange wir nicht wissen, worin menschliche Glückseligkeit eigentlich besteht. Hierüber nun scheinen sich die Meinungen der Menschen zu widersprechen. Zwar ist die Überzeugung der Philosophen, die höchste dem Menschen zugängliche Glückseligkeit liege in der Schau der Wahrheit, der *theoria*, die wahrscheinlichste unter den umlaufenden Meinungen, aber um dieses Meinen in Wissen zu verwandeln, müssen zunächst Natur und seelische Ordnung des Menschen einer analytischen Betrachtung unterzogen werden.

II. Die Ordnung der menschlichen Seele

Zu untersuchen sind Natur *(physis)*, Seele *(psyche)* und Tugenden *(aretai)* des Menschen. Tugenden im allgemeinsten Sinne sind dabei im aristotelischen Sprachgebrauch die besonderen, ihn von anderen Gegenständen der Erkenntnis unterscheidenden Fähigkeiten und Eigenschaften eines Gegenstandes, aufgrund deren er in der Lage ist, seine spezifische Aufgabe oder Funktion, sein *ergon*, zu erfüllen. Die Tugend des guten Menschen muß also darin bestehen, daß er in der Lage ist, seine Aufgabe als Mensch möglichst gut zu erfüllen, daß er also die Fähigkeiten *(dynameis)* seiner spezifisch menschlichen Natur in zumindest angemessener, möglichst aber hervorragender Weise aktualisiert. Jedes menschliche Organ hat seine ihm von Natur eigene Funktion, und so wäre die Annahme widersinnig, der Mensch als Ganzes habe keine Funktion, kein ihm eigenes *ergon*. Wenn es ein derartiges *ergon* aber gibt, so kann der Mensch als ein von Natur politisches Lebewesen es nur in der Gemeinschaft der Polis vollbringen. Die Frage nach dem Guten für den Menschen wird damit zur Frage nach der natürlichen Aufgabe des Menschen, dem was nur der Mensch vollbringen kann und das deshalb sein eigentliches Ziel sein muß.

Die Untersuchung dieses Ziels wiederum muß davon ausgehen, daß der Mensch ein beseeltes *(empsychon)* Wesen ist, und daß das, was das Besondere seiner Natur ausmacht, in der besonderen Ordnung der menschlichen Seele begründet ist. Die Seele des Menschen aber unterscheidet sich von anderen – etwa pflanzlichen oder tierischen (denn alles Lebendige ist beseelt) – Seelentypen durch die Tatsache, daß sie einem rationalen Prinzip, dem *logos*, unterworfen ist. Der Mensch ist in seiner Angewiesenheit auf die Gemeinschaft seiner Mitmenschen ein politisches *(politikon)*, in der einmaligen Struktur seiner Seele ein Vernunft besitzendes *(logon echon)* Lebewesen.

Dennoch ist die menschliche Seele nicht vom rationalen Prinzip allein geprägt. In seiner Leiblichkeit hat der Mensch an allen Seinsstufen von der unbelebten Materie über das belebende Prinzip der Pflanzen und die Wahrnehmungsfähigkeit der Tiere bis hinauf zur übermenschlichen Vernunft Gottes teil. Innerhalb seiner Seele kann deshalb ein rationaler von einem irrationalen Seelenteil unterschieden werden, und der irrationale Seelenteil selbst kann wieder in einen Teil, der vom rationalen Seelenteil gesteuert und kontrolliert werden kann, und einen Seelenteil, der sich diesem Zugriff der Vernunft entzieht, unterteilt werden. Der Mensch, einfacher ausgedrückt, nimmt mit einem Teil seiner Seele an den auf Ernährung und Wachstum gerichteten Fähigkeiten der Pflanzen wie am Wahrnehmungsvermögen der Tiere teil. Eine zweite Komponente der menschlichen *psyche* machen die dem Menschen eigenen Leidenschaften und Begierden aus, die zwar in ihrem Ursprung nicht rational sind, aber durch Erziehung und Gewöhnung der Kontrolle der Ratio unterworfen werden können. Und schließlich besitzt die menschliche Seele einen im eigentlichen Sinne rationalen Seelenteil, der imstande ist, das Richtige zu erkennen und menschliches Handeln zu bestimmen. Dieser Seelenteil aber ist es, der das eigentlich Menschliche am Menschen ausmacht, und wenn die besondere Aufgabe des Menschen in der seiner Natur entsprechenden Tätigkeit seiner Seele liegen soll, so kann das Ziel seines Erkennens und seines Handelns als eine Tätigkeit seiner Seele in Übereinstimmung mit dem rationalen Prinzip beschrieben werden. „Das Gute für den Menschen ist die Tätigkeit der Seele gemäß der Tugend oder, wenn es mehrere Tugenden gibt, gemäß der besten und vollkommensten unter ihnen" (NE I.1098 a 16).

Die Tugenden selbst, durch Gewohnheit und Erziehung erworbene „lobenswerte Verhaltensweisen" (NE I.1103 a 9) der menschlichen Seele, können nach den Teilen der Seele, denen sie angehören, in zwei Gruppen eingeteilt werden: Ethische, durch Gewohnheit erworbene, Tugenden *(ethikai aretai)* sind die Tugenden des irrationalen Seelenteils der Leidenschaften und Begierden, soweit er der Kontrolle der Vernunft unterworfen wurde. Dianoetische, vernunftbestimmte, Tugenden *(dianoetikai aretai)*, die durch Belehrung erworbenen lobenswerten Verhaltensweisen des rationalen Seelenteils, sind die Tugenden der Erkenntnis, die zur Wahrheit führen. Ethische Tugend ist weder ein Leidenschaftszustand der Seele, ein *pathos*, wie etwa Kummer und Freude, noch eine ihr innewohnende Fähigkeit *(dynamis)*, sondern eine zur Gewohnheit gewordene Verhaltensweise *(hexis)*, der Habitus, in der jeweiligen Situation die ihr angemessene Entscheidung zu treffen. Die ethischen Tugenden als gewohnheitsmäßige Verhaltensweisen können – mit wenigen Ausnahmen – als der Habitus bestimmt werden, der es uns ermöglicht die Mitte zwischen Zuviel und Zuwenig zu wählen, „wie dies ein vernünftiger Mann täte" (NE II.1107 a 2). So stellt der Mut die Mitte zwischen Tollkühnheit und Feigheit, die Freigebigkeit die Mitte zwischen Geiz und Verschwendungssucht, der Stolz die Mitte zwischen Eitelkeit und Kleinmut dar.

Überlagert und in ihrer Substanz bestimmt werden die ethischen Tugenden von den auf Erkenntnis gerichteten Tugenden des rationalen Seelenteils: der Wissenschaft *(episteme)*, Kunstfertigkeit *(techne)*, Klugheit *(phronesis)* oder Besonnenheit *(sophrosyne)*, Vernunft *(nous)* und Weisheit *(sophia)*. Unter Wissenschaft versteht Aristoteles den Habitus des beweisenden Erkennens, der aus ersten Prinzipien, den *archai*, auf Notwendiges und Unveränderliches schließt. Von der Wissenschaft unterscheiden sich Kunstfertigkeit und Klugheit darin, daß ihr Gegenstand nicht das Notwendige ist, sondern das, „was sich so oder auch anders verhalten kann" (NE VI. 1140 a 1). Sie beziehen sich also auf den kontingenten, von den jeweiligen Umständen abhängigen Bereich des Schaffens und Handelns. Wenn dabei die Kunstfertigkeit sich in erster Linie auf das Herstellen von Gegenständen bezieht, also ein außerhalb ihrer selbst liegendes Produkt erzeugt, so ist Klugheit ein „untrüglicher Habitus vernünftigen Handelns in Dingen, die für den Menschen Güter und Übel sind" (NE VI. 1140 b 5). Gegenstand der Vernunft im Gegensatz zu Klugheit und Wissenschaft sind diejenigen ersten Prinzipien, aus denen die Wissenschaft erst ihre Schlüsse ziehen kann. Weisheit als die „vollkommenste Wissenschaft" (NE VI.1141 a 18) besteht in der Einheit von Vernunft und Wissenschaft, dem Zusammenfallen der Erkenntnis erster Prinzipien mit dem Wissen darum, was aus ihnen folgt. Sie bezieht sich auf „ein Wissen und Verstehen derjenigen Dinge, die ihrer Natur nach am ehrwürdigsten sind" (NE VI.1141 b 3).

Wir wissen, daß die Glückseligkeit des Menschen, der seine Natur voll aktualisiert hat, in der Tätigkeit der Seele gemäß der Tugend besteht, und wir haben einiges darüber erfahren, was Tugenden sind. Aber damit ist die Frage nach der vollkommensten unter den menschlichen Tugenden noch nicht abschließend beantwortet. Dieser Frage sind die letzten Kapitel der *Nikomachischen Ethik* gewidmet. Diejenigen Tätigkeiten, die das Leben des Menschen zum guten Leben machen, müssen vor allem eine Forderung erfüllen: Sie müssen um ihrer selbst willen und nicht um eines außerhalb ihrer selbst liegenden Zieles erstrebenswert sein. Drei derartige Tätigkeiten werden gemeinhin aufgezählt: tugendhaftes Handeln, das „an sich schön und begehrenswert ist"; die „Unterhaltungen, die dem Genuß dienen, da man sie nicht als Mittel zum Zweck begehrt" (NE X.1176 b 8); und die kontemplative Schau der Wahrheit, die *theoria*, in der sich der Denker eins mit der Wahrheit weiß und sich so dem Leben Gottes nähert. Das theoretische Leben ist es, in dem sich, „soweit es menschenmöglich ist, Autarkie, Muße, Freiheit von Ermüdung und alles das findet, was sonst noch zur Glückseligkeit gehört ... und dies über die volle Länge des Lebens hinweg" (NE X.1177 b 21). Doch dieses Leben ist höher als das, was dem Menschen auf Dauer möglich ist, kommt in seiner Fülle nur den Göttern zu, nicht aber dem Menschen als einem aus Leib und Seele zusammengesetzten Wesen, das sich dem Göttlichen nur nähern, es aber nicht erreichen kann. Zwar enthält die Seele des Menschen neben anderem auch ein Element, das über die Grenzen seiner unvollkommenen Natur hinausreicht, „sei dies nun die Vernunft oder etwas anderes, das die Natur bestimmt hat, Herr und Führer zu sein und Bedacht zu nehmen auf das Edle und Göttliche" (NE X.1177 a 13), doch die höchste auf Dauer mögliche Aktualisierung menschlicher Natur liegt für die meisten Menschen immer und auch für die Wenigen meistens im guten und tugendhaften Handeln des politischen Lebens, und damit in der Gemeinschaft mit ihren Mitmenschen.

III. Die politische Gemeinschaft und ihre Ordnung

Ziel der Untersuchung ist nicht allein die Analyse und Beschreibung des guten, der Natur des Menschen angemessenen Lebens, sondern auch derjenigen politischen Institutionen, die nötig sind, um es zu sichern und zu bewahren. Die Theorie des Handelns kann zwar die der menschlichen Natur angemessenen Ziele des Handelns beschreiben, aber sie ist nicht identisch mit ihrem Gegenstand, dem guten Handeln. Sie kann feststellen, worauf das

Handeln des Menschen sich richten sollte, aber sie allein kann ihren Hörer oder Leser nicht ohne zusätzliche Hilfsmittel zum richtigen Handeln veranlassen. „Die vorliegende Untersuchung aber geschieht nicht um der Theorie willen wie die anderen. Denn nicht, um zu sehen, was Tugend sei, haben wir nachgedacht, sondern um tugendhaft zu werden, da unsere Untersuchung sonst keinen Nutzen hätte" (NE II.1103 b 26). Die Wissenschaft von der Politik, die im ersten Teil der Untersuchung als eine philosophisch begründete Wissenschaft vom menschlichen Handeln und seinen Zielen definiert war, muß nunmehr neu bestimmt werden als die Wissenschaft von der richtigen Ordnung der menschlichen Gemeinschaft, die den, der ihr angehört, zum richtigen Handeln motiviert. Politikwissenschaft in diesem Sinne ist eine nomothetische Wissenschaft, eine Anleitung für den Gesetzgeber, an Hand deren die richtige Ordnung nicht nur erkannt, sondern auch verwirklicht werden kann.

Der Übergang von der Theorie des Menschen als eines zum vernünftigem Handeln fähigen Einzelwesens zu einer Theorie vom Menschen als Gemeinschaftswesen findet seine philosophische Begründung in der Abhandlung über die Freundschaft *(philia)*, die das achte und neunte Buch der *Nikomachischen Ethik* ausmacht. Die politische Gemeinschaft ist eine unter mehreren Formen der Gemeinschaft. Die Substanz menschlicher Gemeinschaft aber, das, was es dem Menschen überhaupt erst ermöglicht, sich mit anderen zu einer Gemeinschaft zu vereinigen, ist die Tugend der Freundschaft. Wenn der Mensch ein „von Natur politisches", auf das Zusammenleben in der Gemeinschaft mit anderen Menschen angelegtes Wesen ist, so muß auch die Fähigkeit zur Freundschaft in seiner Natur liegen.

Freundschaft ist eine allgemeine Tugend des Menschseins, äußert sich aber im konkreten Einzelfall in jeweils verschiedenen Formen. Diese Formen wiederum lassen sich, wie die Beobachtung zeigt, nach den Zielen, denen sie dienen, zu drei Grundtypen zusammenfassen. Die Freundschaft um des Nutzens willen ist insoweit eine unvollkommene Form der Freundschaft, als sie den Freund ausnützt, ihn als Instrument zu Erreichung eigener Ziele verwendet. Da sich auch das, was die Partner in dieser Beziehung als ihren Nutzen betrachten, mit der jeweils konkreten Situation schnell ändern kann, ist sie überdies meist nicht von langem Bestand. Zwar würde auch dieser unvollkommene Typ der Freundschaft durch absolute Schlechtigkeit eines der Partner zerstört, doch weil auch Menschen, die über wenig Tugend verfügen, einander in vielen Situationen des Lebens nützlich sein können, kann sie durchaus unter Menschen von wenig lobenswerter Wesensart bestehen. Die Freundschaft um des Vergnügens willen ist ähnlich vergänglich und bedarf nur geringer Tugend der Partner wie das allein auf unmittelbaren Nutzen gerichtete Zweckbündnis, ist doch auch das Vergnügen unbeständig und wechselhaft. Dennoch darf sie nicht mit der Freundschaft um des Nutzens willen verwechselt werden, kann man doch das Vergnügen eher als ein um seiner selbst willen angestrebtes Ziel betrachten als den reinen Nutzen. Denn der Wert dessen, was dem einzelnen von Nutzen ist, liegt außerhalb seiner selbst, der Wert dessen, was ihm angenehm ist und Vergnügen bereitet, ist dem Gefühl des Vergnügens selbst inhärent. Eine Freundschaft um des gemeinsamen Vergnügens willen ist ethisch höher zu bewerten als die Freundschaft um des Nutzens willen, da sie ein höheres Maß an Großzügigkeit und Gemeinsamkeit der Lebensführung enthält als diese. Dennoch können beide Typen der Freundschaft nicht als in sich erstrebenswerte Ziele angesehen werden, sondern stellen allenfalls unvollkommene Annäherungen an einen vollkommenen Typ der Freundschaft dar.

Die Gemeinschaft des vollkommenen Lebens ergibt sich erst aus der höchsten Form der Freundschaft, die unter tugendhaften Menschen um des gemeinsamen Strebens nach dem Guten willen besteht. Der Freund im eigentlichen Sinne ist derjenige, der um seines Freundes willen das Gute wünscht und tut und zugleich von ihm erwartet, daß er um seiner selbst willen gut lebt und handelt. Diese vollkommene Freundschaft mit einem anderen Menschen ist nur möglich auf der Grundlage einer vernünftigen Selbstliebe *(philautia)*, der Freundschaft nämlich, die der tugendhafte und gute Mensch vernünftigerweise zu sich selbst empfindet. Der tugendhafte Mensch, der nach dem Gebot des vernünftigen Teils seiner Seele lebt, „steht mit sich selbst in Übereinstimmung und begehrt mit ganzer Seele ein und dasselbe. Und darum wünscht er auch sich selbst Gutes und das, was gut erscheint, und setzt es ins Werk" (NE IX.1166a12). Weil er in Harmonie mit sich selbst lebt, ist er imstande, dem Freund das gleiche

Glück des tugendhaften Lebens zu wünschen, und dies „spricht dafür, daß das höchste Maß der Freundschaft der Liebe gleicht, die man zu sich selbst hat" (NE IX.1166b1).

Quelle der vollkommenen Freundschaft ist die Ordnung der eigenen Seele. Wenn Menschen in Übereinstimmung mit sich selbst und ihren Mitbürgern leben, entsteht die spezifisch politische Form der Freundschaft, die Eintracht *(homonoia)*, eine Freundschaft unter Freien und Gleichen, aus der heraus die Substanz der politischen Gemeinschaft entsteht. Eintracht herrscht in der Polis, „wenn die Bürger über das ihnen Zuträgliche einer Meinung sind, dieselben Absichten verfolgen und die gemeinsam gefaßten Beschlüsse auch zur Ausführung bringen" (NE IX.1167a25). Beispiele für Eintracht als in Handlung umgesetzte politische Freundschaft sind etwa der gemeinsamen Wille, politische Ämter durch Wahl zu besetzen, äußere Bündnisse abzuschließen oder durch gemeinsamen Beschluß die Herrschaft über die Polis einem bestimmten Mann anzuvertrauen. Ob diese Form der politischen Freundschaft als Freundschaft unter Tugendhaften möglich und notwendig ist, hängt allerdings von der Frage ab, ob derjenige, der in der Glückseligkeit der Tugend lebt, überhaupt Freunde braucht. Scheint es doch zunächst, als ob der vollkommen Tugendhafte, der nach der vernunftgemäßen Ordnung seiner eigenen Seele lebt, alles besitzt, was ein Mensch erstreben kann, und damit diejenige Selbstgenügsamkeit erreicht hat, die das Äußerste für den Menschen erreichbare an Vollkommenheit darstellt. Wozu also sollte er eines zusätzlichen äußeren Guts wie der Freundschaft bedürfen?

Der Freund ist für den Freund so etwas wie ein zweites Ich, dem er all das wünscht, was er auch für sich selbst erstrebt. Zum Wesen der Tugend aber gehört auch der Wunsch, anderen Gutes zu tun, und schon deshalb braucht der Tugendhafte Freunde, denen er Gutes erweisen kann. Das Leben des Menschen ist durch Wahrnehmung und Erkenntnis bestimmt. Die Natur von Fähigkeiten wie Wahrnehmung und Erkenntnis ist aber durch ihr Ziel bestimmt, und deshalb liegt auch ihre Natur nicht in der reinen Potentialität, sondern in ihrer Realisierung. Ein eigentlich menschliches Leben führt der Mensch nur, insoweit er tatsächlich wahrnimmt und erkennt, fühlt und denkt. Wenn die – allgemein akzeptierte – Behauptung, der Mensch wolle leben, wahr sein soll, so muß das bedeuten, daß er auch fühlen und denken will. Das menschliche Bewußtsein ist aber in seiner Grundstruktur reflexiv, das heißt: *Wenn* wir denken und fühlen, sind wir uns zugleich immer der Tatsache bewußt, *daß* wir denken und fühlen, und wenn wir – wie dies für den Menschen typisch ist – bewußt leben, so tun wir dies in dem Bewußtsein, *daß* wir leben. Ist nun das Leben etwas Gutes und Begehrenswertes, so ist auch das Bewußtsein zu leben gut und begehrenswert. Wenn der Freund für den Tugendhaften ein zweites Ich ist, so „muß er vom Freund mitwahrnehmen, daß dieser ist, und dies geschieht im Zusammenleben und in der Gemeinschaft des Sprechens und Denkens ... Wenn nun für den Glücklichen das Sein um seiner selbst willen wünschenswert ist, da es von Natur gut und angenehm ist, und wenn das gleiche auch vom Sein des Freundes gilt, so muß auch der Freund zum Wünschenswerten gehören. Was aber für ihn wünschenswert ist, das muß er auch besitzen, da ihm sonst in dieser Hinsicht etwas fehlte. Also bedarf der Glückliche tugendhafter Freunde" (NE IX.1170b 10).

Der Mensch als politisches Lebewesen gewinnt seine Autarkie nicht allein in der richtigen Ordnung seiner Seele, sondern erst in der Gemeinschaft mit anderen Menschen, und deshalb ist für Aristoteles die Theorie der Gesellschaft kein unverbunden neben der Theorie des Menschen stehender zusätzlicher Untersuchungsgegenstand, sondern ein notwendiger Teil einer jeden philosophischen Anthropologie. In diesem Sinne sind Ethik und Politik keine getrennten Untersuchungsbereiche, sondern machen gemeinsam einen einheitlichen Gegenstand der wissenschaftlichen Erkenntnis aus.

Dennoch tritt beim Übergang von der Analyse menschlicher Seelenordnung zur Analyse der politischen Ordnung der Gemeinschaft ein neuer Faktor auf: Die Ordnung der Polis beruht nicht allein auf der freiwilligen Zustimmung ihrer Bürger, sondern kennt so etwas wie mit Zwangsmitteln ausgestattete Institutionen. Wie sind diese Zwangsmittel begründbar? Die Erfahrung lehrt, daß theoretisches Wissen darüber, was gutes und richtiges Handeln ist, in sich nicht immer hinreicht, um auch zum guten Handeln zu führen. Die ethischen Tugenden, von denen das soziale Verhalten des Menschen bestimmt wird, sind ja keine natürlichen Fähigkeiten der menschlichen Seele, sondern zur Gewohnheit gewordene Verhaltensweisen. Das aber bedeutet: Sie entstehen nicht spontan, sondern sind erlernbar und müssen erlernt werden. Und die Möglichkeit der Erziehung zur Tugend ist von der richtigen Ordnung der Gemeinschaft abhängig, in der dieser Prozeß der Charakterbildung stattfindet. Argumente und Überredung reichen nicht immer aus, um gutes Handeln in der Praxis hervorzurufen, denn der Mensch wird nicht allein von seiner Rationalität bestimmt. Die Polis als die dem Menschen von Natur bestimmte Gemeinschaft des Lebens kann aber nicht nur die Gemeinschaft der Tugendhaften sein, die ja vielleicht gar keine politischen Institutionen benötigen, um ein vernünftiges und glückliches Leben zu führen. Da sie die Polis aller Bürger ist, muß sie in ihrer institutionellen Ordnung fähig sein, auch den Menschen aufzunehmen und zur Tugend hinzuführen, der nicht voll unter der Herrschaft der Ratio steht, sondern in mancher Hinsicht von seinen irrationalen und nur unzureichend kontrollierten Leidenschaften beherrscht wird. Die Leidenschaftsnatur des Menschen aber, so eine weitere Erfahrungsweisheit, unterwirft sich dem Zwang eher als der Überredung. Um zum guten Bürger zu werden, braucht der Mensch gute Gesetze.

IV. Das gute Leben als Ziel der Polis

„Als erstes werden wir also untersuchen müssen, was etwa unsere Vorgänger im einzelnen da und dort Richtiges gesagt haben; dann müssen wir mit Hilfe der gesammelten Verfassungen prüfen, was die Polis und was die einzelnen Verfassungen bewahrt, was zerstört, und aus welchen Gründen die einen Verfassungen gut, die anderen schlecht sind. Wenn das untersucht ist, werden wir wohl auch eher erkennen können, welche Verfassung die beste ist und wie jede einzelne geordnet werden soll und welche Gesetze und Gewohnheiten sie haben wird" (NE X.1181 b 15).

Die Polis als die dem Menschen natürliche, geordnete Gemeinschaft gehört der Klasse des Zusammengesetzten an. Deshalb muß die Untersuchung ihrer Natur von der Zerlegung des zusammengesetzten Ganzen in seine nicht zusammengesetzten Einzelteile ausgehen. Die erste Einheit menschlichen Zusammenlebens ist der Haushalt, in dem das Verhältnis des „von Natur Regierenden" zum „von Natur Regierten" die Beziehungen zwischen Mann und Frau, Eltern und Kindern, Herr und Sklave bestimmt. Ausdrücklich merkt Aristoteles an, daß die hier auftretenden Formen der Herrschaft ihrem Wesen nach nicht politisch, sondern despotisch sind, weil sie nicht auf der Zustimmung freier Bürger, sondern auf der Alleinherrschaft des Hausherrn beruhen. Zur Befriedigung von Bedürfnissen, die über den reinen Lebensunterhalt hinausgehen, entsteht durch den Zusammenschluß mehrerer Haushalte die arbeitsteilige Gemeinschaft des Dorfs. Und aus dem Zusammenschluß mehrerer Dorfgemeinschaft entsteht das qualitativ neue Gebilde der Polis als einer vollkommenen Gemeinschaft, die in sich das Ziel der Selbstgenügsamkeit oder Autarkie erreichen kann, weil sie ihren Bürgern alles das gibt, dessen sie bedürfen. In diesem Sinne kann die Polis als eine Gemeinschaft beschrieben werden, die nicht allein „um des Lebens willen", sondern „um des guten Lebens willen" besteht. Weil erst in ihr der Mensch als Bürger seine Natur voll entfalten kann, ist ohne weiteres einsichtig, „daß die Polis zu den von Natur existierenden Dingen gehört und daß der Mensch von Natur ein politisches Lebewesen ist" (P I.1253 a 1).

„Politisch" *(politikos)* heißt hier aber etwas anderes als „herdenbildend" *(agelaios)*. Nicht allein die Fähigkeit zum Leben in irgendeiner Gemeinschaft ist es, die den Menschen ausmacht. Von herdenbildenden Lebewesen, wie Rindern, Ameisen oder Bienen, unterscheidet ihn die Tatsache, daß er ein rationales Lebewesen ist. Nicht einfach das Zusammenleben mit anderen ist es, das ihn zum politischen Lebewesen macht, sondern seine Fähigkeit, die Form dieser Gemeinschaft auf der Grundlage der allen Menschen gemeinsamen Vernunft selbst zu gestalten. Mit Hilfe der Sprache kann der Mensch „das Nützliche und Schädliche, das Gerechte und Ungerechte kundtun", und auf Grund seiner Vernunft kann er „das Gute und das Schlechte, ebenso wie Recht und Unrecht erkennen" (P I.1253 a 14). Die Gemeinschaft der Polis wird nicht allein durch den gemeinsamen Nutzen, sondern ebenso sehr durch die Gemeinsamkeit der ethischen Erkenntnis konstituiert.

V. Die Verfassung als äußere Ordnung der Polis

Wenn Freundschaft die Substanz der Polis ist, so ist Gerechtigkeit ihre Form. Nach außen hin aber manifestiert sich diese Form in der Verfassung, und wie die Erfahrung lehrt, gibt es mehr als eine Form der Verfassung. Die Frage muß also lauten: Gibt es eine beste Verfassung, und falls dem so ist, welche ist es? Da aber die Polis nichts anderes ist als „die Ordnung derer, die die Polis bewohnen" (P III.1274 b 35), muß die beste Verfassung diejenige sein, die der Tugend ihrer Bürger die größte Entfaltungsmöglichkeit gibt. Wir stehen vor der Frage, „ob die Tugend des guten Menschen und die Tugend des guten Bürgers die gleiche sei oder nicht" (P III.1276 b 17). Was aber ist die Tugend eines guten Bürgers? Das gemeinsame Ziel der Bürger ist das Wohlergehen der Gemeinschaft, und damit wird die Tugend des guten Bürgers von der Verfassung der Polis abhängig, in der er lebt. Da es nun verschiedene Verfassungen gibt, die von ihren Bürgern verschiedene Tugenden verlangen, um das Wohlergehen der Polis als Gesamtheit zu sichern, kann die Tugend des guten Bürgers – im Gegensatz zu derjenigen des guten Menschen – nicht zu allen Zeiten und an allen Orten die gleiche sein.

Überdies ist die Polis keine homogene Gemeinschaft, sondern ein aus verschiedenartigen Elementen zusammengesetztes Ganzes. Das heißt, daß der Beitrag, den der einzelne Bürger zum Wohlergehen der Polis leisten kann, nicht bei jedem ihrer Bürger der gleiche ist. Verschiedenartige Aufgaben setzen für ihre optimale Erfüllung den Besitz verschiedener Tugenden voraus. Es gibt für Aristoteles nur ein Beispiel, in dem Bürgertugend und allgemein menschliche Tugend in eins zusammenfallen. Dieses Beispiel ist in der Person des Staatsmanns *(politikos)* gegeben, der die Fähigkeit zur politischen, nicht despotischen Herrschaft über seine Mitbürger besitzt. Politische Herrschaft ist Herrschaft über Freie und Gleiche, nicht über Untertanen und Sklaven wie die Despotie, und nur der ist zu ihr fähig, der nicht nur gut regieren kann, sondern sich auch gut regieren lassen kann. Der gute Staatsmann muß, weil er nicht Herr über seine Mitbürger ist, zunächst einmal selbst ein guter Bürger sein. Beiden Fähigkeiten, der Fähigkeit zu herrschen wie der Fähigkeit beherrscht zu werden, liegt ein und dieselbe Tugend zugrunde: die praktische Klugheit *(phronesis)* des Handelns und die Wohlberatenheit *(sophrosyne)* der Lebensführung. Sie macht die Tugend des reifen und erfahrenen Menschen aus.

Ist die gute Polis die einzige Gemeinschaft, in der die Tugend des guten Menschen und diejenige des guten Bürgers zusammenfallen können, so wird für die Beantwortung der Frage nach dem Ziel der Gemeinschaft die Frage nach der besten Polis entscheidend. Diese Frage bildet die Grundlage für das, was als „Aristotelische Verfassungslehre" zu einem der beständigen Kernpunkte abendländischer Politik- und Herrschaftslehre werden sollte. Wir können, so Aristoteles, Verfassungen unter zweierlei Gesichtspunkten klassifizieren.: Einmal können wir danach fragen, was das Ziel ist, dem die Verfassung dient und das durch sie gesichert werden soll. Zum anderen können wir danach fragen, wer unter der Verfassung die Macht ausübt: der Eine, die Wenigen oder die Vielen. Da das wahre Ziel der Gemeinschaft das gute Leben des Menschen ist und dies sich im gemeinsamen Nutzen ihrer Bürger konstituiert, können wir zwischen „richtigen Verfassungen" *(orthai politeiai)*, die dem gemeinsamen Nutzen ihrer Bürger dienen, und „verfehlten Verfassungen" *(parekbaseis)* unterscheiden, die nur dem Nutzen der jeweils Herrschenden dienen. Legen wir beide Kriterien zugleich an, so gelangen wir zu dem klassisch gewordenen Katalog der drei richtigen Verfassungen des Königtums, der Aristokratie und der Politie und ihrer drei „Verfehlungen" in den Herrschaftsformen der Tyrannis, der Oligarchie und der Demokratie.

Die schematische Klassifikation wird im Verlauf der Untersuchung einer Anzahl von Modifikationen unterzogen. So erweist sich die Annahme als zu einfach, der eigentliche Unterschied zwischen Demokratie und Oligarchie beruhe allein auf der Anzahl der an der Macht beteiligten Bürger und nicht auch darauf, wer diese Bürger sind. In der Praxis sind Oligarchien weniger daran zu erkennen, daß in ihnen eine Minderheit herrscht, sondern daran, daß es sich bei dieser Minderheit um die Reichen handelt. Auch Demokratien sind nicht einfach Herrschaftsformen der Mehrheit, sondern primär durch die Tatsache gekennzeichnet, daß es in ihnen die Armen sind, die allein die Herrschaft ausüben. Zwar wird man in jeder normalen Gesellschaft mehr Arme als

Reiche finden, aber auch wenn es eine Gesellschaft gäbe, in der die Armen die Minderheit und die Reichen die Mehrheit bildeten, wäre auch in ihr die Alleinherrschaft der Armen eine demokratische Herrschaft.

Ein wieder anderes Bild ergibt sich, wenn wir nicht die zahlenmäßige Zusammensetzung der Polis, sondern diejenigen Stände betrachten, deren Zusammenwirken die Polis lebensfähig macht. Wir müssen fragen, welcher Stand die Herrschaft ausübt. Aristoteles nennt als die „notwendigen Teile" der Polis Gruppen wie Bauern, Handwerker, Krieger, Kaufleute, Tagelöhner, Priester und ähnliche. Allein die Tatsache, daß ein und derselbe Bürger mehrere dieser Aufgaben in seiner Person vereinen kann, daß aber schon aus logischen Gründen niemand arm und reich zugleich sein kann, macht die Armen und die Reichen zu den „hauptsächlichen Teilen" einer jeden Polis und ermöglicht es so, die verwirrende Vielfalt der real existierenden Verfassungsformen – unter Vernachlässigung der früher vorgenommenen Sechsteilung der Verfassungen – auf die zwei Grundtypen der Demokratie und der Oligarchie zurückzuführen. Wo es dagegen um die Frage der Dauerhaftigkeit von Institutionen und ihrer Widerstandskraft gegen gewaltsamen Umsturz geht, erweist sich eine Mischform aus demokratischen und oligarchischen Elementen am stabilsten. Dieser bei Aristoteles nur angedeutete Gedanke sollte als „Theorie der gemischten Verfassung" im römisch-antiken wie im mittelalterlichen Herrschaftsdenken zu einem immer wieder aufgegriffenen und weiter entwickelten Topos werden.

„Da es ... drei richtige Verfassungen gibt, und da unter ihnen notwendigerweise diejenige die beste sein muß, die von den Besten verwaltet wird ... so daß die einen sich regieren lassen und die anderen im Hinblick auf das wünschenswerte Leben regieren, und da – wie wir am Anfang der Abhandlung gezeigt haben – die Tugend des guten Menschen und die Tugend des guten Bürgers in der besten Polis notwendigerweise die gleiche sein muß, so ist klar, daß auf dieselbe Weise und durch dasselbe ein Mensch tugendhaft wird und eine Polis nach dem Muster der Aristokratie oder des Königtums errichtet wird. So werden Erziehung und Gewohnheit, die den guten Menschen heranbilden, die gleichen sein, die einen guten Staatsmann oder König heranbilden" (P III.1288 a 32).

VI. Die „beste Verfassung"

Das Paradigma der besten Polis, wie es im siebten und achten Buch der *Politik* entwickelt wird, beruht auf den Ergebnissen der empirischen Untersuchung der Verfassungsformen im dritten und vierten Buch. Wollen wir wissen, was die beste mögliche Verfassung für die politische Gemeinschaft ist, so müssen wir wissen, was das beste Leben für den Menschen ist. Dieser Frage waren die zehn Bücher der *Nikomachischen Ethik* gewidmet. Diejenige Polis muß die beste sein, in der sich die von Rationalität und Streben nach Gemeinsamkeit gekennzeichnete Natur des Menschen vollkommen entfalten kann. Die wesentlichen Aussagen über die Natur des Menschen als Inbegriff seiner Fähigkeiten und die Umsetzung dieser Fähigkeiten in die Realität des politischen Handelns sind schon zu Beginn der Abhandlung gemacht worden. Ihre wichtigsten Punkte faßt Aristoteles in der Einleitung zum siebten Buch der *Politik* noch einmal unter den Hauptthemen einer Theorie der Güter des Handelns, der Glückseligkeit als Ziel des Lebens, der Teile der Seele, in denen sich Begierden, Leidenschaften und Vernunft die Wage halten, sowie dessen zusammen, was die Autarkie des vollkommenen Lebens ausmacht.

Drei Arten von Gütern sind es, deren Besitz der Mensch erstreben kann und die zu seiner Glückseligkeit beitragen: äußere Güter wie Macht und Reichtum, Güter des Körpers wie Gesundheit und Schönheit, und seelische Güter wie Mut, Selbstbeherrschung, Gerechtigkeit und Klugheit. Die eigentliche Glückseligkeit des Menschen aber wird in erster Linie durch den Besitz der Tugenden als Güter der Seele gesichert. Äußere Güter sind nur da von Bedeutung, wo sie als Mittel zum Erwerb des eigentlich menschlichen Ziels verwendet werden können. Die wahren Güter der Seele aber sind für den einzelnen wie für die Gemeinschaft in gleicher Weise Ursache und notwendige Voraussetzungen des guten und glücklichen Lebens. „Das beste Leben sowohl für den einzelnen für sich genommen wie auch für die Poleis gemeinsam ist ein Leben der Tugend, das mit äußeren Hilfsmitteln in dem Maße ausgestattet ist, daß dadurch die Ausübung tugendhafter Handlungen ermöglicht wird" (P VII.1223 b 40).

Den Abschluß der Untersuchung bildet die paradigmatische Schilderung der „besten Polis" und der Voraussetzungen ihrer Gründung. Weder das gute Leben des einzelnen Menschen noch der Polis kann unter äußeren Umständen verwirklicht werden, die dieser Verwirklichung entgegenstehen. Wenn wir die beste denkbare Form der Gemeinschaft schildern sollen, müssen wir uns auch die besten denkbaren Voraussetzungen für ihre Verwirklichung vorstellen können, müssen „vieles gleichsam als Wunsch voraussetzen, nur darf dabei nichts Unmögliches sein" (P VII. 1325 b 39). So sollte die Zahl der Bürger groß genug sein, um ihre Autarkie gewährleisten zu können, doch nicht so groß, daß die Gemeinschaft als Ganzes ihre Überschaubarkeit verliert. Denn die Ordnung der Gesetze kann sich nicht über eine allzu große Menschenmenge erstrecken. Allzu ausgedehnte Imperien wie etwa das Persische Reich können nicht freiheitlich und politisch, sondern nur despotisch von einem unumschränkten Herrscher wie dem Großkönig regiert werden. Und auch die Übertragung von Ämtern an die Fähigsten ist nicht mehr gesichert, wenn nicht jeder Bürger über Verdienste und Fähigkeiten der zur Wahl stehenden Kandidaten informiert ist.

Das Territorium der besten Polis ist überschaubar und dennoch diversifiziert genug, um die autarke Gemeinschaft mit allem zu versorgen, dessen sie zu ihrem Leben bedarf. Die Stadt soll leicht zugänglich sein, damit sie als Marktplatz für das Umland dienen kann, muß aber zugleich militärisch leicht zu verteidigen sein. Die Stadt sollte Zugang zu einem Hafen haben, der jedoch nicht allzu nah an der eigentlichen Stadt liegen sollte, weil der ständige Verkehr mit Fremden die innere Geschlossenheit der Gemeinschaft gefährden könnte.

Die Beantwortung der Frage nach der Zusammensetzung der Bürgerschaft dieser besten denkbaren Polis erfordert eine neue Bestimmung des Verhältnisses, das zwischen einem zusammengesetzten Ganzen und seinen einzelnen Teilen besteht. Bei einer komplex zusammengesetzten Struktur wie der Polis, kann man nicht davon ausgehen, daß alles, was zu ihrer Existenz notwendig ist, zugleich wesenhafter Bestandteil des Ganzen ist. So wie der Mensch zu seinem Leben der äußeren Güter bedarf, die dennoch nicht Teil seiner selbst sind, ist auch die Polis auf äußeren Besitz angewiesen, aber dieser Besitz „ist kein Teil der Polis, auch dann nicht, wenn zum Besitz neben unbelebten Gegenständen auch eine Anzahl von Lebewesen gehört. Denn die Polis ist eine Gemeinschaft von Gleichen, und ihr Ziel ist das beste und höchste mögliche Leben" (P VII.1328 a 35) An diesem Ziel aber haben – so der empirische Befund – aufgrund der in der Realität anzutreffenden ungleichen Aktualisierung der Gleichheit ihres psychischen Potentials nicht alle Menschen im gleichen Maße teil. Zwar ist jede Polis auf eine Anzahl von Funktionen wie Landbestellung, Kunst, Handwerk, Verteidigung, Wahrnehmung des öffentlichen Kults, politische Beratung und Entscheidung und Rechtsprechung angewiesen, aber nicht alle dieser Aufgaben müssen notwendigerweise von Vollbürgern wahrgenommen werden. Einige von ihnen können auch „Mitbewohnern", Metöken, die keine Vollbürger sind, übertragen werden. Den Bürgern selbst aber müssen die für das Wesen der Gemeinschaft entscheidenden Aufgaben wie die des Kriegers, des Verwalters politischer Ämter und des Priesters im gemeinschaftlichen Kult vorbehalten bleiben, und diese Funktionen sollte zu verschiedenen Zeiten seines Lebens und seiner Reife möglichst jeder Bürger einmal wahrnehmen.

Bleibt die Frage, woher der Gesetzgeber kommen soll, der die Ordnung dieser Polis schafft. Wir stehen vor dem Paradox, daß erst die beste Polis den vollkommenen Staatsmann hervorbringen kann, der zum Gesetzgeber eben dieser Polis werden könnte. Die Antwort liegt in einer ansatzweise ausgeführten Theorie der Erziehung der Jugend zu in sich gefestigten reifen Menschen und tugendhaften Bürgern. Die Abhandlung zu diesem Thema ist nur unvollständig erhalten. Der Text bricht im achten Buch der *Politik* mitten in einer Schilderung der musikalischen Erziehung der zukünftigen Bürger der Polis ab. Aber die Ziele, denen dieses Erziehungsprogramm dienen soll, sind bekannt. Die letzten Sätze der *Politik* führen zurück zu den Anfangssätzen der *Nikomachischen Ethik*.

Wilfried Nippel

Cicero (106–43 v. Chr.)

Zeittafel

106 v. Chr.	(3. Januar) geboren in Arpinum
91/90–82	juristische, rhetorische und philosophische Ausbildung in Rom, unterbrochen von kurzem Militärdienst (90–89)
81–79	erste Tätigkeit als Anwalt
79–77	Bildungsaufenthalt in Griechenland und Kleinasien
75	Quaestor (in Sizilien)
69	Aedil
66	Praetor; Beginn der politischen Rednertätigkeit
63	Consul; Vorgehen gegen die Verschwörung des Catilina
62–59	Rechtfertigung seines Verhaltens als Consul
58	(März) Verbannung
57	(September) Rückkehr aus dem Exil
55–51	erste Phase der schriftstellerischen Tätigkeit
51–50	Statthalterschaft in Kilikien
49–48	im Bürgerkrieg zwischen Pompeius und Caesar im Lager des Pompeius
47	Begnadigung durch Caesar
46–44	zweite Phase der schriftstellerischen Tätigkeit
44–43	nach der Ermordung Caesars führende Rolle beim Kampf gegen Antonius
43	(7. Dezember) Ermordung nach vorheriger Proskribierung auf Betreiben von Antonius

Marcus Tullius Cicero ist der einzige Autor aus der Zeit der römischen Republik, der als politischer Denker bezeichnet werden kann. In Rom hat sich lange keine von der eigenen Praxis abstrahierende Theorie entwickelt. Politisches Denken war gleichzusetzen mit der über Generationen akkumulierten Regierungskunst der Aristokratie. Distanz zur eigenen Ordnung wurde erst mit der Übernahme griechischer Bildung seit dem 2. Jahrhundert v. Chr. gewonnen, die mit einer Akkulturation der Sieger an die Besiegten verbunden war. Eine systematische Durchdringung dieser Tradition hat erst Cicero geleistet. Er ist im übrigen die Person, über die wir am besten aus der Antike unterrichtet sind. Ca. 800 überlieferte Briefe, 58 Reden, 19 Prosaschriften geben einen einzigartigen Einblick in sein Handeln als Politiker und in seine Gedankenwelt.

I

Cicero stammte aus einer Familie des Ritterstandes, der sich aus den Führungsschichten der italischen Gemeinden zusammensetzte. Er wurde von dem angesehensten Rechtsgelehrten seiner Zeit, Q. Mucius Scaevola (Augur), in das Zivil- und Sakralrecht eingeführt und vervollständigte nach dem Tod seines ersten Lehrers seine juristische Ausbildung bei dessen Verwandtem Q. Mucius Scaevola (Pontifex). Die Kenntnisse, über die ein Gerichtsredner und Politiker verfügen mußte, erlernte Cicero in Begleitung der herausragenden Redner der Zeit, L. Licinus Crassus (Consul 95) und M. Antonius (Consul 99). Im Jahre 88 war (nach der Eroberung Athens durch Mithridates von Pontus) Philon von Larisa, das Schulhaupt der Akademie, nach Rom gekommen. Cicero schloß sich ihm an und sollte ihn zeitlebens als seinen wichtigsten philosophischen Lehrer betrachten. Die stoische Philosophie wurde ihm durch Diodotos vermittelt, der später in seinem Hause lebte. Ciceros Ausbildung zog sich, auch bedingt durch die Bürgerkriegszustände, ungewöhnlich lange hin. Im Jahre 80 erzielte er als Verteidiger in einem Strafverfahren, bei dem auf der

Gegenseite ein Vertrauter des Dictators Sulla stand, einen glänzenden Erfolg.

Nach der Studienreise, auf der er in Athen, Rhodos und Kleinasien die führenden Rhetoriklehrer und Philosophen aufgesucht hatte, nahm er seine Tätigkeit als Gerichtsredner wieder auf und begann eine Ämterlaufbahn, die ihn 63 bis ins Consulat führte. Einem *homo novus*, einem Mann aus einer Familie, die noch nie einen Magistraten gestellt hatte, war dies seit drei Jahrzehnten nicht mehr gelungen. Cicero verdankte seinen Aufstieg der Reputation und den Beziehungen, die er sich durch seine Rednertätigkeit vor Gericht, vor der Volksversammlung und im Senat erworben hatte.

Sein Amtsjahr als Consul war überschattet vom Versuch eines Staatsstreichs durch Catilina. Auf dem Höhepunkt der Krise entschied der Senat, fünf der in Rom festgesetzten Verschwörer hinrichten zu lassen. Cicero ließ sich als Retter des Vaterlandes feiern. Gleich danach setzte eine Agitation ein, damit sei gegen das Bürgerrecht auf den ordentlichen Prozeß verstoßen worden. Schließlich führte dies 58 zu Ciceros Verbannung, die erst nach eineinhalb Jahren aufgehoben wurde. In der Folgezeit waren seine politischen Wirkungsmöglichkeiten wegen des Machtkartells von Pompeius und Caesar eingeschränkt. Aufgrund einer Gesetzesänderung, die die „Reaktivierung" von Consuln aus früheren Jahren für die Übernahme eines Provinzkommandos zur Folge hatte, mußte Cicero 51–50 die Statthalterschaft in Kilikien übernehmen. Im 49 ausbrechenden Bürgerkrieg zwischen Pompeius und Caesar nahm er die Partei des Pompeius. Der Sieger Caesar begnadigte ihn. Unter der Alleinherrschaft Caesars waren politische Aktivitäten für einen Mann seiner Überzeugungen kaum möglich. Nach der Ermordung des Dictators wurde Cicero der führende Repräsentant jener Senatoren, die auf eine Wiederherstellung der traditionellen Ordnung setzten. Er bekämpfte Antonius und glaubte Octavian, den Erben Caesars (den späteren Augustus), für die Sache des Senats einbinden zu können. Ende 43 kam es jedoch zum Bündnis zwischen Antonius und Octavian. Den der Liquidierung von Gegnern und dem Einzug ihrer Vermögen dienenden Proskriptionen fiel auch Cicero zum Opfer.

II

Cicero hat sich immer als zur Politik Berufener verstanden. Seine Schriften sind in den Zeiten entstanden, in denen ihm durch die politischen Umstände eigene praktische Wirksamkeit versagt war (*De divinatione* 2, 6f.; *De natura deorum* 1, 7), d.h. zwischen 55 und 51 sowie zwischen 46 und 44. Als Vermittler der griechischen Tradition besteht seine besondere Leistung in der Entwicklung einer lateinischen Terminologie, mit der man ernsthaft philosophische Probleme erörtern konnte. Es ging ihm darum, dem römischen Publikum einen möglichst vollständigen Überblick zu verschaffen. Die reiche Produktion in kurzer Zeit wäre ohne eine lebenslange Beschäftigung mit philosophischen Fragen nicht denkbar gewesen (*De natura deorum* 1, 6). Ciceros Gegenüberstellung der Positionen der verschiedenen Schulen sollte für die Nachwelt um so wertvoller werden, als die Schriften der hellenistischen Philosophen gänzlich verlorengegangen sind. Er selbst stand der Position der skeptischen Akademie (wie sie von seinem Lehrer Philon von Larisa repräsentiert wurde) am nächsten, die eine sichere Erkenntnis der Wahrheit nicht für möglich hielt. Für seine Darstellungen wählte Cicero die Dialogform, die es erlaubte, die Dialogpartner ihre, die jeweiligen Schulmeinungen wiedergebenden, Ansichten in zusammenhängender Rede vortragen zu lassen.

Den Plan, eine Enzyklopädie der Philosophie zu schaffen, hat Cicero erst in seiner zweiten schriftstellerischen Phase während der Dictatur Caesars verfolgt. Als er sich zum ersten Mal an einer freien Betätigung im Gemeinwesen gehindert sah, hat er sich der politischen Theorie im engeren Sinne zugewandt. Ende 55 legte er die Schrift über den idealen Redner vor (*De oratore*). Fiktiver Zeitpunkt des Dialogs ist das Jahr 91; zu den Gesprächspartnern zählen mit Q. Mucius Scaevola (Augur), L. Licinius Crassus und M. Antonius die Lehrmeister des jungen Cicero. Rhetorik und Philosophie müssen eine Einheit bilden; Politiker bedürfen, um dem Gemeinwesen dienen zu können, gründlicher Kenntnisse in Philosophie, Recht und Geschichte; griechische Bildung muß sich mit dem Wissen um die eigenen Traditionen von Staat und Recht verbinden.

III

Diese Verknüpfung von griechischer Theorie und römischer Staatsklugheit hat Cicero in den beiden folgenden Werken über den Staat (*De re publica* [rep.]) und über die Gesetze (*De legibus* [leg.]) geleistet. Ende 54 hat er von neun Büchern „über den besten Zustand des Gemeinwesens und den besten Bürger" gesprochen (*Epistulae ad Quintum fratrem* 3, 5, 1), die Aufteilung auf zwei Dialoge ist später erfolgt. *De re publica* ist im Frühjahr 51 der Öffentlichkeit bekannt gewesen, *De legibus* erst posthum veröffentlicht worden, wahrscheinlich in der bis zur Übernahme des Provinzkommandos (Mai 51) abgeschlossenen Fassung. Die beiden Werke werden ergänzt durch die Schrift über das sittlich angemessene Handeln (*De officiis* [off.]) aus dem Jahre 44, in der Cicero seine auf stoische Vorlagen zurückgehende Lehre über die Vereinbarkeit von sittlich gerechtfertigtem und interessegeleitetem Handeln mit zahlreichen Belegen aus Geschichte und Gegenwart der römischen Republik illustriert.

De re publica fingiert ein Gespräch, das Scipio Aemilianus, der Zerstörer Karthagos, im Jahre 129 im Kreise von Freunden geführt habe. Da die Unterredung kurz vor dem Tode Scipios spielt, erscheinen die ihm in den Mund gelegten Äußerungen als sein Vermächtnis. Auch wenn Scipio Aemilianus mit dem Historiker Polybios und dem Philosophen Panaitios befreundet gewesen war, so ist doch seine und seiner Freunde Stilisierung zu Intellektuellen weitgehend eine Fiktion.

In jeweils zwei Büchern werden der beste Staat, seine rechtlichen und sittlichen Grundlagen sowie der beste Staatsmann behandelt. Die Interpretation wird durch die lückenhafte Überlieferung erschwert. Obwohl das Werk bis in die Spätantike viel gelesen wurde, ist es als Ganzes verlorengegangen. Man kannte nur ausführliche Zitate und Referate bei Laktanz (*Divinae institutiones*, um 300) und Augustin (*De civitate dei*, nach 410) sowie kurze Zitate bei antiken Grammatikern. Überliefert war außerdem der von der Unsterblichkeit der Seele handelnde Schluß des Werkes, „Scipios Traum" (*somnium Scipionis*), zusammen mit dem Kommentar von Macrobius (um 430). Erst die Entdeckung eines Palimpsests in der Vatikanischen Bibliothek hat 1822 längere Partien der Bücher 1–3, etwa ein Viertel des Originals, wieder zugänglich gemacht.

De Legibus spielt in Ciceros Zeit. Die Unterredung führen er selbst, sein Bruder Quintus sowie sein Freund Atticus. Es ist ein zusammenhängender Text bis zur Mitte des 3. Buches erhalten, der Fragen der Rechtsphilosophie erörtert und einen detaillierten Überblick über das römische Sakral- und Verfassungsrecht gibt; der Rest des Werkes ist verloren. Cicero hat mit beiden Werken die Idealkonkurrenz mit Platons „Staat" und „Gesetzen" gesucht (*leg.* 1, 15; 2, 14). Anders als bei Platon geht es nicht um die Unterscheidung zwischen einer absoluten guten, jedoch unwahrscheinlich zu realisierenden, und einer unter Umständen erreichbaren zweitbesten Ordnung, vielmehr werden unterschiedliche Aspekte der römischen Staatsordnung als dem sowohl in den Prinzipien wie in den Einzelregelungen besten System thematisiert. Die politische Erfahrung der Römer zählt mehr als alle Theorien und Gedankenexperimente (*rep.* 1, 1–3; 1, 13; 2, 21; 2, 52).

IV

De re publica beginnt mit einer Definition des Gemeinwesens, die eine etymologisch begründete Gleichsetzung von *res publica* und *res populi* bietet. Ein Volk (*populus*) ist nicht jede beliebige Menge (*coetus*), sondern nur ein auf allgemeinem Einverständnis über das Recht (*iuris consensus*) und auf Gemeinsamkeit des Nutzens (*utilitatis communio*) beruhender Zusammenschluß von Menschen. Die primäre Motivation für die Vergesellschaftung liegt nicht in der Schwäche (*imbecillitas*) der Menschen, sondern in dem ihnen innewohnenden natürlichen Gemeinschaftstrieb (*rep.* 1, 39). Das Motiv der Schwäche läßt sich bis auf Platon, das des Geselligkeitstriebs bis auf Aristoteles zurückführen. In hellenistischer Zeit war erstere Theorie u. a. von den Epikureern und z.B. Polybios, letztere zumal von den Stoikern vertreten worden. Cicero gibt hier (und *leg.* 1, 35; *off.* 1, 157f.) der aristotelisch-stoischen Tradition den Vorzug, ergänzt sie jedoch um den Gedanken der Rechtsgemeinschaft, der eine Verständigung über Prinzipien des Rechts noch vor der Konstituierung der staatlichen Ordnung impliziert. In *De officiis* (2, 73) wird zusätzlich noch die Sicherung des Privateigentums als Zweck der Konstituierung des Gemeinwesens genannt.

Aus der Definition folgt zugleich ein Kriterium zur Beurteilung der unterschiedlichen Typen staatlicher Ordnung. Seit dem späten 5. Jahrhundert hatte man zwischen der Herrschaft eines Einzelnen, einer sozialen Elite und der Gesamtheit des Volkes unterschieden. Zugleich wurde zwischen geglückten und depravierten Varianten differenziert, je nachdem, ob die Herrschaft am Gemeinwohl orientiert sei oder allein den Interessen der Herrschenden diene. Für Cicero sind Monarchie (*regnum*), Aristokratie (*civitas optimatium*) und Demokratie (*civitas popularis*) bedingt akzeptable Formen, die dem in der Definition von *res publica* implizierten Gerechtigkeitsprinzip partiell entsprechen (*rep.* 1, 42). In der Monarchie steht die Fürsorge für die Untertanen (*caritas*), in der Aristokratie die Einsicht und der weise Rat (*consilium*) der Besten, in der Demokratie die Freiheit (*libertas*) des Volkes im Vordergrund (*rep.* 1, 55). Das bedeutet aber eine einseitige Bevorzugung jeweils einen Prinzips, so daß in der Monarchie alle anderen von der Teilhabe an der Beratung ausgeschlossen sind, in der Aristokratie der großen Masse nicht ausreichend Freiheit eingeräumt wird; in der Demokratie wird die Gleichberechtigung aller in einer Weise praktiziert, die keine Abstufung nach Maßgabe der jeweiligen Würdigkeit (*gradus dignitatis*) zuläßt (*rep.* 1, 43). In allen Formen gibt es keine ausreichenden Vorkehrungen gegen Machtmißbrauch, deshalb eignet ihnen eine Instabilität, die zum Umschlag in eine depravierte Variante führen kann (*rep.* 1, 44). Bei den schlechten Formen – Tyrannis, enge Oligarchie und Herrschaft einer zügellosen Masse – liegt keine Rechtsgemeinschaft vor, sie können deshalb jeweils überhaupt nicht als *res publica* gelten (*rep.* 3, 43–45).

Wenn auch die Monarchie als relativ beste Ordnung angesehen werden kann, weil sie eine einheitliche Führung gewährleistet (*rep.* 1, 54–63), so kann sie doch in die Tyrannis umschlagen (*rep.* 1, 65). Gerecht und stabil kann nur eine Mischung aus den drei legitimen Typen sein (*rep.* 1, 45; 1, 69). Auch die Konzeption einer Mischverfassung war ein Traditionsgut. In der Theorie des 4. Jahrhunderts ist sie vor allem vom Vorbild der spartanischen Verfassung abgeleitet worden, deren Stabilität aus den Interorgankontrollen zwischen Königen, Gerousia, Ephoren und Volksversammlung hergeleitet wurde. Ein umfassendes Mischverfassungs-Modell findet sich dann im 6. Buch des Geschichtswerk des Polybios, der nach 167 lange Zeit in Rom gelebt hatte. Er sieht in der Mischverfassung die Chance, einem mit Naturgesetzlichkeit sich vollziehenden „Kreislauf von Verfassungen" als Folge des Machtmißbrauchs zu entgehen. Während in Sparta das System wechselseitiger Kontroll- und Kooperationsmechanismen das Werk eines großen Gesetzgebers (Lykurg) gewesen war, ist in Rom die Machtverteilung zwischen Consuln, Senat, Volksversammlung und Volkstribunen Ergebnis der Erfahrungen und Konflikte vieler Generationen gewesen. Dieser Ordnung verdankte Rom seinen grandiosen äußeren Erfolg.

Cicero modifiziert diese Konzeption. Der Kreislauf der Verfassungen stellt sich für ihn nicht als determinierter Ablauf dar, da der Umschlag der Verfassungen in verschiedenen Richtungen erfolgen kann (*rep.* 1, 45; 1, 68). Eine gemischte Verfassung bedeutet eine ausgewogene Verteilung der politischen Entscheidungen auf eine quasi-monarchische Spitze, die Aristokratie und die Masse der Bürger (*rep.* 1, 69). Das setzt zwar eine Differenzierung der Funktionen zwischen Magistratur, Senat, Volksversammlung und Tribunen voraus, aber der Nachdruck liegt nicht auf den wechselseitigen Kontrollfunktionen, sondern auf der sozialintegrativen Wirkung, die von diesem Arrangement ausgeht. Deutlich wird dies in der Schilderung der Genese der römischen Verfassung im 2. Buch von *De re publica*. Die Einrichtung der Volksversammlung in Form der Centuriatcomitien, bei denen eine extreme Gewichtung der Stimmen der Individuen entsprechend ihrem Vermögensstatus vorgenommen wird, bedeutet, daß einerseits niemand völlig vom Stimmrecht ausgeschlossen ist, andererseits eine angemessene Abstufung erfolgt (*rep.* 2, 39f.). Dem Anspruch des Volkes auf *libertas* ist damit noch nicht Genüge getan. Dazu gehört auch der Schutz vor magistratischer Willkür durch das Provokationsrecht, das Recht auf den ordentlichen Prozeß vor einem vom Volk legitimierten Gericht (*rep.* 2, 53–55) – jenes Recht, dessen Verletzung durch die Hinrichtung der Catilinarier man Cicero vorgeworfen hatte – und eine Interessenvertretung in Form des Volkstribunats. Wenn die Aristokratie in der frühen Republik dies von sich aus konzediert hätte, wären die Ständekämpfe zu vermeiden gewesen (*rep.* 2, 57–59). Die positive Bewertung des

Volkstribunats wird noch deutlicher in *De Legibus*, wo Cicero sie im eigenen Namen vorträgt und gegen die Einwände seines Bruders verteidigt, der auf die zerstörerischen Umtriebe von Tribunen in Vergangenheit und Gegenwart verweist. Zwar deutet Cicero das Tribunat in Analogie zur Stellung der spartanischen Ephoren gegenüber den Königen als eine Art Oppositionsmagistratur im Verhältnis zu den Consuln (*leg.* 3, 16; vgl. *rep.* 2, 58), doch liegt die eigentliche Wirkung für ihn in der Pazifizierungsfunktion, in der Einhegung sonst unkontrollierbarer Ausbrüche der Volksgewalt (*leg.* 3, 23). Es stellt eine institutionelle Garantie und symbolische Repräsentation der Freiheit des Volkes dar, die seine Integration in eine von einer weitsichtigen Aristokratie gelenkten Ordnung ermöglicht (*leg.* 3, 24f.).

V

Das Problem der Gerechtigkeit wird im 3. und 4. Buch von *De re publica* behandelt. Der Dialogsituation vergegenwärtigt den Auftritt des Karneades, damals Haupt der Akademie, im Jahre 155. Als Mitglied einer athenischen Gesandtschaft hatte er seinen Aufenthalt in Rom genutzt, die skeptische Argumentationsweise vorzuführen, indem er an einem Tag für, am anderen gegen die Möglichkeit der Verwirklichung von Gerechtigkeit in der Politik gesprochen hatte (*rep.* 3, 9 [Laktanz]). Bei Cicero muß einer der Gesprächspartner (Furius) das Plädoyer für die Ungerechtigkeit halten, um dann von einem anderen (Laelius) widerlegt zu werden. Die Argumentation gegen die Gerechtigkeit geht aus von der Relativität des Rechts, wie sie sich in der Unterschiedlichkeit der Rechtsnormen zwischen den Staaten und der Veränderung des Rechts innerhalb eines Gemeinwesens ausweist (*rep.* 3, 17f.). Positives Recht hat deshalb keine Grundlage in der Natur, sondern ist eine Konvention, die sich die Menschen nach Maßgabe ihrer Interessen geben (*rep.* 3, 21 [Laktanz]). Die Beachtung von Gesetzen beruht nicht auf der Anerkennung ihrer Gerechtigkeit, sondern auf ihrer faktischen Durchsetzbarkeit (*rep.* 3, 18). Die Argumentation nimmt die Theorie vom Recht des Stärkeren auf, wie sie Platon diversen Sophisten des späten 5. Jahrhunderts zugeschrieben hatte. Die Gegenrede rekurriert auf ein wahres, in Natur und Vernunft gründendes Gesetz, das zu allen Zeiten und bei allen Völkern gelte (*rep.* 3, 33).

Ciceros, vermutlich an stoische Traditionen anknüpfende, Naturrechtskonzeption geht wohl nicht von einem Spannungsverhältnis zwischen überpositivem Naturrecht und positiven Gesetzen aus, sondern unterstellt ihre Untrennbarkeit (*leg.* 1, 35). Positive Normen können nur dann „Recht" sein, wenn sie mit Natur und Vernunft übereinstimmen. Allerdings bleibt die Frage nach der faktischen Geltung eines Gesetzes, das dieses Kriterium nicht erfüllt, in der Schwebe (*leg.* 1, 44; 2, 13 f.).

Die Diskussion über die Gerechtigkeit tangierte auch die Legitimität der römischen Weltherrschaft. Karneades hatte sie als Ergebnis reiner Machtentfaltung bezeichnet (*rep.* 3, 20 f. [Laktanz]; 3, 36 [Augustin]). Er widersprach damit dem römischen Selbstverständnis, nur gerechte Kriege geführt zu haben. Ein *bellum iustum* verlangte, daß zuvor unter Beachtung von Formvorschriften des Sakralrechts einseitige Rechtsbehauptungen (Verletzung von Eigentums- oder Gesandtenrechten, ungerechtfertigte Angriffe auf römische Verbündete) in ultimativer Form an den Feindstaat übermittelt wurden. Die Fragmente aus der Rechtfertigung der römischen Sache – Rom habe durch Verteidigung seiner Bundesgenossen die ganze Welt erobert (*rep.* 3, 35) bzw. es gebe Völker, die zu ihrem eigenen Wohl beherrscht werden müßten (*rep.* 3, 36 [Augustin]) – klingen zynisch. Cicero hat dann in *De officiis* (1, 34–40) die Übereinstimmung der römischen *bellum iustum*-Doktrin mit Prinzipien materieller Gerechtigkeit betont, die Legitimität der Kriegseröffnung an das Ziel der Wiederherstellung der Rechtsordnung geknüpft und auch ein Übermaßverbot im Hinblick auf die Behandlung des Gegners postuliert.

VI

Man hat in *De re publica* verschiedentlich eine geistige Antizipation des Principats, einer in republikanische Fassaden gekleideten Alleinherrschaft, sehen wollen, in der Cicero (vielleicht an Pompeius, vielleicht sogar an sich selbst denkend) einen Ausweg aus der Krise erkannt habe. Verschiedentlich ist von einem Lenker des Staates (*rector/gubernator rei publicae/civitatis*) die Rede, der die

Rettung in einer Krisensituation bringen könne (*rep.* 2, 51; 5, 6; 6, 13). Da Cicero in früheren Schriften mit dieser Kategorie den im Interesse des Gemeinwohl handelnden Politiker bezeichnet und diese Rolle durchaus mehreren Persönlichkeiten gleichzeitig zugeschrieben hat (*De oratore* 1, 211; *Pro Sestio* 98), ist der Schluß auf eine quasi-monarchische Lösung nicht zwingend. Allerdings läßt er im *Somnium Scipionis* dem Scipio Aemilianus die Rolle eines Dictators zur Neukonstituierung des Staates prophezeien (*rep.* 6, 12). Dies bezieht sich auf die durch Tiberius Gracchus ausgelöste Krise (*rep.* 1, 31) und geschieht im Wissen darum, daß der Tod Scipios die Übernahme einer solchen Rolle verhindert hat. Offenbleibt, welche Vollmachten ein *dictator rei publicae constituendae* – im Unterschied zum herkömmlichen, kurzfristig die militärische Befehlsgewalt in einer Hand vereinigenden *dictator* (*rep.* 1, 63) – haben sollte. Ob das Beispiel Sullas, der eine zeitlich unbegrenzte Dictatur samt dem Recht zu eigenständiger Gesetzgebung innegehabt hatte, zur Wiederholung ermunterte, kann man bezweifeln (vgl. *De finibus* 3, 75). In *De Legibus* (3, 9) erwähnt Cicero nur das traditionelle Verfassungsinstitut der Dictatur, wenngleich er ausdrücklich den Einsatz in innenpolitischen Krisen vorsieht.

Das 3. Buch dieses Werkes kommentiert die Institutionen der republikanischen Verfassung. Gegenüber dem status quo gibt es einige signifikante Abweichungen, die mit einer Verkleinerung des Senats, weitreichenden Vollmachten der Censoren und vor allem der absoluten Verbindlichkeit der Senatsbeschlüsse (*leg.* 3, 28) auf eine Stärkung des Senatsregimes hinauslaufen. Hier liegen konkrete Reformvorschläge vor; Maßnahmen zur Behebung der strukturellen Widersprüche innerhalb der Verfassung, die immer wieder zu Krisen führten, finden sich jedoch nicht, wie das Festhalten an den Kompetenzen der Volkstribune zeigt. Auch das Spannungsverhältnis zwischen Notstandsmaßnahmen und Provokationsrecht konnte mit der Formel, daß für die Magistrate das Wohl des Volkes oberstes Gesetz sein müsse (*leg.* 3, 8), nicht behoben werden. Eine Lösung dieser Probleme hätte auf eine völlige Neukonstituierung der politischen Ordnung hinauslaufen müssen, was zu dieser Zeit kaum denkbar war.

VII

Die Wirkung Ciceros auf den weiteren Gang der politischen Ideengeschichte ist schwer abzuschätzen, da der enzyklopädische Charakter seines Werkes und die Wertschätzung, die es seit der Antike vor allem als sprachliches Kunstwerk erfuhr, die Identifizierung spezifischer Rezeptionsstränge nur bedingt zuläßt. Mit *De re publica* hat sich vor allem Augustin in *De civitate dei* auseinandergesetzt. Die ciceronische Definition der *res publica* erfüllt nach Augustin auch der römische Staat nicht, weil es ihm – wie jeder Gemeinschaft von Gottlosen – an wahrer Gerechtigkeit mangelt. Eine *res publica* ist er insofern, als er ein Mindestmaß an Frieden und Ordnung garantiert. Damit wird die christliche Lehre vom Staat als gottgewollte Notordnung begründet. Durch Augustin wird auch Ciceros Theorie vom „gerechten Krieg" in die Lehre der Kirche aufgenommen und entfaltet ihre Wirkung für die ganze abendländische Geschichte. Schwer zu bewerten ist die Bedeutung von Ciceros Naturrechtskonzeption, da beim Vergleich mit Augustin, Thomas von Aquin und dem Naturrecht der frühen Neuzeit sowohl Kontinuität betont als auch grundlegende Differenzen hervorgehoben werden können.

Der Text von *De re publica* war seit dem Mittelalter nicht mehr bekannt, *De Legibus* war zwar überliefert, ist aber im politischen Denken kaum rezipiert worden. Nachhaltiger Einfluß ging von den rhetorischen Schriften aus, da Rhetorik die Grundlage aller Bildung und politischen Betätigung blieb. Aufgrund von Ciceros Verknüpfung von Rhetorik und Philosophie ist eine Vielzahl antiker Traditionsbestände noch vor der im späteren 13. Jahrhundert einsetzenden Aristotelesrezeption präsent gewesen. Gut bekannt war auch *De officiis*; die Auseinandersetzung mit diesem Werk zieht sich durch die gesamte Fürstenspiegel-Literatur von Mittelalter und früher Neuzeit.

Ciceros Status als „Klassiker" ist weniger durch die Originalität seiner Ideen und ihre unmittelbaren Rezeption bedingt als durch seine Rolle als Vermittler der ihm vorausliegenden Tradition, die dann über die Anverwandlung heidnischer Bildung in der christlichen Lehre weiterwirkte.

Hans Maier

Augustin (354–430)

Zeittafel

13.11.354	Geboren in der römischen Provinzstadt Thagaste (Numidien, heute: Souk Arhas in Algerien) als Sohn des Heiden Patricius und der Christin Monnica
371	Nach der Elementarschule in Thagaste und der Grammatikschule in Madaura zum Rhetorikstudium nach Karthago; dort Konkubinat mit einer ungenannten Frau, aus dem sein Sohn Adeodatus (geb. 373) entstammt
375–383	Lehre der Grammatik und Rhetorik in Thagaste, später der Rhetorik in Karthago und Rom
384	Durch Fürsprache manichäischer Freunde und Unterstützung des heidnischen Stadtpräfekten Symmachus Stelle eines Magisters der Rhetorik in Mailand. Dort lernt er Bischof Ambrosius kennen, dessen Predigten ihn dem Christentum näherbringen.
386	Lektüre der Libri Platonicorum. Bekehrungserlebnis. Aufenthalt in Cassiacum (*Soliloquia*)
387	Rückkehr nach Mailand, Taufe, Vision von Ostia, Tod Monnicas.
388	Rückkehr von Rom nach Karthago und Thagaste.
390	Tod des Adeodatus
391	Zur Gründung eines Klosters nach Hippo-Regius, Priesterweihe
395 o. später	Bischof von Hippo als Nachfolger des Valerius
396	*De doctrina christiana* (vollendet 426)
397	*Confessiones*
398–412	Kampf gegen den Donatismus in Afrika
399	*De Trinitate*
410–425	(Nach der Eroberung Roms durch die Goten unter Alarich 410) *De civitate Dei* (22 Bücher), eine Auseinandersetzung mit dem römischen Religionsbegriff (Varro).
410–419	Theologische Kontroversen mit Pelagius und Julian von Aeclanum. Kritik der optimistischen Menschen- und Tugendlehre der Pelagianer; Herausarbeitung der augustinischen Lehre von der allgemeinen Verderbtheit der menschlichen Natur.
426	*Retractationes* (umfassender kritischer Kommentar Augustins zu seinem Gesamtwerk)
430	Tod in dem von den Vandalen belagerten Hippo.

I

Aurelius Augustinus, von Herkunft wahrscheinlich Berber, gehörte nach Bildungsgang und intellektueller Formung ebenso wie die großen Afrikaner der spätrömischen Literatur (Apuleius, Tertullian, Cyprian) ganz der lateinischen Kultur zu. Seiner Begabung wegen hatte ihn der Vater, ein kleiner Landeigentümer aus der Klasse der *curiales*, unter persönlichen Opfern für die Rhetorenlaufbahn bestimmt, die damals der bevorzugte Weg zu den staatlichen Ämtern war.

Stärker als der rhetorisch-politische Ehrgeiz war in ihm von früher Jugend an die philosophische Leidenschaft, die unruhige und ungestüme Suche nach der Wahrheit – für sein Leben Glück und Qual zugleich; denn Augustin hatte sich, den Sitten der Spätantike folgend, einem Dasein der Genußsucht und Ruhmbegierde ergeben, das er, je mehr sein Denken fortschritt, als Widerspruch zum Ideal des ‚philosophischen Lebens‘ empfinden mußte.

Lange schwankte er zwischen verschiedenen geistigen Strömungen der Zeit. Als Kind unter die Katechumenen aufgenommen, aber nicht getauft, hatte er sich als junger Mann zunächst neun Jahre lang der Sekte der Manichäer zugewandt, einer Abart der gnostischen Bewegung. Auf eine reinere Spur des Denkens führte ihn dann in der Mailänder Zeit der Neuplatonismus eines Plotin und Porphyrius. Er nahm ihn im wesentlichen in den lateinischen Übersetzungen des Marius Victorinus, eines afrikanischen Rhetors und späteren Konvertiten, auf; denn als Spätlateiner war er des Griechischen nur noch in beschränktem Maße mächtig. Neben den manichäischen und neuplatonischen Einflüssen war aber auch der von der Mutter eingepflanzte christliche Glaube der Kinderzeit in ihm nicht ganz erloschen; er flammte wieder auf, als Augustin in Mailand der imponierenden Gestalt des Bischofs Ambrosius begegnete. Dies war die Situation, in die das berühmte Bekehrungserlebnis im Garten von Mailand im August des Jahres 386 fiel. Die *Confessiones* schildern, wie Augustin in bitterer Selbstprüfung die Nutzlosigkeit seiner bisherigen Anstrengungen, zur Wahrheit zu gelangen, erkannte.

„Ich aber warf mich unter einem Feigenbaume nieder ... ‚Und du, o Herr, wie lange, wie lange, Herr, wirst du zürnen ganz und gar? Gedenke nicht unserer alten Missetaten.' Denn ich fühlte, daß sie mich festhielten, und mit lauten Klagen rief ich: ‚Wie lange noch, wie lange noch wird es heißen: Morgen und immer wieder morgen? Warum nicht jetzt, warum nicht in dieser Stunde das Ende meiner Schmach?' So sprach ich und weinte dazu in der bittersten Zerknirschung meines Herzens. Da auf einmal hörte ich aus dem benachbarten Hause eine Stimme, als ob ein Knabe oder Mädchen in singendem Ton sagte und oftmals wiederholte: Nimm und lies, nimm und lies ... Ich ergriff das Buch, öffnete es und las schweigend die Stelle, auf die zuerst meine Augen gefallen waren: ‚Nicht in Schmausereien und Trinkgelagen, nicht in Schlafkammern und Unzucht, nicht in Zank und Neid; sondern ziehet an den Herrn Jesus Christus' (Röm. 13,13f.). Ich las nicht weiter, und es bedurfte dessen auch nicht. Denn sogleich, da ich den Satz beendet hatte, war mein Herz wie von dem Licht hellster Zuversicht durchstrahlt, und alle Finsternis des Zweifels war geflohen" (Conf VII,12).

Von da an ist Augustin ein im Feuer der Erkenntnis Verwandelter, der nach unendlichen Mühen und Umwegen endlich gefunden hat, was er suchte: „Unruhig ist unser Herz, bis es ruht in Dir" (Conf I,1). Seine Seele wird ruhig. Er hat sich entschieden. Die im Winter 386/87, noch vor seiner Taufe, in der Einsamkeit von Cassiacum verfaßten *Soliloquia* (Selbstgespräche) fassen das innere Drama der Bekehrung in dem Satz zusammen: „Gott und die Seele möchte ich erkennen. Nichts weiter? Nein, nichts weiter" (Sol I,2). Neben der innersten Beziehung zwischen Gott und seinem Geschöpf wird alles andere – Umwelt, Familie, Beruf, Politik – zunächst unwichtig und wesenlos.

In den über vierzig Jahren, die seiner Aufnahme in die Kirche (387) folgten, hat Augustin aus jener intellektuellen Erkenntnis die sozialen, moralischen, kirchlichen und politischen Konsequenzen gezogen – angefangen von der Taufe, die er zusammen mit seinem Sohn und seinem Freund empfing, bis zur Priesterweihe und zum Bischofsamt; vom Mönchsleben der ersten Jahre nach der Bekehrung bis zur seelsorglichen und kirchenpolitischen Aktivität des Bischofs und Dogmatikers in der Öffentlichkeit, im afrikanischen Kirchenstreit; von der theoretisch-philosophischen Thematik der ersten Schriften und ihrer neuplatonischen Geistigkeit bis zu den großen Werken theologischer Dogmatik und den

Stellungnahmen zur Zeit, die – wie die Bücher *De civitate Dei* (413–427) – eine neue Auffassung von Kirche und politischer Welt begründet haben.

II

Die Gestalt, in der Augustin die christliche Botschaft aufgenommen hatte, war in den wesentlichsten Stücken die der neuplatonischen Geistigkeit. Näherhin enthüllt sich Augustins Deutung der christlichen Existenz als eine Weiterführung und Neuformung der im antiken, wiederum vor allem platonischen Denken beheimateten Idee des ‚philosophischen Lebens'.

Wenn Unterwerfung unter Gott die Voraussetzung aller Erkenntnis ist, wenn nach der augustinischen Illuminationslehre der menschliche Geist nur sieht, sofern er vom göttlichen Licht erleuchtet wird, so muß diese "‚Erkenntnis-Teilhabe am Sein'" (J. Ritter) auch im Leben ihren Niederschlag finden – in jenem ‚philosophischen Leben' nämlich, zu dem als erstes der Vorrang der Erkenntnis vor dem tätigen Dasein und die Abwendung von der Gesellschaft gehört. Vollendung findet der Mensch nach der platonischen Lehre zunächst in der Weltabkehr, in der Erhebung zum Wahren, Beständigen, Göttlichen. Ausdruck dieses Strebens ist der bios theoretikos. Im christlichen Denken Augustins wird diese Existenzform zwar ihres innerweltlichen, individualistischen Charakters entkleidet, sie bleibt aber bestimmend als Bild des jenseitigen Lebens; und da dieses Bild die Lebensführung im Diesseits bestimmt, wirkt das ‚philosophische Leben' auch innerhalb der christlichen Gemeinschaft weiter. Freilich ist die erkennende Erhebung zu Gott jetzt nicht mehr Sache einzelner Weiser, sie ist eingebettet in die Lebensordnungen der Kirche; doch wirkt sie nur indirekt und vermittelt auf die Weltgestaltung. Maßgebend bleibt die Distanz vom praktischen Leben, von den innerweltlichen, ökonomischen und politischen Aktivitäten des Menschen. Auch hier behält das Gesetz des „Gott und die Seele erkennen" (*Deum et animam scire*) seine Geltung: unter dem doppelten Andrang des platonischen ‚Ontozentrismus' (Wilhelm Dilthey) und der religiösen Beziehung zwischen Gott und dem Ich versinkt das weite Feld der Praxis fast ins Leere.

Augustin hat die Unterordnung aller Weltgüter unter das höchste Gut durch eine begriffliche Scheidung zwischen Dingen, die man genießen und die man gebrauchen soll, vollzogen. Dies ist am klarsten ausgesprochen ist in der Schrift *De doctrina christiana* (Dchr): „Die zum Genuß bestimmten Dinge machen uns selig; die zum Gebrauch bestimmten fördern unser Streben nach Glückseligkeit und bieten uns gleichsam eine Handhabe, um zu jenen, die uns selig machen, zu gelangen und ihnen anzuhängen. Wir, die wir genießen und gebrauchen, sind zwischen beide hineingestellt. Wollen wir die zum Gebrauch bestimmten Dinge genießen, so wird unser Lauf aufgehalten und manchmal so abgelenkt, daß wir aus Liebe zum Niedrigen davon abgehalten werden, die zum Genuß bestimmten Dinge zu gewinnen, oder doch nur zögernd zu ihnen gelangen" (Dchr I,3). Genießen und gebrauchen, frui und uti, müssen in Anlehnung an den biblischen Sprachgebrauch verstanden werden. Es sind Formen der Liebe, Ausprägungen des neutestamentlichen Liebesgebotes im Bereich der Sozialität und Kultur. Sie geben die Richtung und das Maß an, in dem die Seele von den sie umgebenden Dingen Besitz ergreift. So kann Augustin sagen: „Genießen heißt: einer Sache um ihrer selbst willen in Liebe anhängen. Gebrauchen aber heißt: die zum Leben notwendigen Dinge auf die Erreichung dessen, was man liebt, beziehen, sofern es überhaupt Liebe verdient" (Dchr I,4).

Der Selbstwert der innerweltlichen Güter wird also aufgehoben. Aus dem ganzen Katalog der antiken Bildung scheidet Augustin alles aus, was nicht propädeutisch für das christliche Denken und insbesondere für das Studium der Heiligen Schrift fruchtbar gemacht werden kann. Der Vorschlag einer enzyklopädischen Auswahl des heidnischen Wissens, soweit es für die biblische Exegese gebraucht wird (Dchr II,29–41), ist nur die letzte Konsequenz der radikalen Unterordnung der Weltgüter unter das höchste Gut. In ihm wiederholt sich beispielhaft, was in Augustins christlicher Aneignung antiker Philosophie und Wissenschaft zugleich Aufnahme und Abwehr ist: die Übernahme des Wahrheitsgutes von den Heiden „als ungerechten Besitzern" (Dchr II,41,42) und die Relativierung ihres Eigenwerts im Dienst einer neuen christlichen, d.h. theologiebestimmten Kultur.

Obwohl die Konversion Augustins zum Christen schon vorgebildet war in seiner Abkehr von der Rhetorik und seiner Hinwendung zur Philosophie, sprengte sie doch den Rahmen der antiken Kultur; denn Augustin hat die philosophische Weltflucht weitergetrieben bis zur christlichen Entwertung der Welt. Aber gerade diese Entwertung machte wiederum die Einfügung der antiken Güter in den christlichen Kosmos des Wissens und Denkens möglich. Eben weil die antike Kultur den immerwährenden Protest der Philosophie vernommen hatte, konnte sie, sobald ihre Eigenmacht gebrochen war, fast unverändert in den neuen Rahmen des christlichen Weltbilds und der christlichen Bildung gefaßt werden. Sie erschien jetzt als Vorstufe des Christentums, wie auch der Neuplatonismus für Augustin ein Lehrmeister auf Christus hin gewesen war. Die antike Kultur ging als weltliches Gut in den Gebrauch der Christen über, nachdem die Philosophie – jetzt endgültig christliche Philosophie geworden – sich alles irdische Wissen unterworfen hatte.

Das gilt selbst für die Rhetorik. „Nicht die Worte klage ich an", schrieb Augustin in den *Confessiones*, „sondern den Wein des Irrglaubens, der uns in ihnen von trunkenen Lehrern geschenkt wurde" (Conf I,16). Damit sind Wissenschaft und Bildung zu neutralen Gütern erklärt, über deren Wert der richtige Gebrauch entscheidet. Sind sie erst einmal vom Trug der Dämonen gereinigt, so können sie jederzeit in den Dienst der Verkündigung treten. Sind Wissenschaft und Kultur nicht mehr um ihrer selbst willen da, so kann es auch im christlichen Raum wieder eine Wissenschaft, eine Kultur geben.

Man versteht von hier aus, warum die theologiebestimmte Bildung des Mittelalters alle Reste der antiken Kultur begierig aufgegriffen hat. Die Klöster des frühen Mittelalters haben die Zeugnisse der antiken Kultur bewahrt und vor dem Untergang gerettet; sie haben die Bildungstradition, die schon in der Spätantike auf das Gerüst der *septem artes* reduziert worden war, fortgepflanzt. Wenn aber der christliche Mönch den heidnischen orator ablöste, so war dies nur möglich, weil Augustin entdeckt hatte, daß auch die heiligen Schriften Kunstwerke der Sprache waren und daß es sich aus diesem Grund für den Christen ziemte, nicht nur weise, sondern auch beredt zu sein (Dchr IV,6).

III

Die eigentümlich doppelsinnige, einerseits kritisch relativierende, andererseits bewahrende Haltung Augustins gegenüber der antiken Überlieferung wird auch im Politischen, in seiner Staats-, Sozial- und Geschichtstheologie sichtbar. Hier steht sein großes Werk *De civitate Dei* im Vordergrund, das sich ebenso ermahnend an die Christen wie abwehrend und verteidigend gegen die Heiden richtet.

1. Es entstand aus aktuellem Anlaß. Im Jahre 410 hatte der Westgotenkönig Alarich Rom erobert und geplündert. Gegenüber den Heiden verteidigt Augustin das Christentum mit Leidenschaft gegen den Vorwurf, den Untergang Roms verschuldet zu haben. Jedoch gebraucht er selten das bei früheren Apologeten übliche Argument, es sei unter den christlichen Kaisern alles besser oder wenigstens nichts schlechter geworden; vielmehr greift er prinzipiell die heidnische Geschichtsauffassung an, besonders die Grundthese vom Zusammenhang des Gottesdienstes (*cultus deorum*) mit dem irdischen Wohlergehen (*res humanae prosperari*) (DcD I–V). Die Verehrung vieler Götter ist keineswegs eine magisch-kultische Versicherung gegen Unglück und Katastrophenfälle, weder in der Gegenwart noch in der Vergangenheit. Die römische Geschichte beweist es. Haben die römischen Historiker, bittere Kritiker des moralischen und politischen Verfalls, nicht zur Genüge dargetan, daß der Götterkult den Niedergang Roms nicht aufzuhalten vermochte? Aber Augustin greift auch diejenigen unter den Heiden an, die den Götterkult wegen des Weiterlebens nach dem Tod für nützlich halten (DcD VI–X). Denn auch sie vermengen menschliche und staatliche Unsterblichkeitshoffnungen (die Ewigkeit Roms!) mit einem als persönliche Leistung mißdeuteten Kultdienst. Letztlich dient hier das Religiöse immer nur zu politischer Selbstbestätigung, ja es führt zur Vergötzung des Menschen und der staatlichen Gemeinschaft.

Beispielhaft wird der Streit um das rechte Verhältnis von Religion und Polis (denn die beiden sind bei Augustin nicht mehr eins) in der Auseinandersetzung mit Varro, dem großen Lehrer der Römer, und seinen drei Theologien, der mythischen, physischen und politischen, ausgetragen (DcD VI,2–9).

Hier geht es einerseits um die Überwindung einer entarteten, fabulösen heidnischen Volksreligion und um die Kritik an nur staatlich gesetzten, nicht in einer transzendenten Wahrheit verankerten religiösen Konventionen, anderseits um die Einfügung der akademisch-theologischen Spekulation der Philosophen, die der Volksfrömmigkeit fremd, ja in ihrer Wirkung ‚atheistisch' ist, in den sozialen und traditionalen Zusammenhang ‚gelebter Religion'. Nur das Christentum kann den reinen Gottesbegriff der Philosophen mit wirklicher, ausgeübter kultischer Religion verbinden – eine Aufgabe, an der die antike Religionsphilosophie, auch des Varro, gescheitert ist; denn nur der christliche Gott, wiewohl in strenger Transzendenz der Verfügung des Menschen entzogen, hat in der Inkarnation Menschennatur angenommen und eine Stadt gegründet. Aber dieser Gott ist aus der antiken Immanenz von Religion und Civitas herausgenommen. Er ist kein innergeschichtlicher Glücksbürge und Heilsbringer. Er enthüllt sich nicht apokalyptisch in einer als Weltgericht aufgefaßten Weltgeschichte. Die Folgerung für die Haltung des Christen liegt nahe: er soll irdischen Reichen, wenn sie vergehen, keine Träne nachweinen, da er ein anderes, ein höheres himmlisches Reich erwartet. So scheiden die Bücher *De civitate Dei* mit Schärfe transzendente Religion und (profanisierte) Innerweltlichkeit, Staatlichkeit, Politik.

Diese Botschaft Augustins gilt aber auch für die Christen selbst – jene Christen nämlich, die, in falschem Kulturoptimismus befangen, nach Alarich in der *civitas Romana* zugleich die *civitas Christiana* dahinschwinden sehen. Verglichen mit den heidnischen Vorwürfen, lag hier sogar die größere Gefahr. Denn längst hatte sich die römische Christenheit in ihrer Mehrheit daran gewöhnt, daß der wahre Gottesdienst auch die politischen Probleme löse; und sie war in dieser Anschauung bestärkt worden durch eine politische Theologie, die in Rom das Werkzeug des göttlichen Heilsplans erblickte und in der *Pax Augusta* die Vorbereitung auf das Kommen des Erlösers in der Fülle der Zeit sah.

Augustins Antwort bestand darin, das christliche Denken aus der Verbindung mit dem politischen Rom zu lösen und damit jeder Art von politischer oder Ziviltheologie den Boden zu entziehen. Der zweite Teil der *Bürgerschaft Gottes* (DcD XI–XXII) will zeigen, daß die *civitas Dei* als Gemeinschaft der von Gott Erwählten auf irdische Reiche nicht angewiesen ist, mag sie auch, solange sie auf Erden pilgert, durch die *vita socialis sanctorum* mit dem Weltstaat verbunden sein. Die historisch so folgenreiche Ablehnung der Verschmelzungstheologie durch Augustin, die Wiederherstellung der eschatologischen Botschaft des Christentums in ihrer ganzen Strenge – sie sind nichts anderes als eine Anwendung der Kritik der Polisreligion auf das Verhältnis der Christen zum römischen Staat.

2. Was stellt Augustin der kritisch geprüften und abgelehnten Polis (*civitas*) und ihrem Prinzip der Einheit von Kult und Politik entgegen? Es ist die in kühner Umkehrung profaner civitas-Überlieferungen gewonnene und zugleich mit biblischem Gut verschmolzene Idee der Gottes-Polis, der *civitas Dei* als der im Jenseits gründenden Gemeinschaft der von Gott Erwählten. Ihr steht als Gemeinschaft derer, die dieser Welt verpflichtet sind, die *civitas terrena* gegenüber, und in und mit ihr zugleich die gesamte irdisch-politische Aktivität der Menschen, soweit sie nicht auf das Gottesreich, sondern auf diese Erde bezogen ist.

Man darf in dieser Gegenüberstellung der zwei Gemeinschaften nicht ein universalgeschichtliches Muster zur Erklärung historischer Abläufe sehen, auch nicht einen religionsphilosophischen Dualismus („Glaube und Unglaube in der Weltgeschichte"). Das verwehrt uns schon der Umstand, daß beide civitates bei Augustin über den Bezirk irdischer Geschichte hinausreichen. Die *civitas Dei* (*coelestis*) wie die civitas *terrena* (*Diaboli*) haben ihren Ursprung in der kosmischen Scheidung von Engeln und Dämonen: die beiden Engelstaaten sind Ausgangs- und Zielpunkt des Erdendramas der beiden Gemeinschaften, wobei die *civitas Dei*, da sie ihren wahren Ort im Himmel hat, auf Erden nur als Fremdling und Pilger in Erwartung baldiger Heimkehr wandelt, während die *civitas terrena* mit ihrer Schwerkraft ganz im Irdischen gefangen bleibt, bis sie am Jüngsten Tag im Gericht endgültig in die Gesellschaft der Dämonen verstoßen wird.

Wohl legt Augustin in seiner Darstellung des irdischen Verlaufs der beiden Bürgerschaften Welt- und Heilsgeschichte in einzelne Zeitalter auseinander, so daß die Meinung entstehen konnte, hier werde die eschatologische Enderwartung der Urgemeinde in eine Konstruktion kirchengeschichtlicher Epochen übergeleitet und solchermaßen säkularisiert. Aber die Einteilung in sechs Zeitalter, die noch von Thomas vertreten wird, und die Geschichtsschau, die von Ausgang (*exortus*), Fortschreiten (*procursus, excursus*) und gesetztem Ziel (*debiti fines*) spricht, haben nicht historisch-hermeneutischen, sondern heilspädagogischen und religiösen Sinn. Einmal hebt sie gegenüber den in der Antike vorherrschenden Kreislauftheorien mit Macht die Linearität der Geschichte hervor und damit die Offenheit des historischen Geschehens und die Verantwortung des Menschen; zum andern aber enthält sie sich jeder Spekulation über den heilsgeschichtlichen Sinn profaner Vorgänge und über das konkrete Ende der Geschichte. Es ist bezeichnend, daß die Dauer der letzten christlichen Epoche bei Augustin im Gegensatz zu älteren christlichen Schriftstellern unbestimmt bleibt. Das hat seinen Grund in Augustins theologischer Geschichtsschau: im Grunde ist alle Geschichte mit Christi Menschwerdung, Tod und Auferstehung zu Ende.

3. Gegenüber der Rom- und Reichsbegeisterung älterer christlicher Autoren wie Lactanz und Euseb sieht Augustin den Staat kritisch, oft mit richterlicher Strenge. Der Staat hat keinerlei Anspruch auf kultische Verehrung, er genießt keinen patriotischen Vorschuß; vielmehr hat er sich vor den Menschen erst kraft seiner Dienst- und Hilfsfunktion zu rechtfertigen und zu bewähren. Hier schwingen antik-kosmopolitische, ins Christliche transponierte Stimmungen mit: „Was verschlägt es, unter welcher Herrschaft der Mensch lebt, der doch sterben muß, wenn ihn nur die Machthaber nicht zu Gottlosigkeit und Unrecht nötigen" (DcD V,17). Es wundert nicht, daß Augustin zwar nicht den Kriegsdienst, aber doch die Kriege, sofern sie nicht zur Rechtsverteidigung gegen Rechtsbrecher geführt werden, und den Kriegsruhm ablehnt und daß er im Weltstaat nicht die oberste Stufe der Daseinsordnung sieht, sondern ihn sub specie aeternitatis relativiert: „Die ersten seien dir Vater und Mutter; höher als selbst die Eltern soll dir das Vaterland stehen; was die Eltern gegen das Vaterland befehlen, darauf soll man nicht hören, oder was das Vaterland gegen Gott befiehlt, auch darauf soll man nicht hören" (Sermo 62). In radikaler Weise wird der Staat aus dem Rechtszweck gerechtfertigt und zugleich auf ihn beschränkt:

„Was sind Reiche ohne Gerechtigkeit anderes als große Räuberbanden? Sind doch auch Räuberbanden nichts anderes als kleine Reiche! Denn es sind Menschengruppen, geleitet vom Willen eines Führers, die durch einen Gesellschaftsvertrag zusammengehalten werden und die Beute nach vereinbartem Gesetz verteilen. Wächst eine solche üble Bande durch den Beitritt verworfener Menschen derart an, daß sie Gebiete besetzt, Niederlassungen gründet, Staaten erobert, dann legt sie sich ganz unverhüllt den Namen Reich bei … Darum war die Antwort fein und wahr, die ein Seeräuber jenem großen Alexander gab, als der König fragte, wie er denn dazukäme, das Meer unsicher zu machen. Da sagte der Mann mit freimütigem Stolz: ‚Und wie kommst du dazu, den Erdkreis unsicher zu machen? Ich freilich mit meinem winzigen Schiff werde Räuber genannt, aber dich mit der großen Flotte nennen sie den siegreichen Feldherrn'" (DcD IV,4).

Augustin hat sich nie darüber getäuscht, daß die Eigenliebe das Fundament der Staaten und der Friede in der *civitas terrena* stets der Friede der stärkeren Partei ist. Seine Anthropologie des erbsündigen Menschen erlaubt ihm, menschliche Geschichte und Politik mit einem Realitätssinn anzusehen, der von dem rationalistischen Optimismus eines Cicero ebenso weit entfernt ist wie vom Naturvertrauen seines christlichen Gegners Pelagius. Was Augustin in *De civitate Dei* als Natur des Menschen beschreibt, ist nicht ein metaphysisch unzerstörbares Wesen, sondern der konkrete Zustand des Menschen nach dem Sündenfall. Es zeugt von tiefer Einsicht in den schuldhaften Grund aller Geschichte, wenn der Brudermord, die erste verhängnisvolle Frucht der Erbsünde, mit dem Beginn irdischer Herrschaft verknüpft wird: Kain ist der Begründer des Weltstaates (DcD XV,5)! Am Anfang der menschlichen Geschichte steht die große *perversio*, die Verkehrung des Opfers; denn „Kain hat Gott nur vom Seinen gegeben, sich selber aber gab er sich".

„So tun es alle, die nicht Gottes, sondern ihrem eigenen Willen folgen, die nicht nach geradem, sondern nach verkehrtem Herzen leben: sie opfern Gott eine Gabe, mit der sie ihn zu erkaufen glauben, damit er ihnen beistehe nicht zu ihrer Besserung, sondern bei der Erfüllung ihrer verderbten Wünsche. Das ist das Eigentümliche des Weltstaates, daß er Gott oder Götter verehrt, um mit deren Hilfe zu herrschen in Siegen und irdischen Frieden, nicht aus liebender Fürsorge, sondern aus Herrschsucht" (DcD XV,7). Damit lenkt Augustin wieder zurück in die vertrauten Bahnen seines theologischen Denkens: „Die Guten gebrauchen nämlich die Welt, um Gott zu genießen, die Bösen wollen umgekehrt Gott gebrauchen, um die Welt zu genießen"(DcD XV,7; Dchr I). *Civitas terrena* und *Civitas Dei* sind durch den Abgrund dieser beiden gegensätzlichen Liebesweisen voneinander geschieden.

Der politische Realismus Augustins könnte zynisch erscheinen, hielte Augustin nicht trotz allem die Liebe als Gesetz der Gemeinschaft aufrecht. In diesem Sinn ist sein Wort zu verstehen, daß auch die *civitas terrena* ‚einigen Frieden' besitzen könne (DcD XIX,13,17). Freilich, es ist der Friede unter den Bedingungen des Sündenfalls. Die Liebe kann den Weltstaat nicht regieren, der ja gerade durch die Abkehr von der rechten Liebe zustande gekommen ist. Aber wie die *Bürgerschaft Gottes* auf ihrer Pilgerschaft mit dem Weltstaat verbunden ist, so wirkt auch ihre Liebe im Weltstaat nach Art des Senfkorns im Sauerteig. Und für einen Augenblick wenigstens taucht am Ende der Bücher über die Bürgerschaft Gottes die Möglichkeit auf, daß der eine Staat mit dem anderen durch den *Frieden* wie durch eine Brücke verbunden ist.

„Ein Haus mit Menschen, die nicht aus dem Glauben leben, sucht den irdischen Frieden aus den Dingen und Vorteilen dieses zeitlichen Lebens zu gewinnen. Ein Haus hingegen, dessen Menschen aus dem Glauben leben, erwartet die Güter, die in der Zukunft als ewige verheißen sind, und gebraucht die irdischen und zeitlichen Dinge wie ein vorübergehender Fremdling ... Deshalb ist der Gebrauch der für dieses sterbliche Leben nötigen Dinge beiden Arten von Menschen, beiden Häusern oder Familien gemeinsam, aber der Zweck des Gebrauchs ist bei beiden ein eigener und verschiedener. Der irdische Staat, der nicht aus dem Glauben lebt, strebt nach irdischem Frieden und festigt in ihm die Eintracht der Bürger in bezug auf Befehlen und Gehorchen, damit unter ihnen Übereinstimmung im Willen sei über die zum sterblichen Leben gehörenden Dinge. Der himmlische Staat aber, oder genauer der Teil von ihm, der in der sterblichen Welt als Pilger wandelt und aus dem Glauben lebt, muß sich ebenfalls dieses Friedens bedienen, solange er nicht über die Sterblichkeit hinauswächst, die diese Art von Frieden nötig hat. Während er neben dem irdischen Staat sozusagen das Gefangenenleben seiner Pilgerschaft verbringt und bereits die Verheißung der Erlösung und die Gabe des Geistes als Unterpfand empfangen hat, zögert er dennoch nicht, den Gesetzen des Weltstaates zu gehorchen, durch die all das geregelt wird, was für die Erhaltung des sterblichen Lebens von Vorteil ist. Da die Sterblichkeit selbst beiden Staaten gemeinsam ist, wird auch die Eintracht unter beiden in bezug auf jene Dinge, die zu dieser Sterblichkeit gehören, auf gleiche Art beobachtet werden" (DcD XIV,17,26).

Weiter geht Augustin nicht, denn jeder weitere Schritt hätte die Grundkonzeption seines Buches, den metaphysischen Dualismus der zwei Bürgerschaften, aufgehoben. An seine Stelle wäre eine Stufenfolge getreten, in der auch der Weltstaat als *bonum terrenum* seinen Platz im *ordo naturalis* gefunden hätte. Eine solche Lösung lag aber dem christlichen Platoniker Augustin noch fern. Erst Thomas hat den politischen Dualismus der *civitates* in eine gradualistische Ordnung umgeformt.

Daß Augustin einer christlichen Aneignung der politischen Formen seiner Zeit mißtrauisch gegenüberstand, hing indes nicht nur mit der neuplatonischen Idee des *uti* und *frui* zusammen, die das neutestamentliche Liebesgebot in allzu enge Fesseln schlug. Der tiefere Grund ist wohl, daß er an eine politische Herrschaft des Christentums nicht glaubte, daß er zwar christliche Kaiser, aber keinen christlichen Staat für möglich hielt (DcD V,21). „Alle Christen leiden ... Wenn die Menschen nicht wüten, so wütet der Teufel, und wenn die Kaiser Christen geworden, ist etwa der Teufel Christ geworden?" (En Ps.93).

4. So hat sich, ungeachtet der ‚konstantinischen Wende', das Christentum bei Augustin zurückgezogen auf seine Grundidee vom ‚Leiden dieser Zeit'. Gleichwohl hat der Einfluß des großen Kirchenlehrers in der Zeit der herrschenden Kirche eher zu- als abgenommen. Die metaphysische Entmächtigung der irdischen Gewalt, die sich in seinem Werk vollzieht, mußte den Versuch, politische und religiöse Herrschaft in einer Theokratie zusammenzuzwingen, geradezu herausfordern. Das hierarchisch-politische Mißverständnis Augustins im Mittelalter ist also tief begründet. Wenn die moderne Theologie und Philosophie den ursprünglichen Augustin wieder entdeckt hat, wenn sie in ihm – z.T. in überraschender Nähe zu neuzeitlichen Augustin-Rezeptionen des 16. Jahrhunderts oder der jansenistischen Bewegung – den Verkünder altchristlicher Eschatologie, den Überwinder der antiken ‚Ziviltheologie', den Denker christlicher Relativierung der Welt und des Politischen sieht, so kann sie doch vom mittelalterlichen

Augustin nicht einfach absehen, weil gerade in ihm manche der exponierten Gedanken der *Civitas Dei* in folgenreicher Weise wirksam geworden sind. Es ist aber die Größe Augustins, daß er jeder Epoche eine neue Seite seines Wesens zukehrt, ohne je aufzuhören, die Herzen zu bewegen und die Geister zu scheiden – nicht anders als die Glaubensbotschaft, die er der Welt verkündet hat.

Jürgen Miethke

Thomas von Aquin (1224/25–1274)

Zeittafel

1224/1225	Geburt des Thomas in Roccasecca bei Neapel
1230/1239	Erziehung im Kloster Monte Cassino
1239/1244	Studium an der Universität in Neapel
1244	Eintritt in den Dominikanerorden gegen den Willen seiner Familie
1244/1245	Durch Familie in Roccasecca gefangengesetzt
1245/1248	Erster Aufenthalt in Paris, Studium bei Albertus Magnus
1248/1252	In Köln am Generalstudium des Ordens bei Albertus Magnus
1252/1259	2. Aufenthalt an der Universität Paris
1256/1259	„Magister actu regens" der Theologie in Paris; Sentenzenvorlesung (1252–56), Quodlibets VII–XI, Contra impugnantes
1259	Teilnahme am Generalkapitel der Dominikaner in Valenciennes
1259/1261	In Neapel am Ordensstudium; Summa contra Gentiles
1261/1265	In Orvieto am Ordenskonvent und an der päpstlichen Kurie in Viterbo
1265/1268	In Rom am Ordensstudium; Summa theologiae: Prima pars
1268/1272	3. Parisaufenthalt/ein zweitesmal „Magister actu regens"; Summa theologiae: Prima secundae; Sententia libri Ethicorum; Sententia libri Politicorum
1272/1273	Magister am Ordensstudium in Neapel; Summa theologiae: Secunda secundae und Tertia pars, qq. 1–90; 1271/73 wohl auch De regno
6. Dez. 1273	Große Krise: Thomas bricht sämtliche Schriften ab
7. März 1274	Thomas stirbt auf der Reise zum Konzil von Lyon im Zisterzienserkloster Fossanova (im südl. Latium)

I

Thomas von Aquin stammt aus dem baronialen Hochadel des Königreichs Sizilien. Geboren um 1225, gestorben 1274, hat er in seiner engsten Familie die stürmischen Kämpfe des Stauferkaisers Friedrich II. (†1250) mit den Päpsten bitter erfahren müssen: Einen seiner Brüder ließ Friedrich 1247 wegen seines Parteiwechsels hinrichten. Früh schon (1244) hatte sich Thomas während seines Studiums an der erst 1224 gegründeten Universität von Neapel entschlossen, nicht, wie seine Familie es ihm bestimmt hatte, im altehrwürdigen Benediktinerkloster Monte Cassino den Weg zu kirchlichen Würden zu suchen, vielmehr trat er dem damals noch jungen Bettelorden der Dominikaner bei. Er blieb dann sein Leben lang Dominikaner, ein Leben als Student und Hochschullehrer, das er an den Universitäten und Ordensstudien in Paris, Köln, Orvieto, Rom und Neapel verbrachte. Die ihm vom Papst angetragene Würde eines Erzbischofs von Neapel schlug er aus, eine Ernennung zum Kardinal hat er nicht mehr erlebt. Es starb auf dem Wege zum Konzil, das Papst Gregor X. nach Lyon für 1274 einberufen hatte. Sein Lebensweg war der eines Gelehrten, nicht der eines Amtsträgers, Politikers oder Höflings, auch wenn er geraume Zeit am päpstlichen Hof verbracht hat. Die allein schon quantitativ eindrucksvolle Masse seiner Schriften umspannt fast das gesamte Feld damaliger Wissenschaften, wenn der Bettelmönch auch die Theologie als Zentrum all seiner Bemühungen verstand. Die Weite seiner Interessen, die Klarheit seiner Argumente, die architektonische Phantasie für systematische Zusammenhänge waren bereits seinen Zeitgenossen eindrucksvoll. Nach seinem Tod gab sein Orden seinen Schriften autoritative Geltung für die Dominikaner, Papst Johannes XXII. erhob ihn 1323 zur Ehre der Altäre, nicht ohne damit zugleich den mit den Dominikanern konkurrierenden Orden der Franziskaner gezielt reizen zu wollen.

II

Über politische Fragen hat sich Thomas zunächst nicht gesondert und zusammenhängend verbreitet. Erst als sein Ordensbruder

Wilhelm von Moerbeke (um 1265) die *Politik* des Aristoteles, die bis dahin dem westlichen Europa unbekannt geblieben war, aus dem Griechischen ins Lateinische übersetzt hatte, beschäftigte sich Thomas genauer mit dem neuen Text. Am Ordensstudium in Köln hatte er als Mitarbeiter und Schüler des Albertus Magnus dessen vielfältige Bemühungen um eine Aneignung und Kommentierung des Aristoteles aus nächster Nähe verfolgen können. Eigenständige Kommentare zu aristotelischen Schriften begann er freilich erst während eines zweiten Aufenthalts an der Universität Paris, wohin ihn sein Orden zur Verteidigung der Ordensinteressen im aufflammenden Bettelordensstreit berufen hatte. 1271 bis 1273 dann entstand nach den Kommentaren zur Physik und Metaphysik (1268/9) auch ein Kommentar zur Nikomachischen Ethik (*Sententia libri Ethicorum*). Den Kommentar zur Politik (*Sententia libri Politicorum*) konnte er ebensowenig fertigstellen, wie die Kommentare zu den naturphilosophischen Schriften *De celo et mundo*, *De generatione et corruptione* und *Super Meteora*. Thomas' eingehende Texterklärung zur *Politik* bricht nach Buch III.6 unvermittelt ab (die in den Drucken seit dem Ende des 15. Jahrhunderts weiterlaufende Auslegung stammt nicht von Thomas, sondern vom Artisten-Magister Petrus de Alvernia). Handelt es sich hier vor allem um eine Auslegung des Aristoteles, so findet man die politische Theorie des Thomas eher in dem Fragment *De regno ad regem Cypri* (Über das Königtum an den König von Zypern gerichtet), das später (ca. 1303) durch den Beichtvater und Schüler Tolomeo von Lucca fortgesetzt wurde. Die kritische Ausgabe durch Hyacinthe Dondaine hat die Meinung befestigt, daß es sich bei dem fragmentarischen Text um den Anfang einer authentischen großangelegt geplanten Schrift des Thomas handelt. Folgen wir der Spätdatierung von Christoph Flüeler, so wäre Ursache des Abbruchs die Krankheit und Lebenskrise seiner letzten Lebensmonate.

Die Absichten des Gesamtentwurfs (von Wilhelm Berges 1938 rekonstruiert) hat der Autor in Kapitel II.4 (nach der früher üblichen Zählung I.15) selbst skizziert. Im ersten Teil über die „Einrichtung" (*institutio*) eines Königreichs bricht der Text aber schon in den Erwägungen zur Gründung einer Siedlung (*civitas*) ab, bevor noch eine Verfassungslehre und Aussagen über die „Einrichtung" der öffentlichen Ämter folgen konnten. Im zweiten Teil, einer Regierungslehre (*gubernatio regni*), sollten folgen: Sorge um die Einheit des Reiches, Sorge um die sittliche Erziehung des Volkes und Sorge für Lebensmittel im weitesten Sinn, d.h. Maßnahmen für ein gutes Leben der Untertanen; Aufgaben bei der Erhaltung des Gemeinwesens (in drei Schritten): Vorkehrungen zur Nachfolge in den Ämtern (zur Kontinuität des Staates), der gute Stand von Gericht und Gesetzgebung (gegen die Gefährdung der Gerechtigkeit [*iustitia*] im Innern) sowie die Sicherheit und Verteidigung des Landes gegen äußere Feinde. Schließlich sei dann zu reden über die Sorge der Regierung um die Förderung des Volkes zum Besseren (*promocio*), seinen Fortschritt. Der König soll „durch seine Gesetze und Gebote, Strafen und Belehrungen seine Untergebenen von der Ungerechtigkeit (*iniquitas*) abhalten und zu sittlichem Leben anhalten". Offenbar geht es um die richtige *iurisdictio*, d.h. – dem mittelalterlichen Sprachgebrauch gemäß – um den guten Stand der Herrschaftsübung; Thomas erweitert freilich diese traditionelle Aufgabe eines Fürsten sogleich institutionell durch die im 13. Jahrhundert erst relativ junge Funktion der Gesetzgebung.

Das alles hat Thomas unausgeführt gelassen, und auch sein „Fortsetzer", Tolomeo von Lucca, ist einer eigenen Agende gefolgt. Immerhin ermöglicht das ausgeführte Teilstück eine Rekonstruktion seiner politischen Ansichten. Erstmalig wird hier im 13. Jahrhundert in systematischer Absicht die aristotelische *Politik* auf die zeitgenössische mittelalterliche Welt unmittelbar angewandt.

III

Thomas war sich offenbar bewußt, daß er Ungewöhnliches kühn in Angriff nahm. Bereits im Widmungsschreiben an den König von Zypern heißt es, mit seinem Text wolle er zwei anspruchsvollen Bedingungen genügen. Der Traktat solle „der königlichen Erhabenheit zugleich und dem eigenen Beruf und Amt angemessen" sein, also dem Adressaten und seinem Verfasser Ehre machen. Scheinbar bruchlos wird mit diesem Plan die traditionelle Textgattung der Fürstenspiegel aufgenommen. In Wirklichkeit aber leistet Thomas etwas Neues. Er beschränkt seine Darlegungen nicht auf eine Fürstenethik oder Ständelehre, wie sie der Engländer Johannes von Salisbury im 12. Jahrhundert in seinem *Policraticus* und kurz vor der Niederschrift von Thomas' Text in Paris der Dominikaner Vinzenz von Beauvais für den französischen König Ludwig IX. niedergelegt hatte. Thomas von Aquin hatte die Vorbereitungen für dieses Unternehmen seiner Ordensbrüder in Paris sicherlich noch beobachten können, wenn er sich wohl auch nicht selber an den Arbeiten der Gruppe beteiligt hat. Seine Absichten sind andere: nicht eine Liste von Verhaltensregeln, und sei sie noch so stark auf den Fürsten und seine in der Politik tätigen Berater und Mitarbeiter zugeschnitten, will er liefern, er möchte vielmehr die politische Verfassung der menschlichen Gesellschaft systematisch erfassen und die Amtspflichten des Königs nicht allein als sittliche Gebote, sondern als Folgerungen aus der Konstruktion der politischen Herrschaftsverfassung verstehen.

Dafür war die aristotelische *Politik* unentbehrlich. In Anlehnung an diesen gerade damals im Abendland erst bekannt werdenden Text hat Thomas seine Thesen entwickelt, nicht in kommentierender Auslegung, sondern in freier Aufnahme und selbständiger Konstruktion. Natürlich hat er auch die anderen Schriften des aristotelischen Corpus herangezogen, die an den Universitäten Europas damals intensiv gelesen, benutzt und kommentiert wurden. Menschliches Verhalten soll nicht aus Pflichtentafeln, sondern aus der Einsicht in die wissenschaftlich – mit den Methoden einer aristotelischen Wissenschaft – erfaßten Grundlagen der Politik abgeleitet werden. Noch im Prolog verspricht der Aquinate dem Leser, er wolle die ursprüngliche Bedeutung der königlichen Stellung (*regni originem*) sowie alles, was zum königlichen Amt gehöre, nach der Heiligen Schrift, den Lehrmeinungen der Philosophen und gemäß dem Vorbild rühmlicher Herrscher sorgfältig aufnehmen, aber er liefert keine lange Kompilation von Zitaten. Thomas' Fürstenspiegel ist nicht ein (dürftiger) Auszug aus dem Zitatenschatz, wie ihn Vinzenz und seine Mitarbeiter angehäuft hatten, Thomas schreibt eine andere Schrift. Nicht als Steinbruch, künftiger Ausschlachtung offen, wird sein fragmentarischer Text wirken, sondern als Wegweiser zu einer theoretischen Grundlegung der Politik.

Anders als die Tradition machte er nicht die Etymologie des Wortes „König" zum Ausgangspunkt seiner Argumentation. Der

Ursprung des Königtums wird nicht mit Isidor von Sevilla (*rex a regendo*) aus der Herrscherstellung abgeleitet, vielmehr geht Thomas in Anlehnung an Aristoteles von der anthropologischen Verfassung des Menschen als eines geselligen Wesens aus und prüft, wie unter dieser Voraussetzung in der menschlichen Gesellschaft eine Leitungsfunktion begründet, aber auch begrenzt und konkretisiert wird. Schon der Einzelmensch bedarf, von der Verschiedenheit seiner widersprüchlichen natürlichen Bestrebungen hin und her gerissen, einer Leitung, die ihm die Vernunft gewährt, welche jedem einzelnen von Natur aus innewohnt. Lebten die Menschen nicht in Gesellschaft, sondern in Einsamkeit und Selbstgenügsamkeit, so genügte diese Leitungsfunktion der Vernunft für ihre Lebensführung. Jeder einzelne könnte für sich selbst König sein „unter Gott, dem höchsten König".

An der Vernunft läßt sich zeigen, daß die aristotelische Bestimmung des Menschen als eines geselligen und zu politischer Organisation befähigten Wesens richtig ist. *Animal sociale et politicum* sagt Thomas und erweitert (gegen die Formulierung des Wilhelm von Moerbeke) damit die eingliedrige aristotelische Definition des „in der Polis lebenden Wesen" (*zoon politikon = animal politicum*). Der Mensch bedarf als ein Mängelwesen des Austausches mit seinen Artgenossen. Thomas leitet das aus der vernünftigen Kommunikation der Menschen, aus ihrer Sprachbegabung ab: Menschen sind kommunikativ nicht nur in dem Sinn, in dem auch ein Hund durch sein Bellen seinem Zorn Ausdruck geben kann, Menschen können sich vernünftig und artikuliert verständigen, können dem Artgenossen ihre Erkenntnisse umfassend und detailliert vermitteln. Das ersetzt dem Menschen, dem auch in der Vernunft nur die allgemeinen Prinzipien einer richtigen Erkenntnis der Einzeldinge zur Verfügung stehen, nicht aber die unmittelbare Erkenntnis der Einzeldinge selbst, die instinktgeleitete Verhaltenssicherheit der Tiere. Während ein Tier spontan die Ziele seiner Bestrebungen erfaßt und verwirklicht, muß der Mensch ein Ziel zuerst erkennen, dann wollen und anstreben, indem er dem Ziel die Mittel zuordnet, es auch zu erreichen. Doch kann ein Mensch dem anderen im Erfassen des Richtigen behilflich sein und einer diese, ein anderer eine andere Erkenntnisaufgabe wahrnehmen. Im gegenseitigen Austausch wächst daraus Lebenssicherheit für alle.

Solch kommunikativer Austausch in der menschlichen Gesellschaft bedarf freilich einer Ordnung und vernünftigen Direktion, damit die Menge sich nicht in diametral verschiedene Richtungen zerstreut. Da jeder zunächst nur darum besorgt sei, was ihm selber nötig ist, müsse es jemanden geben, der für das Wohl der gesamten Menge Sorge trägt. Solch leitende Funktion über den widersprüchlichen Bestrebungen des Willens ist dem Einzelmenschen in der Vernunft gegeben: in Analogie dazu setzt Thomas auch die vernünftige Leitungsfunktion über die Menschenmenge an. Schon bei der Grundlegung seiner Ausführungen legt Thomas damit entscheidendes Gewicht auf die Differenz zwischen Gemeinwohl und Wohl des einzelnen, welche nicht in einer unmittelbaren Entsprechung zueinander stehen, vielmehr in einer gewissen Entgegensetzung: Nach dem je Eigenen unterscheidet, ja zerstreut sich die Menge, nach dem ihr Gemeinsamen einigt sie sich oder wird sie geeint. Darum müsse es neben dem Streben nach dem je Eigenen auch „etwas" geben, was die vielen zu ihrem gemeinsamen Gut hin „bewegt".

IV

Voraussetzung für Thomas' theoretische Überlegungen ist das zielgerichtete Verständnis menschlicher Handlungen, ist die ihm von Aristoteles vorgegebene Teleologie. Teleologisch ist nicht allein die Begründung, die er für den geselligen Charakter des Menschen findet; teleologisch ist auch das gesellschaftliche Zusammenleben der Menschen überhaupt. Um eine Menge zu einer Einheit werden zu lassen, bedarf es einer lenkenden und ordnenden Instanz. Evidente Beispiele dafür sind einmal der Organismus, in dem eine „Leitungskraft" (*vis regitiva*) dafür sorgt, daß die Einzelkräfte nicht auseinanderstreben. Gott bestimmt gleichermaßen die Ordnung des Weltalls, und im Menschen regiert die Seele den Leib, werden durch die Vernunft die affektiven Seelenkräfte geleitet, gibt es ein führendes Organ, ein *membrum principale* – hier klingt schon die Politik und die Sprache des Römischen Rechts an – welches alles in Bewegung hält. Bei Thomas bleibt unentschieden, ob dieses führende Organ das Haupt oder das Herz sei: in der Tradition war beides Metapher für das königlliche Amt. Wichtiger war ihm, die „Leitungsfunktion" teleologisch als notwendigen Teil des gesellschaftlichen Ganzen aufzuweisen. Nur durch das Wirken der Leitung wird aus einer Vielheit eine Gesamtheit, aus einer Mannigfaltigkeit eine Einheit. In der menschlichen Gesellschaft geschieht das durch die Leitung zum richtigen, zum angemessenen Ziel (*finis conveniens*). Wird diese Aufgabe in der Gesellschaft verfehlt, erfüllt die Gesellschaft nicht nur nicht ihren Sinn, sie ist dann selbst zutiefst defizient. Die menschliche Gesellschaft ist eine zweckgerichtete Einheit, sie hat eine Aufgabe, die sie allererst in ihrem Dasein begründet: Sie hat ihre in ihr gelegenen Möglichkeiten durch Tätigkeit und Praxis zu verwirklichen, sie ist, aristotelisch gesprochen, eine „Entelechie", d.h. ihr ist es eigentümlich, ihren ihr aufgegebenen Zweck prozeßhaft und zielgerichtet zu verwirklichen. Dabei aber bedarf sie einer ihr bereits von vorneherein eingegebenen Struktur von Über- und Unterordnung. Was diese Hierarchie begründet, wird nicht eindeutig geklärt. Thomas schwankt (mit Aristoteles) zwischen einer ideal vorgestellten substantiellen Erklärung, die die Überlegenheit des Leiters in seiner „Tugend" begründet sieht, und einer eher realistisch-funktionalen Deutung, daß nämlich die Gesellschaft nur bei Existenz der Leitungsfunktion ihren Zweck erfüllen kann. Traditionell betrifft das Friedenssicherung und Stabilität im Innern und nach außen. Es kommt Thomas aber, anders als seinen Vorgängern, nicht primär auf eine legitimatorische Begründung von Herrschaft an, sondern auf eine Analyse der Ursachen (*origo*) des politischen Zusammenlebens der Menschen.

In der Doppelung der zweckhaften und der zugleich hierarchisch geprägten Vorstellung von Gesellschaftlichkeit, liegt das Besondere der thomasischen Theorie des Politischen, sind ihr Potential wie ihre Begrenzung begründet. Thomas vermag das Potential sehr einleuchtend zu entfalten. Am Maßstab der Zweckgerichtetheit muß sich jede menschliche Gesellschaftsordnung messen lassen. Es muß möglich bleiben, die naturgegebenen Ziele des menschlichen Lebens zu erreichen, und zwar im Vollzug menschlicher Tätigkeit. Daraus folgt, daß in der menschlichen Gesellschaft als einer Gesellschaft von Freien die Leitung der Freiheit entsprechen muß. Auch bei Thomas ist das aristotelische Schema der drei Regierungsformen und ihrer Perversionen nicht in einem geschlossenen Kreisschema angeordnet, das zu durchlaufen wäre. Es gibt jedoch eine Skala, eine Abstufung im Guten und Schlimmen. Die „beste Verfassung" ist ihm die Monarchie, der die Tyrannis als „die schlimmste" aller Verfassungen (was aber nicht im einzelnen begründet wird) gegenübersteht. Der Aristokratie entspricht als Entartung die Oligarchie, der pervertierten *democratia*, die als „gewaltsame Unterdrückung durch die Macht der Menge" definiert wird (hier wirke das gesamte Volk wie ein Tyrann), steht die sinnvolle *politia* gegenüber. In allen Fällen bemißt sich das Gute oder Schlimme der Herrschaftsform allein daran, ob die Inhaber des Leitungsamtes vorwiegend dem *bonum commune* oder ihren eigenen Interessen, dem *bonum privatum*, dienen.

Thomas rekapituliert mit Aristoteles noch die Vergesellschaftungsstufen des Menschen, von der Hausgemeinschaft bis zur politischen Organisation. Während dieser aber in der Stadt, der *polis*, die höchste Einheit eines politischen Verbandes gesehen hatte, ist das bei Thomas über die *civitas* hinaus die *provincia*, das Territorium, und d.h. das *regnum*. Diese Erweiterung wird nach den mittelalterlichen Erfahrungen damit begründet, daß allein ein Flächenstaat hinsichtlich aller Lebensnotwendigkeiten selbsterhaltungsfähig sei, wobei offenbar vor allem an die militärische Autarkie und Verteidigungsmöglichkeit gedacht ist.

V

Mit diesen Begriffsbestimmungen hat Thomas im ersten Kapitel seines Traktats den Grund für die folgenden Erörterungen gelegt. „König ist, wer die menschliche Gesellschaft einer Stadt oder eines Landes leitet, und zwar um des Gemeinwohls willen." Die Grundelemente der thomasischen Auffassung sind damit bezeichnet: die prozeßhafte Teleologie der Selbstverwirklichung der verfaßten politischen Gesellschaft begründet die hierarchische Leitungsfunktion des Monarchen, der an das Gemeinwohl gebunden bleibt. Die Unterscheidung von Eigennutz und Gemeinwohl als Ziel der Teleologie bleibt für diese Auffassung fundamental.

Auf dieser Grundlage scheint die Monarchie die beste Gewähr für Frieden und Eintracht der Gesellschaft zu bieten. Aus Vernunftgründen wie aus dem göttlichen Gesetz, ja aus dem göttlichen Vorbild läßt sich das ableiten. Freilich muß, da die menschliche Schwäche zur Sünde neigt, die Monarchie als „beste" Verfassung so eingerichtet werden, daß sie vor dem Abgleiten in die Tyrannis als die „schlimmste" Form bewahrt werden kann. Eine tyrannensichere Herrschaftsordnung will Thomas – für das Mittelalter ungewöhnlich – nicht durch einen moralischen Appell an den Herrscher, sondern durch institutionelle Vorkehrungen erreichen. Obgleich er die Argumente der aristotelischen Tyrannenlehre benutzt, rechtfertigt er eine gewaltsame Beseitigung eines Gewaltherrschers nicht. Der apostolischen Lehre (I. Petrus 2,18) entspreche ein Tyrannenmord keinesfalls, wie ihn Johannes von Salisbury ein Jahrhundert zuvor in seinem *Policraticus* zumindest erwogen hatte. Vielmehr könne man von der Alten Kirche lernen, daß damals auch gut bewaffnete Soldaten willig den Märtyrertod auf sich nahmen. Als Mittel gegen die Tyrannei bleiben nur rechtzeitige Vorkehrungen: bereits bei der Wahl eines Herrschers müsse ein Kandidat gewählt werden, der Tyrannei nicht erwarten läßt. Auch müsse die Regierungsarbeit (*gubernatio*) so eingerichtet werden, daß dem Regenten keine Gelegenheit zur Tyrannei offen stehe. Es ist betrüblich, daß Thomas in seinem fragmentarischen Traktat nicht mehr auf solche verfassungsmäßigen Beschränkungen der Regierungsgewalt zu sprechen kommt, die einen Staat vor Tyrannis bewahren könnten, denn derartige Überlegungen sind in den mittelalterlichen Reflexionen zur Politik äußerst selten. Er gesteht durchaus zu, daß ein Herrscher, der von der Menge gewählt oder von einem Oberen eingesetzt wurde, jeweils von derselben Instanz abberufen werden kann und muß, wenn seine Herrschaft pervertiert. Als Mittel gegen unerträgliche Tyrannen empfiehlt er jedoch letztlich Geduld, da Widerstand Gewaltherrscher zu noch schlimmeren Untaten provozieren und durch die erfolgreiche Beseitigung eines Tyrannen sich ein noch schlimmerer Nachfolger installieren könne. Privatleute dürften keinesfalls zur Waffe gegen tyrannische Amtsträger greifen.

Diese vorsichtige Stellungnahme ist nicht überall in Thomas Schriften zu finden. Noch in der Secunda secundae seiner *Summa Theologiae* hat er den gewaltsamen Widerstand gegen tyrannische Willkür nicht als *seditio*, als sittlich nicht zu rechtfertigenden „Aufruhr" gegen Gottes Ordnung qualifiziert (2–II q. 42 a. 2 ad 3). In seinem Fürstenspiegel will er jedoch sorgfältig erwogen wissen, ob unter der Tyrannei nicht noch Schlimmeres der schlimmen Gegenwart folgen könne. Letztendlich sieht Thomas in christlich-prophetischer Tradition im Wirken eines Tyrannen Gottes Strafgericht, dem durch Buße und Gebet zu begegnen sei. Bei dieser Wertung wird man berücksichtigen müssen, daß Thomas vor allem die Stadttyrannen der oberitalienischen Städte auf ihrem Weg in die Signorie vor Augen hat, nicht ein Allgemeinrezept gegen Gewaltherrschaft schlechthin aufstellen möchte. Er liefert weniger eine Handlungsanweisung für politische Krisensituationen als ein begriffliches Instrumentarium zur Erkenntnis einer Krise.

In der Prima secundae seiner *Summa theologiae* (1–II qu. 105 art. 1) erörtert Thomas, „ob das Alte Testament in richtiger Weise über die Herrschaft (*de principibus*) im alten Israel bestimmt habe" und kommt zu dem (nicht unerwarteten) Ergebnis, daß Gott den Israeliten „die allerbeste Verfassung" (*optima ordinatio*) vorgegeben hat. Eine gute Verfassung nämlich müsse erreichen, „daß alle an der Herrschaft einen gewissen Anteil haben" (*ut omnes aliquam partem habeant in principatu*). Auch müsse dabei auf die Verfassungsform und die Regierungsart geachtet werden (*attenditur secundum speciem regiminis vel ordinationis civitatis*). Im Alten Israel war die Verfassung gemischt aus „Königtum" (*regnum*), insofern einer die Leitung hatte, „Aristokratie", da die 72 Ältesten ihre Führungsämter gemäß ihrer Tugend inne hatten, und aus „Demokratie" (*democratia id est potestate populi*, wie es hier abweichend zum Sprachgebrauch im Fürstenspiegel heißt), da die Führungspersonen aus dem Volke (*ex popularibus*) und vom Volke gewählt wurden. Dieses Loblied auf die „gemischte Verfassung" ist nun keineswegs ein anachronistischer Vorgriff auf die moderne Demokratie, denn der Monarch selbst wird ja nicht von allen und aus allen seiner Tüchtigkeit wegen ausgewählt. Vielmehr wird das explizit nur von der „aristokratischen" Führungselite gesagt. Moses war von Gott selbst zum Herrscher über Israel bestimmt worden. So gilt das Plädoyer nicht einem „Präsidentenkönig", die Mischverfassung soll vielmehr die Kompetenzen des Herrschers beschneiden und durch Anteilhabe der Magnaten an der Herrschaft sein Abgleiten in die Tyrannei verhindern.

VI

Entschieden wird über die Bewertung einer bestimmten Verfassung erst von der Erfüllung ihrer Funktion her. Diese funktionale Legitimation der Herrschaft ist auch für das Verhältnis der staatlichen zur kirchlichen Gewalt wichtig: Weltliche Herrschaft hat zunächst die Aufgabe, den ihr Unterworfenen die Selbsterhaltung ihrer physischen Subsistenz zu ermöglichen. Doch muß der Herrscher auch die Menschen in Entsprechung zu ihren vernünftigen Anlagen zu einem Leben in Tüchtigkeit und Tugend führen (*bene vivere, vivere secundum virtutem*). Die *perfectio naturalis* der Untertanen gehört zum natürlichen Ziel der Gesellschaft und fällt bereits wesentlich in die Kompetenz weltlicher Herrschaft.

Diese an Aristoteles geschulte Aussage ist jedoch nicht Thomas' letztes Wort. Der Theologe weiß: Die Menschen sind von Gott letztlich für die *perfectio supernaturalis* bestimmt. Diese aber wird nicht von der politischen Verfassung erreicht, vielmehr kommt sie aufgrund des göttlichen Heilswerkes allein in der sakramentalen Heilsgemeinschaft der Kirche an ihr Ziel, in der dem Priester die entscheidende Aufgabe zukommt. Das Verhältnis der politischen Herrschaft zur kirchlichen Ordnung orientiert sich an den beiden Zielbestimmungen des Menschen. Thomas' Lösung heißt „Hierarchie der Zwecke", ist eine Architektur, die ausbalanciert, ja aequilibristisch wirkt. Beide Instanzen, der Leiter der staatlichen und der Leiter der kirchlichen Ordnung, haben in ihrem eigenen Bereich zunächst volle Selbständigkeit. Sie sind prinzipiell von einander unabhängig, aber einander eben wegen der Wertigkeit der Ziele in der einen menschlichen Gemeinschaft auch zugeordnet. So gewiß sich der Einzelne auf das letzte Ziel seines Daseins hin ausrichten muß, muß auch das Gemeinwesen und seine irdischen Zwecke in einer teleologischen Zu- und Unterordnung unter dem letzten Ziel der *perfectio supernaturalis* stehen. Wie beim Einzelmenschen die Selbsterhaltung dem tugendhaften Leben und die sittliche Selbstverwirklichung dem höchsten Ziel, der Gottesschau (*fruitio divina*), dient, so muß auch in der gesellschaftlichen Organisation alles auf dieses letzte und äußerste Ziel hingeordnet bleiben.

Solche Hinordnung freilich ist keineswegs eine substanzielle Unterordnung in sämtlichen Belangen, es ist eine zweckhaft verstandene Orientierung, in der die zugeordnete Instanz auf die höhere blickt und an deren Zielen mitwirkt. Selbst dort, wo Thomas von einer „Unterwerfung" der weltlichen unter die geistliche Gewalt zu sprechen scheint (2–II, q. 60 a. 6 ad 3), präzisiert er, die geistliche Gewalt usurpiere nicht weltliche Herrschaft (*iurisdictio*), wenn sie sich einmischt „in weltliche Angelegenheiten hinsichtlich der Dinge, in denen ihr die weltliche Gewalt unterworfen ist oder die ihr von der weltlichen Gewalt (freiwillig) überlassen werden". Beide Sphären können prinzipiell getrennt werden; nur in den strikt auf die Gottesschau gerichteten Fragen kann die geistliche Gewalt aus eigener Kompetenz hinübergreifen. Dies und die Bezeichnung der Könige als „Vasallen der Kirche" (*vasalli ecclesiae*: Quodlibet XII q. 12 art. 1 ad 2) ist seit dem 13. Jahrhundert hierokratisch-papalistisch verstanden worden. Gegen solches (Miß-)Verständnis hat Thomas sich nirgendwo ausdrücklich gewehrt. Zumindest in seinen Empfindungen war er ein (extremer) Papalist. Die weltliche Gewalt bleibt für Lebenserhaltung und sittliches Gelingen der ihr Unterworfenen eigenverantwortlich, solange sie das priesterliche Heilswirken nicht stört. Im Falle einer Gefährdung des höchsten Zweckes freilich hat weltliche Gewalt zurückzutreten, ist der kirchlichen nachgeordnet und muß ihr bedingungslos folgen.

Diese Unterscheidung hilft wenig dazu, einen konkreten Konflikt zu entscheiden. Tatsächlich hat Thomas nirgendwo erklärt, wer im Falle eines Streites beider Instanzen darüber zu befinden hat, was eine berechtigte und legitime Anweisung des Priestertums ist, und was nicht. Vielleicht war eine Grenzüberschreitung des Priestertums für ihn schlechthin unvorstellbar? Er betont in seiner frühen Sentenzenvorlesung (II Sent. d. 44 q. 2 a. 3 ad 4): „Die geistliche Gewalt und die weltliche Gewalt leiten sich beide aus der göttlichen Gewalt her. Darum ist die weltliche Gewalt der geistlichen insoweit unterworfen, als sie ihr von Gott unterstellt ist, d.h. in Angelegenheiten, die das Seelenheil betreffen. In Angelegenheiten jedoch, die das bürgerliche Wohl betreffen, muß man der weltlichen Gewalt mehr gehorchen als der geistlichen Gewalt nach dem Herrenwort: ‚Man muß Gott mehr gehorchen als den Menschen' [Matth. 22,21]." Hiermit ist aber vorausgesetzt, daß jede Instanz von vornherein die feine Unterscheidung zwischen Seelenheil (*salus animae*) und bürgerlichem Wohl (*bonum civile*) jederzeit unfehlbar zu treffen weiß. Am Ende seines Lebens, in seinem Fürstenspiegel (*De regno* II.3), hat Thomas diese Unterscheidung eher verdunkelt: Die Gottesschau stehe als höchstes Ziel über dem Tugendleben. Christus selbst habe die königliche Aufgabe übernommen habe, die Menschheit zu diesem höchsten Ziel zu leiten. Darum dürften auch alle Christen als Glieder am Leibe Christi selber Könige und Priester heißen. Der Dienst (*ministerium*) am Königreich Christi aber sei auf Erden nicht den Königen, sondern den Priestern, „insbesondere (*praecipue*) dem Papst als dem *summus sacerdos*, dem Nachfolger Petri, Gottes Stellvertreter und Römischem Bischof, anvertraut, dem alle christlichen Völker (*populi* [!]) untergeben sein müssen gleichwie dem Herrn Jesus Christus selber". Hier scheint unüberbietbar die päpstliche Stellung unterstrichen, doch auch hier ersetzt Thomas die finale Zuordnung keineswegs durch eine absolute Unterordnung. Er beläßt dem König eine eigene Zuständigkeit für die Subsistenz und das Tugendleben seiner Untertanen. Es bleibt freilich unklar, wieweit sich die „Leitung" des „höchsten Priesters" über den König erstreckt.

Letztlich bleibt die Bestimmung des Verhältnisses von Staat und Kirche auch hier mit den Prinzipien thomasischen Denkens über menschliche Natur und göttliche Gnade in Übereinstimmung. Die Gnade (oder kirchliche Leitung) soll die Natur (oder königlich-staatliche Kompetenz) nicht aufheben, sie vielmehr vollenden. Mit diesem Grundsatz freilich war ein Konflikt zwischen beiden Instanzen, wie sich alsbald zeigen sollte, nicht zu verhindern, ja nicht einmal zu entscheiden. Man wird es zur Kenntnis nehmen, daß die Theorie des Thomas zwar beeindruckende Ausgewogenheit und harmonisches Gleichgewicht zeigt, daß sie aber gänzlich ungeeignet war, im konkreten Streit zwischen Papst und König eine Entscheidungshilfe zu geben. Sie vermochte schon für die Generation der Schüler und Nachfolger keine einheitliche Orientierung bereitzustellen: Im Kampf zwischen Papst Bonifaz VIII. und König Philipp dem Schönen haben etwa Tolomeo von Lucca († 1327) und Aegidius Romanus († 1316) auf der Basis der von Thomas abgesteckten Positionen entschieden, ja extrem die päpstlichen Ansprüche vertreten, während der Dominikaner Johannes Quidort († 1306), der aus Thomas' Schriften dessen theoretische Definitionen seitenweise in seinem Traktat exzerpiert, die theoretisch bedeutendste Verteidigung königlicher Selbständigkeit verfaßt hat. Diese gespaltene Rezeption ist hier nicht zu verfolgen, sie macht immerhin deutlich, daß die von Thomas entfaltete Theorie im wirklichen Kampf beiden Seiten zugute kommen konnte. Letztendlich gab sie einer Verteidigung der weltlichen Selbständigkeit fundamentale Argumente an die Hand und trug zur Säkularisierung der Herrschaftvorstellungen bei. Die Leistung des Thomas, in einem ersten entschlossenen Zugriff einen an Aristoteles geschulten eigenen Entwurf einer Theorie der politischen Ordnung der mittelalterlichen Gesellschaft vorgelegt zu haben, kann jedenfalls seine unentschiedene Zurückhaltung in dem immer möglichen Konflikt von weltlicher und geistlicher Gewalt nicht wirklich schmälern.

Klaus Ley

Dante Alighieri (1265–1321)

Zeittafel

1265	Geb. in Florenz (gegen Ende Mai/ Anfang Juni); Angehöriger einer guelfischen Familie von niederem Adel.
bis 1295	Studium in Florenz, Bologna und vielleicht in Paris; Militärdienst; Heirat mit Gemma Donati. Entstehungszeit der frühen *Rime*; Freundschaft u. a. mit dem Dichter G. Cavalcanti, Liebesdichtung des Süßen Neuen Stils. – Um 1292 Abfassung der *Vita nova* (VN), einer Verbindung von Vers und Prosa, in der die Liebeserfahrung nachträglich kommentiert wird.
1295	Einschreibung in eine Zunft (medici e speziali); für Angehörige des Patriziats Voraussetzung für die Übernahme eines öffentlichen Amtes in Florenz (seit 1293).
1300	Mitglied der von den Weißen Guelfen dominierten Signoria, der Regierung der Stadtrepublik Florenz.
1301	Teilnahme an einer Delegation an die Kurie, um Papst Bonifaz VIII. ein Vermittlungsangebot zu unterbreiten. In Florenz gewinnen die Schwarzen Guelfen mit Hilfe Karls v. Anjou die Macht. D. wird verbannt, der Korruption angeklagt, schließlich in Abwesenheit zum Tode verurteilt. Es folgt das lebenslange Exil, das ihn durch ganz Oberitalien führt. Währenddessen Abfassung der großen Werke: neben der *Divina Commedia* (DC) entstehen *Convivio* (Cv) (1304–7/8), *De vulgari eloquentia* (DVE) (1304–6/7) und in späteren Jahren *Monarchia* (Mon), *Epistulae*, *Eclogae*.
1315	Nach dem Angebot einer Amnestie, die er wegen der als unehrenhaft empfundenen Bedingungen zurückweist, von Florenz für vogelfrei erklärt.
1321	Tod in Ravenna (in der Nacht vom 13. auf den 14. September).

I

Ein ungehinderter Zugang zur politischen Dimension von Dantes Werk ist fast immer beeinträchtigt gewesen – zunächst durch den anhaltenden Einfluß der Kirche, deren weltliche Macht der Dichter in der *Divina Commedia* wie in *Monarchia* ja heftig kritisiert hatte. In unserem Jahrhundert erklärt sich der weitverbreitete Verzicht auf ein konsequentes Ausloten von Dantes politischen Positionen aus anderen, vornehmlich literartheoretischen Gründen. Seit B. Croces *Estetica* zählte auch in Dantes Werk vieles, weil es lehrhaft und doktrinär, philosophisch-theologisch überformt war, zur „non poesia".

Gegen eine solche Verkürzung von Dantes Schaffen wandte sich mit großer Entschiedenheit G. Gentile. Er beharrte auf der engen Verbindung von Dichtung und Philosophie als Deutungsgrundlage von Dantes Gesamtwerk. Auf dem Gebiet der politischen Philosophie erklärte er ihn geradewegs zu einem Wegbereiter der Moderne; mit seinem Denken habe er die Tür zur Praxis aufgestoßen. Durch diesen Deutungsansatz schafft Gentile allerdings zugleich die Voraussetzung für eine zeitgenössische Rezeption Dantes im Faschismus. G.A. Borgese hat dann in *Goliath*, seiner Abrechnung mit dem Faschismus, Dante dieselbe Bedeutung für das italienische Volk zugesprochen wie Moses für Israel: Auf seine Dichtung gehe in Italien die Nationwerdung zurück. Er verbinde die im Katholizismus verankerte Bilderwelt mit einer politischen Prophetie zu einer in sich geschlossenen Mythologie. Sie finde ihren Höhepunkt im Gedanken des Imperiums und habe noch und gerade im Faschismus eine anhaltende Verführung dargestellt. Dabei habe er als den eigentlichen Garanten für die Durchsetzung seiner Vorstellungen die Volkssprache erkannt, in der er ja seine großen Werke verfaßt und zu deren Ausbildung er sich in *De vulgari eloquentia* theoretisch geäußert hat.

Die Bedeutung und die Eigenständigkeit der politischen Anschauungen Dantes, so wie sie in der Auseinandersetzung zwischen Gentile und Borgese sichtbar wird, ist heute allgemein akzeptiert. Geblieben ist aber, daß er nicht eigentlich als innovatorischer Denker, sondern als Eklektiker gilt, weil er sich weitgehend vorgegebener Theorien bedient hat. Der offenkundige Widerspruch ist in der Sache selbst begründet: Dante hat unter Nutzung vorliegender Ergebnisse aus der Scholastik die eingefahrenen Wege der politischen Theorie verlassen und selbst nach Lösungen gesucht, die ihm für die eigenen Erkenntnisse über die Gegenwart und deren notwendige Veränderung treffender erschienen.

Eine weitere Besonderheit ist hier zu erwähnen: Der politischen Theorie geht im Denken Dantes neben der Dichtung auch die politische Praxis voraus. Die Zug um Zug erfolgende Ausformung eines großen Systems entspringt der Suche nach einer Perspektive, die dem hohen Anspruch genügt, der Welt und dem Leben der Menschen in seiner Zeit die richtige Ordnung wiederzugeben. Insofern versteht er sich von einem bestimmten Augenblick an immer auch als Gesetzgeber – so wie die Evangelisten oder auch Moses. Ihr Vorbild, dessen Autorität durch die göttliche Offenbarung garantiert ist, verbindet Dante mit dem Dichter Vergil, der ihn auf seiner Jenseitsreise begleitet. In der *Aeneis* hatte dieser dem römischen Reich eine umfassende Ordnung gegeben.

II

Die Frage nach den Elementen von Dantes politischen Positionen setzt voraus, daß man den Umbruch in seinem Selbstverständnis als Dichter begreift, mit dem er sich von seinen Anfängen löste. Erst danach konnte er zum Stifter italienischer Identität werden. Dantes Eintritt in die praktische Politik erfolgte im Jahre 1295. Damals wurde er Mitglied der Zunft der *medici e speziali*. Er unterlief so die Einschränkungen, die wenige Jahre zuvor in Florenz gegenüber den höheren Ständen durchgesetzt worden waren. Vom Poeten, der über die wahre Liebe reflektiert, wird er nun zum unmittelbar betroffenen Zeitzeugen, der sich in die Alltagsfragen einmischt. In den Texten, die Dante vor dieser Phase verfaßte, sind zwar auch bereits deutliche Zeichen einer allgemeinen politischen Bildungsabsicht zu erkennen; das entscheidende und bald umfassend neue Engagement erfolgt aber erst mit dem Schritt in die aktive Politik. Dieser Schritt gilt denn auch als Indiz für den rätselhaften Bruch mit Guido Cavalcanti, dem Freund aus der Frühzeit des *Dolce stil novo*, der das neue Engagement offenkundig nicht teilte.

Die Veränderung, durch die sich Dante den Weg freimacht zu seinem weiteren Schaffen, in dem er schließlich zum Richter über die Welt wird, läßt sich begreifen als seine persönliche Reaktion auf den umfassenden kulturellen Umbruch im westeuropäischen Denken durch den Averroismus. Es geht um den epistemologischen Wandel, der sich aufgrund der radikalen Neuerungen der Aristoteles-Rezeption im späteren 13. Jahrhundert vollzieht. Für Dante verbindet sich die Neubestimmung mit dem nachdrücklichen Bemühen um eine schlüssige Begründung von politischem Handeln und poetischer Botschaft auf weltanschaulicher Grundlage. Der Dichter begreift sich nun zugleich als Staatsmann, Philosoph und Theologe. Denn gemäß dem teleologischen Denken des Aristotelikers muß sich die Welt ganzheitlich, aus einem Prinzip heraus, erklären. Mit welchem persönlichen Engagement er diese große Aufgabe vertritt, zeigt das Gespräch mit seinem Vorfahren Cacciaguida (DC, Parad. XVII, 124 ff.).

Trotz aller Veränderung, die in Dantes Dichtung seit der *Vita Nova* ihren Ausdruck findet, bleibt die Kontinuität mit den Anfängen im Grundsatz gewahrt. Sie beruht in der Aufrechterhaltung der Forderung nach *gentilezza*, wie sie schon in der frühen Dichtung durch die richtige Form der Liebe verlangt wird. Ihr werden Qualitäten zugerechnet, die – bis hin zur *magnanimità* – auch im traditionellen Tugendkatalog zu finden sind. Da der Dichter darauf auch seine Vorstellungen von der Gesellschaft aufbaut, liegt hier zugleich der Schlüssel zu seinem politischen Denken.

Der Zusammenhang von Psychologie, Ethik und Politik wird bei der Behandlung der Adelsproblematik im *Convivio* (ab 1304) greifbar. Entgegen gängiger Lehrmeinung vertritt Dante die Auffassung, nicht Reichtum und uraltes Herkommen machten den Grad an Vornehmheit aus, sondern gleichermaßen Anstand und Seelengröße. Nun wird dieser Gedanke als konstitutiv bezogen auf das allgemeine Zusammenleben in der Gesellschaft. Voraussetzung sind hier die zugehörigen Werte von Eintracht, Ordnung, Mäßigung und Umsicht.

In der Synopse seiner verschiedenen Werke lassen sich auf dieser Basis die Grundzüge von Dantes Gesellschaftslehre erschließen, die er in einem geschlossenen theoretischen Zusammenhang nie präsentiert hat. Die *Divina Commedia* zeigt allerdings, wie sie fallweise ihre Anwendung und Bestätigung findet. Politisches Handeln und moralisch-theologisches Urteil sind so einander zugeordnet, daß sie erst in gemeinsamer Wirkung vor dem großen Plan des philosophisch-theologischen Weltbilds ihre volle Plausibilität gewinnen.

Wenn erst der allgemeine Rahmen der politischen Vorstellungen Dantes klarer umrissen ist, kann auch das dynamisch zupackende Moment, das seine Position als zukunftsträchtig ausweist, besser erfaßt werden. Erleichtert wird solches systematisierendes Bemühen durch die sein ganzes Oeuvre auszeichnende Kohärenz. Mit ihrem Drängen nach einer in sich geschlossenen Weltsicht verrät sie ein starkes konstruktivistisches Anliegen, das sich auch und gerade auf die diesseitige Welt, die Wirklichkeit des Lebens und ihre Ordnung, bezieht.

Bei Dante ist für den Aufbau einer schlüssigen Politik und die Entwicklung eines angemessenen Ordnungsmusters das Bewußtsein einer umfassenden Krise der Gesellschaft charakteristisch. Deren Lösung wird von ihm jedoch nicht – wie etwa bei Joachim v. Fiore (DC, Parad. XII, 140f.) – schlagartig, durch ein sich allenfalls in Prophetien ankündigendes apokalyptisches Geschehen erwartet. Schon das Innewerden der krisenhaften Situation muß sich nicht mit spektakulärer Dramatik vollziehen. Stattdessen ist für ihn als den aufmerksamen Betrachter die Welt zunächst einmal so, wie er sie vorfindet. Bei jeder Wahrnehmung einer auffälligen Abweichung von der vorgegebenen Ordnung erfolgt aber wie selbstverständlich der Impuls zur Besserung. Die Betroffenheit über den Verfall treibt also je und je den Willen zum konkreten Handeln hervor. In diesem Rahmen ist zunächst einmal das Engagement als Politiker zu sehen. Gegen Mißstände vorzugehen ist ihm allein mit den gängigen, dem menschlichen Denken und Wissen verfügbaren und vertrauten Mitteln vertretbar. Die Möglichkeit, eine Fehlentwicklung zu korrigieren, liegt in den vorgegebenen Bedingungen des Lebens. Das erklärt sich aus der für Dante verbindlichen scholastischen Denktradition. Deshalb das Beharren auf der eigenen Erfahrung und die emphatische Wahrnehmung der Lehren, die dem Menschen in seiner Existenz und aus der Geschichte verfügbar sind. Solche Exempel sind etwa die Porträts von Sündern und Gerechten in der *Divina Commedia*.

Die für sein politisches Engagement typische Vorstellung krisenhaften Erlebens umreißt Dante eindrucksvoll in seinem Werk *Monarchia*, das er zur Begründung der Notwendigkeit des Kaisertums verfaßt hat: „Oh, menschliche Gattung, wie viele Stürme, wie viele Verluste, wie viele Schiffbrüche mußt du erleiden (...). Dein Intellekt in beiden Teilen ist krank. Krank ist auch dein Gemüt." (Mon I, 16, 4/5). Die Wahrnehmung der Krise führt ihn dazu, Erkenntnis über ihre tieferen Ursachen zu gewinnen, einen Plan zu deren Beseitigung zu entwerfen und alles zu tun, um diesen in die Tat umzusetzen. Im Fall der *Monarchia* ist die Auseinandersetzung mit den Mißständen in den italienischen Gemeinwesen, nicht zuletzt in Florenz, der Anlaß für die Begründung der Weltmonarchie, in der sein politisches Denken gipfelt. Darin erfährt seine Gesellschafts- und Staatstheorie schließlich ihren eigentlichen Zusammenhalt. Der Zusammenhalt von Krise und Heilmittel markiert zugleich den für ihn typischen Übergang von Politik in Heilsgeschichte: „Nur unter dem göttlichen Augustus als Kaiser zur Zeit der vollkommenen Monarchie (befand sich) die Welt allerorts in Ruhe." (Mon I, 16, 1 f.). Damals, als Christus in die Welt kam, war die „Fülle der Zeit" gegeben. In solchem Maße war die Welt heil, daß ebendieser Zustand in der *Divina Commedia* sogar für das Leben in der Ewigkeit steht. Denn, so formuliert Beatrice gegenüber dem Jenseitswanderer Dante, was ihn dort bald auf Dauer erwarte, sei ein himmlisches Rom, an dessen Spitze – wie einst der Kaiser Augustus – als erster Bürger Christus steht: „Hier wirst du kurze Zeit nur Fremdling bleiben,/ Dann wirst du mit mir ohne End Bürger/ In jenem Rom, wo Christus selbst ein Römer." (DC, Purgat. XXXII, 101 f.).

Entsprechend ist für Dante das Kaisertum, wie unter Augustus verwirklicht, die allein erstrebenswerte Staatsform. Sie gilt ihm als die beste Voraussetzung für eine wirkungsvolle Bekämpfung aller Mißstände. Als Herrschaft des Einen, das aller Zwietracht ein Ende setzt, ist sie die gottgewollte, naturgegebene und – wie in der *Monarchia* bewiesen – einzig vernünftige Form gesellschaftlichen Zusammenlebens. So erkennt er unter den Kaisern – von Justinian über Karl den Großen bis hin zu dem bewunderten und doch verdammten Staufer Friedrich II., dem „ultimo imperadore de li Romani" (Cv IV,3) – Gestalten, die in unterschiedlichem Maße dem Vorbild Augustus nahekommen. Nachdem er die Hoffnung auf Heinrich VII. mit dessen Tod (1313) hat scheitern sehen, entwirft er, nur noch schemenhaft umrissen, das Bild eines großen Herrschers, Augustus im Diesseits und Christus als Herr des himmlischen Rom im Jenseits.

Die Verankerung von Dantes aristotelisch geprägter Welterfahrung in der christlichen Metaphysik, wie sie sich am Beispiel der Vorstellung vom Fürsten als dem Garanten des Ersten und Einen im Diesseits wie im Jenseits manifestiert, ist auch bei dieser Konstruktion die notwendige Voraussetzung. Allein in der Heilsgeschichte findet die Geschichte das Maß ihrer Orientierung. In der *Divina Commedia* folgt die Rolle des Papstes, des geistlichen Stellvertreters Christi auf Erden, schlüssig aus dem Grundgedanken des *Cristo romano*. Im Bild von den beiden Instanzen (DC, Purg. XVI, 106/7; cf. Mon III,4), die von Gott als jeweils eigenständig zum Regiment über Kirche und Gesellschaft eingesetzt sind, löst Dante die alte Streitfrage nach dem Verhältnis von Papsttum und Kaisertum. Das Ziel, das Dante damit verfolgt, daß er über das Jenseits die Welt rechtfertigt, ist die Anleitung auf Wiederherstellung der Ordnung. Mit dieser Absicht verbunden ist das Bewußtsein, daß der Mensch aus eigener Kraft das zu tun hat, was im Sinne der aristotelischen Politik Hauptzweck der menschlichen Gemeinschaft ist, das Erreichen größtmöglichen Glücks. Wenn aber der Versuch, den gesellschaftlichen Kosmos zu erneuern, voraussetzt, daß in die zerrüttete Welt Ordnung kommt, bedarf es zunächst – gestützt auf das feste Fundament des Urteils – der treffenden Analyse des offenbaren Zerfalls und seiner Ursachen. Hier drängt sich für Dante – entsprechend seinem Vorschlag, als Remedium die Monarchie, das Prinzip der Einheit, zu setzen – als hauptsächliches Symptom und eigentliche Ursache die verbreitete Nicht-Einheit (*discordia*) auf.

III

Von Beginn seines Erscheinens als „homo politicus" an vertrat Dante, wie sich zeigte, die Verbindung von Praxis und Theorie. Die politische Reflexion müsse der je und je gelebten Wirklichkeit entspringen; das Leben solle nicht umgekehrt auf einen vorgefaßten Rahmen, auf eine in der Theorie bereits fest etablierte Form bezogen werden (*Monarchia* I, 2, 5f.). Im spannungsvollen Verhältnis von gelebter Wirklichkeit und abgeklärter Reflexion findet sich der Kern dessen, was Dantes Beitrag zum politischen Denken interessant und neu macht. Bei seinen Entwürfen beruft er sich selbstverständlich auf die vorgegebene Tradition als Teil der eigenen Erfahrung.

Wie die politischen Zustände in Mittelitalien und besonders in Florenz gegen Ende des 13. Jahrhunderts, als es Dante in die Tagespolitik drängte, beschaffen waren und welche Lösungsmöglichkeiten er als Anhänger der Weißen Guelfen erkannte, zeigen die Aktivitäten, die er während der Jahre seines Engagements in der florentinischen Stadtregierung mit vollem Einsatz unterstützte. Nachdem sie in der Niederlage seiner Partei und im eigenen Exil ihren Abschluß gefunden hatten, zog sich Dante zwar bald aus den engeren Parteikämpfen zurück; er begriff sich aber weiterhin als mahnender Begleiter des politischen Geschehens in seiner italienischen Heimat. Das zeigen nicht zuletzt seine Briefe, so in besonderem Maße das Schreiben anläßlich der Romfahrt des Kaisers Heinrichs VII. (1312), auf dessen Einsatz zur Rettung Italiens er ja seine ganze Hoffnung gerichtet hatte.

Dante hatte sich zu dieser Zeit als überzeugter Verfechter der kaiserlichen Gewalt Positionen angenähert, wie sie bei den blutigen Parteikämpfen in Florenz schon von den Ghibellinen vertreten worden waren. Die heftige Abgrenzung gegenüber der weltlichen Macht des Papstes war zudem gleichfalls bei den Weißen Guelfen programmatisch gewesen. Das Leben in der Gemeinschaft sollte sich, das war der zentrale Gedanke, zuvörderst als ziviles Zusammensein nach Organisationsformen regeln, die wesensmäßig weltlicher Macht gehorchten. Innerhalb des großen Aufbaus der Gesellschaft definierte sich – gemäß der auch von Dante vertretenen scholastischen Lehrmeinung (Mon I,3,4) – ein städtisches Gemeinwesen und damit auch Florenz als *civitas*. Die Republik hatte demnach als bedeutender Stadtstaat die Bedürfnisse ihrer Bürger so zu regeln, daß sie in ihrer Gesamtheit zu Wohlstand und Zufriedenheit gelangten. Daß allerdings die Verhältnisse alles andere als vollkommen waren, zeigt die unruhige Geschichte der florentinischen Republik. In der *Divina Commedia* findet die lebenslange Entrüstung Dantes über die ursächlichen, gerade auch von Einzelpersonen zu verantwortenden Mißstände und Fehlentwicklungen ihren Niederschlag. Daneben steht zugleich die lobende Darstellung mustergültigen Einsatzes für das Gemeinwesen.

Wie die Vorstellungen vom Funktionieren des Regiments einer *civitas* aussahen, nach welchen Überzeugungen und Antrieben verlaufend sie gedacht wurden, zeigt anschaulich das zeitgenössische Beispiel der Florenz benachbarten, allerdings nicht immer freundlich zugewandten Stadt Siena. Nachdem die Regierung dort zu Beginn des 14. Jahrhunderts ihre Ordnung neu festgeschrieben hatte, beauftragte sie den Maler Ambrogio Lorenzetti, diese im Stadtpalast zur öffentlichen Anschauung zu bringen. Die berühmte Darstellung vom guten und vom schlechten Regiment präsentiert Argumentationszusammenhänge, die ebenso wie Dantes politische Stellungnahmen in klar beschreibbaren Kategorien der scholastischen Psychologie gefaßt sind.

Das erfolgreiche Gelingen staatlichen Handelns auf der Ebene der *civitas* findet demnach sein Maß an dem Grad von Zufriedenheit, das den Bürgern zuteil wird. Diese Zufriedenheit setzt eine Reihe von Werten voraus, die auf dem gelungenen Zusammenklang aller Seelenkräfte bei den Regierenden und in der Folge auch bei den Regierten beruhen. Lorenzetti zeigt in seinem „Buon Governo", wie vor allem Gerechtigkeit (*iustitia*), Glauben (*fides*) und Liebe (*caritas*) im Zusammenwirken mit weiteren Tugenden den guten Zustand des Gemeinwesens bestimmen. Höchstes Ziel ist auch hier *felicitas*, das Glück, dessen unbedingte Voraussetzung Frieden (*pax*) ist, der die Eintracht der Bürger (*concordia*) mit sich führt. Wichtig ist dabei, daß für die zeitgenössische politische Theorie der Platz des Individuums durch seine angemessene und dauerhafte Einordnung in die Gemeinschaft definiert war. Auch bei Lorenzetti wird, wie das Gegenbild des „Mal Governo" schildert, mehr als alles andere die Zwietracht (*discordia*) der Menschen als Symptom des Zerfalls der Gemeinschaft begriffen. Bezeichnenderweise beschränkt sich der Maler Lorenzetti auf den Rahmen der *civitas*. Anders als Dante läßt er den übergreifenden Aspekt der Einordnung Sienas in das Imperium unbeachtet. Nach der Niederlage der Staufer war das Bewußtsein von der weitgehenden Herauslösung der italienischen Einzelstaaten aus dem Römischen Reich bereits weit fortgeschritten.

Am Beispiel von Lorenzettis Bild ist ein weiterer Aspekt aufschlußreich, zumal er wichtige Rückschlüsse auf Dantes Argumentationsverfahren – diesmal allerdings mit ganz anderer Akzentuierung – zuläßt. Die damals in Siena verbindlichen politischen Vorstellungen sind nämlich, so Q. Skinner, nicht in direkter Auseinandersetzung mit den aristotelischen Texten, die ja auch Dante bereits verfügbar waren, entworfen worden. Vielmehr gehen sie in ihrer eigentümlichen Form zurück auf die „protohumanistischen" Autoren, allen voran Dantes Lehrer Brunetto Latini, die ihre Aristoteles-Kenntnisse noch vermittelt über die lateinische Denktradition, über Cicero, Sallust und Seneca, gewonnen hatten. Das aber bedeutete zugleich, daß sie statt der zwingenden Systematik, die das Denken des griechischen Philosophen und seine neu gewonnene Anhängerschaft auszeichnete, das stärker pragmatische Vorgehen weiter pflegten, wie es für die römisch-lateinische Vermittlungslinie charakteristisch war. Dante greift diese Argumentationsweise gleichfalls auf, bringt sie allerdings in einen veränderten hochkomplexen Zusammenhang.

Brunetto Latini, auf den er sich dabei besonders beziehen konnte, war der sich entfaltenden Laienkultur zuzurechnen. Er verfocht mit Entschiedenheit den Ausbau einer bürgerlichen Gesellschaft, die sich an der Zivilisation der Antike orientieren sollte. Wenngleich Dante dessen Denkmodell wegen der entschiedenen Begrenzung auf das Diesseits für unvollständig und ergänzungsbedürftig begreifen mußte, lehnte er es doch nicht ab. Er übertrug es vielmehr auch auf das Jenseits, das er sich – wie ja die Rede vom *Cristo romano* zeigt – nach analogen Kriterien geordnet vorstellte. Er verband so den von B. Latini vertretenen protohumanistischen Pragmatismus mit eben der strengen Systematik, zu der nicht zuletzt die Auseinandersetzung um den wiedergewonnenen Aristoteles anhielt. Das aber bedeutet, daß Dante, der Philosoph und Theologe, zur Klärung des Uneindeutigen in der Welt des Diesseits wie auch des Jenseits verstärkt auf seine Kenntnis der Rhetorik und deren Methoden zurückgriff. Ihm diente sie als Hilfsmittel, um das als nur wahrscheinlich Erkannte besser zu erfassen. Die Teilidentität, auf der er die Korrespondenzen zwischen Diesseits und Jenseits ruhen läßt, führt zu einer Schichtung, die dem damals geläufigen Allegorieverfahren entspricht.

Wenn Dante sich bei der Problemlösung jeweils an der eigenen innerweltlichen Erfahrung orientierte, bedeutete das zugleich eine

Aufwertung der eigenen Subjektivität als wichtiger Instanz der Entscheidung. Das pragmatische Moment findet darin nachdrückliche Bestätigung. Die emphatische Forderung nach *libertà*, wie sie für ihn exemplarisch Cato als Vertreter der altrömischen Werte vertritt (DC, Purg. I, 71 ff.; XVI, 67 ff.; cf. auch Mon I, 12, 10; II, 5, 15), gehört in diesen Zusammenhang. Auf dem Gebiet des politischen Schrifttums, das damals die großen Probleme der Zeit diskutierte, zeigt sich Dantes an der Praxis orientierter Umgang mit Theorieentwürfen, wie er vor allem am Beispiel der *Monarchia* nachgewiesen worden ist, besonders deutlich. Bei allen Bezügen, etwa auf Thomas von Aquin, Albertus Magnus und die Autoren, die in Fragen der Abgrenzung der päpstlichen von der kaiserlichen Gewalt ihre Werke verfaßten, erweisen sich seine Vorschläge als so wenig orthodox, daß sie das Urteil rechtfertigen, Dante sei in die zeitgenössischen Theoriedebatten eingebrochen wie ein Wirbelwind und habe aufgeregte Reaktionen provoziert.

Die Formel von den beiden Instanzen, in die er seine Deutung der Stellung von Papst und Kaiser als jeweils von Gott eingesetzt und unabhängig voneinander gefaßt hat, ist gerade in diesem Zusammenhang der passende Beleg. Der „humanistische" Impuls, die Welt wie das Jenseits aus der Sicht des im Lebensvollzug stehenden und entscheidenden Menschen zu begreifen und zu ordnen, wird darin als ursächlich deutlich. Die politische Dimension, die Dantes gesamtes Werk auszeichnet, ist von solchem Vorgehen bestimmt.

IV

Welche Dynamik Dantes Werk auf lange Sicht entfalten sollte, zeigt bereits die frühe Wirkungsgeschichte. Während die *Divina Commedia* bei ihrem Bekanntwerden spontane Empörung verursachte, weil die Betroffenen sich ärgerten, gewann der Traktat über die *Monarchie* kurz nach dem Tode des Dichters tagespolitische Bedeutung, als es – so berichtet Boccaccio – um die Stellung des Papstes gegenüber Ludwig dem Bayern ging. Der Dominikanermönch Guido Vernani verfaßte um 1330 eine Gegenschrift. Die Konfrontation wiederholte sich im 16. Jahrhundert, als die Schrift zur Kaiserwahl in Basel erstmals gedruckt wurde (1559).

Nachdem sie früh auf den Index gelangt war, blieb sie lange verboten. Bald nach 1881 löste die Aufhebung der Indizierung eine langfristige gelehrte Debatte über die theoretischen Grundlagen der Schrift und die von Dante verfolgten Intentionen aus, an der auch G. Gentile beteiligt war.

Die Rezeption der *Divina Commedia* verlief, wie nach den Anfängen zu erwarten, in politischer Hinsicht weniger spektakulär. Über ihre Bedeutung kam es zwar immer wieder zu heftigen literarischen Debatten, aber erst U. Foscolo setzte zukunftweisend die Akzente neu, indem er die einzigartige Rolle Dantes für eine politische Wiedergeburt Italiens herausstrich. In der Folgezeit blieb – wenngleich künstlerisch unangefochten – das Bild vom Schaffen Dantes, zumal seines Urteils über gesellschaftliche Zusammenhänge, kontrovers bis heute.

Dirk Lüddecke

Marsilius von Padua (1275–1342/43)

Zeittafel

1275–1280	Marsilius Mainardinus. Geb. in Padua als Sohn eines Universitätsnotars
	Studium der *Artes*, der Medizin und der Theologie in Padua (?) und Paris
1312–1313	Rektor der Pariser Artistenuniversität
1319	Diplomatische Tätigkeiten auf seiten der Ghibellinen in Oberitalien
22. Mai 1324	Sachsenhäuser Appellation. Ludwig der Bayer ruft ein künftiges Konzil als Schlichtungsinstanz in seinem Streit mit Papst Johannes XXII. an
23. Juni 1324	Defensor Pacis (Der Verteidiger des Friedens) vollendet
1326	Die Verfasserschaft Marsilius' wird bekannt, Flucht aus Paris an den Hof Ludwigs des Bayern
1327	Die Kurie in Avignon verurteilt Thesen des Defensor Pacis als häretisch
1327–1328	Teilnahme am Italienzug Ludwigs IV.
17. Januar 1328	Kaiserkrönung Ludwigs IV. durch einen Vertreter des römischen Volkes – Mitwirkung des Marsilius wahrscheinlich
1330	Rückkehr nach Deutschland
1338	Kurverein in Rhense formuliert, daß der gültig (einmütig oder mehrheitlich) zum römischen König Gewählte nicht der Approbation durch den Papst bedarf – Königswahlgesetz *Licet iuris*
1339/40 (?)	Defensor minor
1342/43	Tod vor dem 10. April 1343
1522	1. Druckfassung des *Defensor Pacis* in Basel

Das politische Denken des Mittelalters hat einen seiner Schwerpunkte darin, das Verhältnis von weltlicher und geistlicher Gewalt zu bestimmen. Darin reflektiert es die politischen Konflikte, die über Jahrhunderte hinweg zwischen *imperium* bzw. *regnum* und *sacerdotium*, zwischen Kaisern oder Königen und Päpsten ausgetragen wurden.

Die gelasianische Zwei-Gewalten-Lehre, formuliert 494 n. Chr. in einem Brief des Papstes Gelasius I. an Kaiser Anasthasius I., hatte die religiös-politische Einheitswelt der res publica christiana dokumentiert. Ideell konnte diese Einheit mit der päpstlichen Autorität und der kaiserlichen Gewalt zwei verschiedene Ämter umgreifen. In der politischen Wirklichkeit entfaltete sich dieses „spannungsreiche Ineinander" jedoch in ein Gegeneinander zweier Gewalten und ihrer Repräsentanten. Damit erhoben sich Fragen nach dem jeweiligen Charakter und Vorrang. Hierokratische Positionen, die der geistlichen Gewalt des Papstes den Vorrang gaben, erzeugten ihr imperiales Pendant und umgekehrt. Wegweisend für diesen Prozeß sind der Investiturstreit, mit dem man die Namen Gregors VII. und Heinrichs IV. verbindet; die Auseinandersetzungen des Stauferkaisers Friedrich II. mit den Päpsten Gregor IX. und Innozenz IV. und des französischen Königs Philipp IV. mit Bonifaz VIII.; schließlich der für das Leben und Denken von Marsilius wegweisende Konflikt zwischen Ludwig dem Bayern und Johannes XXII. sowie dessen Nachfolgern (Benedikt XII.; Clemens VI.). Der Konflikt Ludwigs mit der Kurie in Avignon entbrannte um die Frage, ob die Wahl Ludwigs durch die Kurfürsten ihn bereits mit voller Rechtskraft zum römischen König und Kaiser bestimme oder er notwendigerweise der päpstlichen Approbation bedürfe.

Neben dieser historisch-politischen Konstellation, in der Marsilius für die kaiserliche Seite Partei ergriff, ist für das politische Denken von Marsilius der ideengeschichtliche und biographische Rahmen maßgeblich. Marsilius von Padua war ein mittelalterlicher Universitätsgelehrter, der zum *magister artium* promoviert war und sich einem medizinischen Studium widmete. Sein akademischer Werdegang zum *magister artium* schlägt sich im scholastisch-disputativen Stil der Argumentation seines politischen Hauptwerkes, des *Defensor Pacis* (Der Verteidiger des Friedens) nieder, das er 1324 vollendet hat (vgl. zur Methode DP I, c. 1, § 8). Der *Defensor Pacis* ist nicht allein eine Kampfschrift gegen päpstliche Machtansprüche; Marsilius wollte nicht allein polemisieren, sondern argumentieren, um seinen Standpunkt zu beweisen. Wer ihn als politischen Philosophen liest, muß deshalb seine Argumentation analysieren (vgl. II). Hinzu kommt, daß Marsilius die seit dem 13. Jahrhundert an den mittelalterlichen Universitäten intensiv rezipierten Werke zur praktischen Philosophie des Aristoteles gründlich kannte. Im *Defensor Pacis* machte er von der aristotelischen ‚Politik', die im 13. Jahrhundert wiederentdeckt und ins Lateinische übersetzt worden war, wie schon Thomas von Aquin und Dante vor ihm, ausgiebig Gebrauch. Er nutzte dabei die aristotelische Auffassung der Politik für eine weitreichende natürliche, säkulare Begründung politischer Ordnung und Herrschaft unter Menschen, mit der er noch über Thomas und Dante hinausging.

I

Marsilius versteht sein Werk als eine Anknüpfung an die *Politik* des Aristoteles, den er als *eximius philosophorum in civili scientia* schätzte (DP I, c. 1, § 3). Im fünften Buch der *Politik* behandelte Aristoteles zahlreiche Ursachen für Zwietracht, Instabilität und Umstürze innerhalb einer Polis. Was Marsilius indes als Grundübel diagnostizierte, hatte Aristoteles noch nicht voraussehen können (DP I, c. 1, §§ 3,7; DP I, c. 19, § 3), nämlich daß geistliche Würdenträger in ungebührlicher Weise nach politischer Vormacht drängten als Konsequenz der von ihnen beanspruchten Fülle der Gewalt (*plenitudo potestatis*) (DP I, c. 19, § 12; DP II, c. 1, § 5). Die Päpste, die Marsilius bevorzugt römische Bischöfe nennt, zerstörten mit ihrem Machtstreben das Funktionsgleichgewicht der politischen Ordnung. Der Klerus habe über keinerlei zwingende Regierungsgewalt zu verfügen (DP I, c. 19, § 12). Dies ist die Hauptthese, die Marsilius im umfangreichen zweiten Teil des *Defensor Pacis* nach allen Regeln scholastischer Argumentationskunst zu belegen sucht. Denn Marsilius will nur *eine* zwingende

Gewalt innerhalb der politischen Ordnung zulassen. In dieser Hinsicht nimmt er die Position von Thomas Hobbes vorweg. „Wenn eine Mehrzahl von Regierungen gesetzt ist, so wird kein Reich und keine Stadt eine Einheit sein. [...] In dem Ort oder Land oder dem menschlichen Zusammenschluß, wo die Einheit der Regierung in dem angegebenen Sinne fehlt, ist eine gute Regierung offenbar unmöglich, wie das beim Römischen Reich wohl allen deutlich vor Augen liegt" (DP I, c. 17, §§ 7,9). Friedrich Prinz resümiert: „Niemals zuvor ist die Unterstellung des Priestertums unter die staatliche Gewalt konsequenter zuendegedacht worden als bei Marsilius" (Prinz 1976, 66; vgl. DP II, c. 8, § 9).

Nachdem er 1326 als Verfasser bekannt geworden war, sah sich Marsilius dem Vorwurf ausgesetzt, Häretiker zu sein. Er suchte und fand den Schutz Ludwigs des Bayern, der selbst einen machtpolitisch motivierten Konflikt mit der geistlichen Gewalt ausfocht. Später sollten auch die Unterlegenen des franziskanischen Armutsstreites am Münchner Hof Zuflucht finden, unter ihnen als prominenter Vertreter Wilhelm von Ockham. An Ludwig appelliert Marsilius, er möge die politische Theorie des *Defensor Pacis* in der entsprechenden politischen Praxis tatkräftig vollenden (DP I, c. 1, § 6). Wie groß sein Einfluß bei Ludwigs Italienzug (1327/28) und der in Rom stattfindenden Kaiserkrönung durch einen Repräsentanten des römischen Volkes war, kann nur vermutet werden. Ohne Bedeutung wird er dabei gewiß nicht gewesen sein.

Gegen das Abträgliche und Schädliche der Zwietracht für ein politisches Gemeinwesen hebt Marsilius die Segnungen des Friedens hervor. Sein Werk soll dazu dienen, die wichtigsten Ursachen zu erkennen, die dazu führen, Frieden oder Ruhe (*pax sive tranquillitas*) in der politischen Ordnung zu erhalten und Streit zu beseitigen. Der Frieden, den Marsilius dabei im Sinn hat, ist jedoch nicht von religiös-metaphysischer Art, sondern bezeichnet einen ‚gesunden Zustand', in dem das natürlich-organologisch gedachte Gemeinwesen in seinen Bestandteilen ungehindert zusammenwirken kann. Der Frieden, zu dessen Verteidigung Marsilius das Wort ergreift, ist ein Ruhezustand, in dem das politische Gemeinwesen funktionstüchtig ist, um den Menschen Überleben und ein gutes Leben im Sinne einer umfassenden Bedürfnisbefriedigung und tugendhaften Praxis zu ermöglichen (DP I, c. 4, § 1;

c. 19, § 2). In der Bezeichnung der politischen Ordnung schwankt Marsilius in signifikanter Weise zwischen den Ausdrücken *civitas* (Stadt) und *regnum* (Königreich). *Civitas* spiegelt Marsilius' republikanische Erfahrungen in oberitalienischen Kommunen wider (vgl. Gewirth 1951; Rubinstein 1965). *Regnum* als maßgebliche Einheit (vgl. Quillet 1970) antwortet auf die politische Aufgabe, ein friedensstiftendes und friedensbewahrendes Gegengewicht zum Papsttum zu schaffen, das diesem strategisch ebenbürtig ist. Das republikanische Moment im Denken des Marsilius bleibt dabei im *Verfahren* der Einsetzung des regierenden Elements (DP I, c. 11) gegenwärtig.

Doch wozu bedarf es überhaupt einer politischen Gemeinschaft und eines regierenden Bestandteils in ihr? Entstehungsgrund für eine politische Gemeinschaft ist der Umstand, daß der Mensch als „Mängelwesen" auf sich allein gestellt nicht überleben könnte, sondern, um seiner Bedürftigkeit abzuhelfen, auf das Zusammenwirken seiner Mitmenschen angewiesen ist (DP I, c. 4, § 3). In der politischen Gemeinschaft wird dies durch verschiedene Berufsstände (Bauern, Handwerker, Krieger, Kaufleute, Priester, Richterstand oder Rat) verwirklicht (DP I, c. 4, § 5). Sie bilden die Bestandteile der *civitas*. Nederman spricht von Marsilius' „communal functionalism" (Nederman 1995, S. 55). Der politischen Gemeinschaft eignet damit der Charakter elementarer Naturbedingtheit. Ein funktionales sozio-ökonomisches Zusammenwirken organisiert sich jedoch nicht selbsttätig, sondern setzt den Bestand und Vollzug gesetzlicher Regeln voraus sowie vorausschauend planendes Handeln in bezug auf das gemeinschaftlich Notwendige (DP I, c. 4, § 4). Dazu gehören für den Christen Marsilius auch die Verehrung und der Kult Gottes (vgl. aber DP II, c. 15). Obwohl die *civitas* eine natürliche Grundlage besitzt, zitiert der Aristoteliker Marsilius jedoch nicht den Satz des Aristoteles, daß der Mensch von Natur aus ein politisches Lebewesen sei. Für den Paduaner Philosophen ist der Mensch zwar von Natur aus gesellschaftsbedürftig und zur Gemeinschaft geneigt (DP I, c. 13, § 2), aber nach dem Sündenfall im *status naturae corruptae* nicht *ohne weiteres* auch gesellschaftsfähig. Hierin zeigt sich eine zweite, auf Augustin zurückgehende Traditionslinie der mittelalterlichen Reflexion politischer Herrschaftsordnung. Im politischen Hauptwerk des lateinischen Kirchenvaters, *De civitate Dei*, heißt es prägnant:

„[N]ichts ist so gesellig von Natur, leider auch so zwieträchtig durch eigene Schuld, wie dieses [sc.: menschliche] Geschlecht." (De civ. Dei XII, 28) Dementsprechend gehören zu den friedenserhaltenden Ursachen, denen der *Defensor Pacis* nachgeht, „die Autorität, die Ursache und das Zusammenwirken der göttlichen und menschlichen Gesetze und jeder zwingenden Regierungsgewalt, die die Handlungen der Menschen regeln" (DP III, c.3).

II

Die Theorie vom menschlichen Gesetz, von der Kompetenz zur Gesetzgebung, von der Verfahrensweise und ihre Begründung bilden ein besonders wichtiges Lehrstück des *Defensor Pacis*. Es steht im Zentrum des ersten Teils. Der Ausdruck *lex* (Gesetz) hat verschiedene Bedeutungen. Marsilius analysiert sie schulgemäß und hebt den für seine Untersuchung maßgeblichen Sinn hervor: „Viertens meint Gesetz, und zwar in der bekanntesten Bedeutung, das Wissen oder die Lehre oder die Gesamtanschauung vom Gerechten und Nützlichen im staatlichen Leben und deren Gegenteil. So aufgefaßt, läßt sich das Gesetz unter zwei Gesichtspunkten betrachten: erstens an und für sich, soweit es bloß angibt, was gerecht oder ungerecht, nützlich oder schädlich ist, und als solches heißt es Wissen oder Lehre vom Recht, zweitens soweit über seine Befolgung eine Vorschrift gegeben wird, die durch Strafe oder Belohnung in der gegenwärtigen Welt (*in presenti saeculo*) zwingend (*preceptum coactivum*) ist, oder soweit es als solche Vorschrift formuliert ist, und so betrachtet heißt es eigentlichster Weise Gesetz" (DP I, c. 10, §§ 3f.). Auf das Merkmal der zwingenden Vorschrift legt Marsilius besonderes Gewicht (DP I, c. 10, § 5). Damit betont er den weltlichen Charakter des Gesetzes; es wird zu einer irdischen Größe, zwingend *in presenti saeculo*. Es wird zu einer Größe, die unmittelbar aus der Entscheidung des menschlichen Geistes hervorgeht (DP I, c. 12, § 1) und durch menschliche Autorität aufgestellt wird (DP I, c. 10, § 6). Da die Gesetze der politischen Ordnung vom menschlichen Geist hervorgebracht und durch menschliche Autorität aufgerichtet werden, erhebt sich die Frage, wer diese Erkenntnis aufbringen und wer diese Autorität ausüben soll. Marsilius fragt nach der maßgeblichen bewirkenden Ursache (*causa efficiens*) menschlicher Gesetze, d.h. nach dem menschlichen Gesetzgeber (*legislator humanus*). Bezugnehmend auf Aristoteles behauptet er: „Gesetzgeber oder erste und spezifische bewirkende Ursache das Gesetzes ist das Volk (*populus*) oder die Gesamtheit der Bürger (*universitas civium*) oder deren bedeutsamerer Teil (*pars valentior*) durch ihre Abstimmung oder Willensäußerung, die in der Vollversammlung der Bürger in einer Debatte zum Ausdruck gekommen ist" (DP I, c. 12, § 3). Wiederholt wurde Marsilius deswegen als Vertreter oder Vorläufer der modernen Volkssouveränität gedeutet. Diese Einschätzung besitzt jedoch gewisse Schwächen. Erstens überschätzt, wer Marsilius den Gedanken der *Souveränität* zuschreibt, den Freiraum, den der menschliche Gesetzgeber bei ihm genießt. Zweitens ist die Bürgerbeteiligung bei Marsilius graduell abgestuft. Dadurch bildet das *Volk* als *universitas civium* eine graduell differenzierte Einheit. „Bürger nenne ich nach Aristoteles [...], wer in der staatlichen Gemeinschaft an der regierenden, beratenden oder richterlichen Gewalt teilhat, je nach seinem sozialen Rang (*secundum gradum suum*)" (DP I, c. 12, § 4). Drittens besteht die Versuchung, die konkreten Bezüge des Marsilius zu seiner Zeit zu verkennen. Dadurch wird er zu einem unzeitgemäßen Vorläufer gemacht, und zugleich werden die Möglichkeiten seiner Zeit unterschätzt. Wer Marsilius für unzeitgemäß hält, wird weder ihm noch seiner Zeit gerecht.

Die schulmäßige Begründung seiner These macht deutlich, daß Marsilius keineswegs beabsichtigt, in rechtspositivistischer (so Gewirth 1951) Weise den Gesetzesinhalt souveräner Willkür und Beliebigkeit preiszugeben (Hofmann ³1997, S. 194). Vielmehr hält er die von ihm analytisch unterschiedenen Aspekte des Gesetzes, seinen inhaltlichen Aspekt als Regel für das Gerechte und Nützliche der politischen Ordnung und seinen formalen Aspekt als zwangsbewehrte Vorschrift, der Sache nach zusammen. Denn das von Marsilius vorgebrachte *Verfahren* bietet seiner Ansicht nach die bestmögliche Gewähr dafür, daß die erlassenen Gesetze den inhaltlichen Anforderungen, Regeln für das Gerechte und Nützliche zu sein, entsprechen und stabilitätsförderliche weitestgehende Beachtung finden. „Dem allein steht die primäre menschliche Vollmacht, Gesetze zu geben oder zu schaffen, schlechthin zu, von dem allein die besten Gesetze ausgehen können. Nun ist das die

Gesamtheit der Bürger oder deren bedeutsamerer Teil, der die Gesamtheit vertritt" (DP I, c. 12, § 5). „Dem kommt ausschließlich die Vollmacht zur Gesetzgebung zu, der dadurch bewirkt, daß die gegebenen Gesetze am besten und ausnahmslos befolgt werden. Das ist ausschließlich die Gesamtheit der Bürger" (DP I, c. 12, § 6).

In beiden Fällen bedarf der Untersatz des Beweises seinerseits einer Begründung, während Marsilius für den jeweiligen Obersatz beansprucht, nahezu evident (*per se notum*) und damit einer weiteren Begründung weder fähig noch bedürftig zu sein. Marsilius vertraut auf die Evidenz seiner Wahrheiten (*evidentia veritatum*) auch gegen die von ihm befürchtete Gewohnheit seiner Leser, die bislang durch Falsches verdorben worden seien (DP II, c. 1, § 2). Um zu begründen, warum der Gesamtheit der Bürger oder ihrem bedeutsameren Teil die intellektuelle und rechtliche Zuständigkeit eignet, die besten Gesetze hervorzubringen, kann Marsilius auch auf eine Lehre des Aristoteles zurückgreifen. Danach steht in politischen Fragen jedem Bürger ein Urteil zu, und die Summierung der einzelnen mehr oder weniger wohlberatenen Urteile führt inhaltlich zu dem besten Resultat (DP I, c. 13, § 4). Zur Begründung des Untersatzes des zweiten, stabilitätsorientierten Schlusses führt Marsilius aus: „Das Gesetz befolgt jeder Bürger am besten, das er glaubt, sich selbst auferlegt zu haben. Dies aber gilt für das Gesetz, das gegeben ist, nachdem die Gesamtheit der Bürger es angehört und gutgeheißen hat" (DP I, c. 12, § 6). Allemal ein bemerkenswerter Gedanke, der hier von einem mittelalterlichen Autor zur Begründung politischer Selbstbestimmung angeführt wird – langfristige politische Stabilität eines Gemeinwesen als Ausfluß der Überzeugung seiner Bürger, für die gesetzliche Ordnung selbst, zumindest ihrem sozialen Rang entsprechend, Verantwortung zu tragen.

Neben der Gesamtheit der Bürger spricht Marsilius wiederholt von ihrem gewichtigeren Teil (*valentior pars*). Die Bedeutung dieses wenig eindeutigen Terminus ist viel erörtert worden. Die Auslegungen reichen von „Mehrheit" bis zu einer erlesenen repräsentativen Wahlelite (z.B. die sieben Kurfürsten als Wähler des römischen Königs). Die Schwierigkeit besteht dabei nicht darin, daß Marsilius den Ausdruck nicht erläutert, sondern darin, daß er zahlreiche voneinander abweichende Erklärungen gibt, die sich nicht zu einem Gesamtbild fügen.

Die Gemeinschaft der Bürger ist nicht nur als menschlicher Gesetzgeber politisch aktiv, sondern auch in der Bestimmung der Organisationsform politischer Regierung überhaupt, sowie in der Wahl und in der möglichen Absetzung einer konkreten Regierung, die Marsilius *pars principans* nennt (Zsf. DP II, c. 30, § 8). Als beste Regierungsform weist Marsilius die Wahlmonarchie ohne Erbfolge aus (DP I, c. 9; DP I, cc. 15f.). Denn auf dem Wege der Wahl kann bei jeder erforderlichen Gelegenheit (DP I, c. 9, § 7) der zur Regierung bestimmt werden, der die dazu nötigen Vorzüge des Charakters aufweist. In klassischer Weise bestimmt Marsilius die erforderlichen Eigenschaften des Regenten, der „durch Klugheit (*prudentia*) und sittliche Tüchtigkeit, besonders durch Gerechtigkeit (*iustitia*)" (DP I, c. 14, § 10) ausgezeichnet sein soll. Die Regierung nimmt rechtsprechende Funktionen und, durch den Gesetzgeber ermächtigt, auch die Aufgabe wahr, die berufsständische Ordnung einzusetzen und zu pflegen (DP I, c. 7, § 3; c. 15, § 4). Die Inhaber des Regierungsamtes sind jedoch Menschen und folglich nicht ohne Fehl und Tadel (vgl. dazu Marsilius' besondere Argumentationsweise DP I, c. 18, §§ 2f.). Zur Maßregelung und Absetzung der Regierung ist das Volk befugt, wenn sie vom gegebenen Gesetz abweicht. Zwar bleiben Marsilius' Angaben in der Frage, wie eine solche Absetzung konkret durchgeführt werden sollte, äußerst vage (DP I, c. 18). Nichtsdestoweniger wird hier ein beachtliches republikanisches Potential seiner politischen Philosophie erkennbar. Daß maßregelnde Befugnis dem menschlichen Gesetzgeber zugeschrieben und vorbehalten ist, hat darüber hinaus auch eine Bedeutung für das polemische Argumentationsziel des *Defensor Pacis*. Denn es schließt jede Zuständigkeit auf seiten der geistlichen Gewalt aus (Def. min. c. 2, § 7), wie sie nicht nur von propäpstlichen Theoretikern beansprucht, sondern sogar von politischen Denkern wie Wilhelm von Ockham für den Ausnahmefall begründet wurde. Politische Herrschaft nimmt im *Defensor Pacis* des Paduaner Philosophen den Charakter ausschließlich durch den Willen des Volkes legitimierter und kontrollierter menschlicher Ordnungsgewalt (vgl. Bielefeldt 1987, 102) an.

III

Marsilius' Erkenntnisinteresse galt nicht allein der aristotelisierenden Betrachtung und Begründung des politischen Gemeinwesens als solcher. Er argumentierte gegen das Übel des päpstlichen Anspruchs auf die Fülle der Gewalt, einem Anspruch, der sowohl die weltliche Friedensordnung durch Zwietracht und Machtkonflikte störte, indem sich der Papst zur obersten zwangsbefugten Regierung in dieser Welt aufwarf (DP II, c. 3), als auch die Ordnung der *Kirche*. Deshalb wies er nicht allein die klerikalen Ambitionen auf zwingende *weltliche Regierungsgewalt* durch Argumente der Vernunft und durch Belege aus der Heiligen Schrift zurück; und deshalb unterstellte er den Klerus nicht allein radikal weltlicher Herrschaft; sondern er versuchte darüber hinaus auch den absoluten Anspruch päpstlicher *Autorität innerhalb der Kirche* zu entkräften. Dazu analysiert Marsilius zunächst die Verwendungsweisen des Ausdrucks Kirche. In Übereinstimmung mit seinem polemischen Argumentationsziel stellt er als ursprünglichen, eigentlichen Sinn den heraus, daß Kirche die Gesamtheit der Gläubigen bezeichne, die an den Namen Christi glauben und ihn anrufen, sowie alle Teile dieser Gemeinschaft (DP II, c. 2, § 3). Den Nachweis führt Marsilius durch zahlreiche Belege aus dem Neuen Testament. Daß der Ausdruck Ekklesia ursprünglich den Sinngehalt einer allgemeinen Teilhabe beinhaltet, hat Marsilius zuvor schon durch einen Beleg aus der aristotelischen „Politik" gezeigt („An der Ekklesia aber nehmen alle teil." [DP II, c. 2, § 2; Aristoteles, Politik 1272 a 10 f]). Zum einen bedeutet die Bestimmung der Kirche als *universitas fidelium* eine Angleichung an die Konzeption der politischen Gemeinschaft als *universitas civium*. Zum anderen bedeutet dieser Kirchenbegriff eine Verinnerlichung und Spiritualisierung. Die *äußere* Gestalt, die sich diese Kirche in der Welt und in der Zeit gibt, ist aus ihrem geistigen Auftrag nicht mehr abzulesen oder eindeutig determiniert und ableitbar. Dadurch wird sie dem gestaltenden Zugriff der weltlichen Regierungsgewalt ausgesetzt, die sie im Rahmen ihrer berufständischen Regelungsbefugnis in das politische Gemeinwesen einordnen kann. In ihm bekleiden „berufsmäßig angestellte Religionsdiener (Diakone, Priester, Bischöfe) ein öffentliches Amt für den Kultus und die Seelsorge" (Heckel 1958, 283). Die Wahrnehmung priesterlicher Funktionen *in* dieser Welt ist für den Christen Marsilius zwar unverzichtbar, jede Funktion *für* diese Welt lehnt er indes entschieden ab (vgl. DP II, c. 8, § 5). *Innerhalb* der geistigen Gemeinschaft der Gläubigen bestreitet er ebenso entschieden einen päpstlichen Primat, der nur aus einer historischen Gewohnheit der Ehrerbietung und des freiwilligen Gehorsams (vgl. DP II, c. 18, § 7) entstand und ohne ursprüngliche, d.h. in der Heiligen Schrift begründete Legitimität ist. „Nirgends läßt sich nämlich der Schrift entnehmen, nach Gebot oder Rat Christi oder eines Apostels müßten die übrigen Kirchen oder Bischöfe auch im kirchlichen Ritus der Kirche oder dem Bischof der Römer untergeordnet sein" (DP II, c. 22, § 18). Marsilius zufolge kommt die Befugnis, Glaubensfragen verbindlich zu entscheiden, einem allgemeinen Konzil (*concilium generale*) zu, das in seiner Entscheidung durch den Heiligen Geist im Glauben bewahrt wird (DP II, c. 19, § 2). Anders als Ockham vertritt Marsilius die Ansicht, daß ein allgemeines Konzil unfehlbar ist. Er deutet das Christuswort (Mt. 28,20) „Ich bin bei euch alle Tage bis an der Welt Ende" auf das repräsentative allgemeine Konzil hin, während Ockham den Zuspruch einzig der *ecclesia universalis* vorbehält (vgl. Löffelberger 1992). Diese Unfehlbarkeit indes begründet auch für das Konzil keine Zwangsgewalt. Die Zuweisung allein geistlicher Funktionen bleibt unverändert. Die Einberufung und Zusammensetzung eines allgemeinen Konzils steht dem gläubigen menschlichen Gesetzgeber zu (DP II, c. 21). Daraus erhellt, daß der marsilianische Konzilsgedanke, der sich neben der theologischen Grundlegung auch der Analogie zur politischen Lehre verdankt (vgl. den Hinweis auf DP I, c. 12 in DP II, c. 20, § 4), das friedensstiftende Schwergewicht der politischen Ordnung uneingeschränkt auf seiten der weltlichen Gewalt beläßt.

Dennoch konnte Marsilius von Padua von Vertretern konziliaristischer Theorien aufgegriffen werden. Wirkungsgeschichten philosophischer Werke bewegen sich nicht eng in den Bahnen der Intention ihres Autors – Nikolaus von Kues hat z.B. den *Defensor pacis* als Fundstelle opportuner Aristoteles-Zitate benutzt. Obwohl die erste Druckfassung des *Defensor pacis* 1522 erschien und mithin gleichzeitig mit bedeutenden Schriften Martin Luthers (z.B. *Von christlicher Obrigkeit* [1523]), ist es jedoch nach Johannes Heckel wenig wahrscheinlich, daß Luther den *Defensor pacis* gelesen hatte. In England erschien unter Heinrich VIII. eine Ausgabe des *Defensor pacis*. Die Argumente des Friedensverteidigers waren willkommen zur politischen Unterordnung der Kirche unter die Staatsgewalt.

Wer das Buch heute zur Hand nimmt, sei es als Christ, sei es als Bürger, kann sich über einen Wortführer freuen, der schon im Mittelalter die politische Gemeinschaft zur Sache der Bürger und die Kirche zur Sache der Gläubigen machte.

Herfried Münkler

Niccolò Machiavelli (1469–1527)

Zeittafel

1469	am 3. Mai in Florenz geboren, Vater Notar, nach Vaters Vorstellungen humanistische Ausbildung.
1498	Sekretär der Zweiten Kanzlei von Florenz (Innere Verwaltung) und dann Sekretär des Rats der Zehn (Außen- und Verteidigungspolitik), beide Funktionen bis 1512.
1500	1. Gesandtschaft an den franz. Königshof; trifft Ludwig XII.
1501	Heirat mit Marietta Corsini; sechs Kinder.
1502	Gesandtschaften zu Cesare Borgia.
1503	Gesandtschaft nach Rom (weitere folgen später) zur Wahl von Papst Julius II., Denkschrift. *Wie man die aufständische Bevölkerung des Chianatals behandeln solle.*
1504	Beobachtungen bei Cesare Borgia in kleiner Schrift über Herzog von Valentinois niedergelegt.
1506	Aufstellung einer Florentiner Miliz unter Einfluß Machiavellis, Sekretär des für die Miliz zuständigen Rats der Neun.
1508	Gesandtschaft zu Kaiser Maximilian I., weitere folgt.
1509	Da Kapitulation Pisas nach Belagerung durch die Miliz, auf dem Höhepunkt der politischen Karriere; kleine Schriften *Bericht über Deutschland* (1508/09) und *Politischer Zustand Deutschlands* (1510/12).
1510/1	*Politischer Zustand Frankreichs.*
1512	Nach Rückkehr der Medici seiner Ämter enthoben.
1513	Inhaftierung wegen Verdacht der antimediceischen Verschwörung; Verbannung und Rückzug auf das Landgut Sant'Andrea in Percussina bei San Casciano. Beginn der *Discorsi*; 1.Fassung des *Principe (Der Fürst)*.
1516	Mittelpunkt politischer Diskussionskreise in den Gärten des Palazzo Rucellai (Orti Oricellari).
1520	*Dialog über die Kriegskunst,* historischer Roman *Das Leben des Castruccio Castracani.*
1521	*Denkschrift über die Reform des Staates von Florenz.*
1525	Fertigstellung der *Istorie Fiorentine (Geschichte von Florenz).*
1527	Nach Vertreibung der Medici wieder Republik, doch kein neues politisches Amt; Tod am 21. Juni, in Santa Croce beigesetzt.
1531	*Discorsi sopra la prima deca di Tito Livio (Abhandlungen über die ersten zehn Bücher [der Römischen Geschichte] des Titus Livius)* in Rom veröffentlicht.
1532	*Il Principe (Der Fürst)* in Rom veröffentlicht.

Machiavellis politiktheoretische Schriften sind in der Geschichte des politischen Denkens kontrovers interpretiert und für entgegengesetzte politische Optionen in Anspruch genommen worden. Für die einen war er ein aufrechter Republikaner, der, wie Rousseau meinte, das Volk vor den Machenschaften der Fürsten warnen wollte und darum viele Hinweise zur Verteidigung der Freiheit gegeben habe. Für die anderen war er der Ratgeber skrupelloser Machtpolitiker und einer der theoretischen Ziehväter zunächst des Absolutismus und dann der Tyrannis, der die ethischen Bindungen der klassischen Politik zerstört und Politik allein unter die Maxime des unmittelbaren Erfolgs und der langfristigen Machtsteigerung gestellt habe. In West- und Mitteleuropa ist er in der frühen Neuzeit als erster Vertreter der Staatsraisontheorie gelesen worden, mit der die klassisch-aristotelische Politikvorstellung zurückgedrängt und die politische Theorie an der Ausweitung und Sicherung des neuzeitlichen Machtstaats orientiert worden ist. Etwa zur gleichen Zeit haben Vertreter des Republikanismus in der englischen Revolution und später Gründerväter der USA ihn als Repräsentant eines politikpartizipativen Denkens gesehen, der in größter Klarheit und mit äußerster Schärfe die Grundprinzipien einer Republik, die Mechanismen ihrer Erneuerung und die Voraussetzungen ihrer Erhaltung durchdacht hat. Das Problem jeder modernen Machiavelli-Interpretation ist: es bestehen zwei konträre Rezeptionen nebeneinander, die sich vor allem entweder auf den *Principe* oder auf die *Discorsi* stützen.

I

Machiavellis Lebenszeit fällt in eine Epoche tiefer Umbrüche in Florenz wie Italien. Die Ära der Stadtrepubliken ging unter dem Druck institutionell verfaßter Flächenstaaten zu Ende und Italien wurde zum Schauplatz des zwischen den Häusern Valois und Habsburg ausgetragenen Konflikts um die Hegemonie in Europa. Machiavellis politische Überlegungen sind aus dieser Konstellation entstanden und versuchen zugleich, sie zu bewältigen und zu überwinden. Sie sind daher nicht aus gelassener Reflexion erwachsen, sondern als politische Ratschläge und Anweisungen geschrieben, weil ihm unmittelbares politisches Agieren infolge der Enthebung von seinen politischen Ämtern und der zeitweiligen Verbannung aus Florenz verwehrt war. Die an Machiavelli beobachtete kühle Distanz zum politischen Geschehen, die verächtliche Gelassenheit, mit der er politische Fehlentscheidungen darstellt, und die überhebliche Herablassung, mit der er Entwicklungen deutet, ist ein eher aufgezwungener Gestus, als daß sie seiner tatsächlichen inneren Einstellung entspräche. Immer wieder bricht seine tiefe Sorge um die Zukunft von Florenz und Italien durch, und dann führen ihm die Furcht, günstige Gelegenheiten zu einer politischen Wende könnten aus Sorglosigkeit oder Ungeschick vertan werden, und seine Überzeugung, zu wissen, was notwendig und erfolgversprechend sei, die Feder. Er vertauscht dann die Perspektive des zynisch anmutenden Beobachters mit der des politischen Kämpfers und Agitators.

Diese Einstellung prägt im Schlußkapitel des *Principe* (wahrscheinlich zwei Jahre nach Fertigstellung der Schrift verfaßt) den „Aufruf, Italien in die Freiheit zu führen und es vor den Barbaren zu retten", der im italienischen Risorgimento als Machiavellis Vermächtnis für die nationale Einigung Italiens gelesen worden ist. „So wird Italien nach so langen Leiden endlich auch seinen Erlöser sehen. Mit welcher Liebe und mit welchem Danke würde derselbe nicht überall aufgenommen werden! In allen Provinzen, sage ich, die unter diesen fremden Überschwemmungen gelitten haben und wo so lange schon Rache in allen Adern kocht! Welche Städte könnten ihm wohl die Tore verschließen, welche Völker ihm den Gehorsam versagen? Welchen Neid könnte er zu bekämpfen haben? Könnte auch nur ein einziger Sohn Italiens ihm zu huldigen sich weigern? Gewiß nicht, denn alle sind der Last dieser Barbarenherrschaft müde" (PS, 123).

Derselbe Machiavelli konnte aber auch als leidenschaftsloser Beobachter z. B. in seinem *Bericht über Deutschland* diskutieren, ob mit einem nachhaltigen Eingreifen der Deutschen in die italienischen Angelegenheiten zu rechnen sei: „Was aber jeden in Hoffnung hielt, der früher den Kaiser als stark darstellte und glaubte, seine Unternehmungen würden leicht gelingen, war, daß man keinen Fürsten in Deutschland sah, der sich seinen Plänen hätte widersetzen können, wie dies früher gewesen war. Dies war und ist ganz richtig; aber das, worin man sich täuschte war, daß der Kaiser nicht allein zurückgehalten werden kann, indem Krieg und Empörung in Deutschland gegen ihn ausbrechen, sondern daß er auch zurückgehalten werden kann, indem ihm nicht geholfen wird. Wer nämlich nicht wagt, mit ihm Krieg anzufangen, wagt doch, ihm Hilfsvölker zu versagen; und wer sie ihm nicht zu versagen wagt, hat – wenn er sie versprochen hat – Mut genug, sie nicht zu schicken; und wer auch das nicht wagt, wagt doch, die Absendung zu verzögern" (PS, 361f.).

Hat Machiavelli im Falle des Fürsten, der das Projekt der italienischen Einigung, zumindest aber der Gründung eines mächtigen Territorialstaats in Mittel- und Oberitalien auf seine Fahnen schreibt, alle widrigen Faktoren, insbesondere die geringe Risikobereitschaft und Trägheit der Menschen, beiseite gewischt, um die Erfolgsaussichten herauszustreichen, so stellt er umgekehrt bei Maximilians Italienzug die Beweggründe für ein zögerliches bis obstruktives Verhalten potentieller Mitstreiter heraus. Treffen wir also auf einen politischen Rhetoriker, der sich nach dem Wünschenswerten richtet, auf einen schriftstellernden Politiker mehr als einen politischen Theoretiker? Manchmal entsteht der Eindruck, Machiavelli stelle am Gang der Geschichte oder der Natur des Menschen immer nur das heraus, was seine gerade vertretene Auffassung unterstütze. So schreibt er an einer Stelle über „die Menschen im allgemeinen", sie seien „undankbar, unbeständig, heuchlerisch, furchtsam und eigennützig. Solange man ihnen Wohltaten erzeugt, ohne sie zu brauchen, bieten sie Vermögen, Leben, Kinder und alles zum Danke an (...). Brauchst du sie aber, dann empören sie sich, und nichts ist dem, der unbedachtsam und ohne sonstigen Vorkehrungen auf ihr Wort baut, gewisser als sein Verderben" (PS, 94f.). Dagegen erklärt er nur wenige Seiten später: „Denn so niederträchtig sind die Menschen nie, daß sie die, welche ihnen wesentliche Dienste leisten, aus Undank verderben" (PS, 113), oder an anderer Stelle: „Die Menschen pflegen sich anderen ebenso um des Guten willen, das sie ihnen erzeigen, wie um jenes, welches sie von ihnen empfangen, zu verbinden" (PS, 80). In der Literatur finden sich dementsprechend recht unterschiedliche Darstellungen von Machiavellis Menschenbild.

Doch aus solchen – scheinbar – widersprüchlichen Passagen

lassen sich die Konstruktionsprinzipien der Machiavellischen Theorie am besten erkennen: Zunächst einmal formuliert er allgemeine Annahmen über das Verhalten der Menschen bzw. den daraus resultierenden Gang der Geschichte („Die Länder pflegen zumeist bei ihren Veränderungen von der Ordnung zur Unordnung zu kommen, um dann von neuem von der Unordnung zur Ordnung überzugehen. Es ist von der Natur den menschlichen Dingen nicht gestattet, stille zu stehen", PS, 318), die er in der Regel als Generalisierung von Einzelbeobachtungen und zwecks Erklärung von Einzelfällen einführt. Dabei bedient er sich des Interessenreduktionsverfahrens, d.h. das Verhalten der Menschen orientiere sich eher an ihren Interessen oder dem, was sie dafür halten, als an eingegangenen Verpflichtungen oder an moralischen Normen und ethischen Werten, auf deren Verbindlichkeit sie in der öffentlichen Kommunikation gleichwohl bestehen. Bis heute wirft ihm die moralphilosophisch begründete Politiktheorie vor, daß er den in öffentlichen Bekundungen eingegangenen Selbstverpflichtungen mißtraut und davor warnt, daran das eigene Verhalten zu orientieren, wie es u.a. diese Stelle belegt: „Und viele haben sich Republiken und Alleinherrschaften zusammenphantasiert, die nie existiert haben. Es ist ein so außerordentlicher Unterschied zwischen der Art, wie man wirklich lebt, und wie man leben sollte, daß alle, welche bloß darauf sehen, was geschehen sollte, und nicht auf das, was wirklich geschieht, eher ihren Untergang als ihre Erhaltung erleben. Es ist daher unvermeidlich, daß ein Mann, der überall rein moralisch handeln will, unter so vielen anderen, die nicht so handeln, früher oder später zugrunde gehen muß" (PS, 91). Daraus hat Machiavelli gefolgert, es sei für einen Politiker nicht ratsam, sich der prinzipiellen Geltung moralischer Bindungen zu unterwerfen, wenn er erfolgreich handeln wolle.

Dieser Interessenreduktionismus wendet sich freilich nicht nur gegen generalisierte moralische Annahmen und Erwartungen, die als politisch gefährlich und selbstzerstörerisch denunziert werden, sondern bildet auch die Grundwährung der politischen Prognostik, die er während seiner zahlreichen Gesandtschaften im Auftrag der Florentiner Republik eingeübt hat. So basiert seine Prognose im *Bericht über Deutschland*, warum kaum mit einem nachhaltigen militärischen Eingreifen Kaiser Maximilians in Italien zu rechnen sei, auf den spezifischen Interessen der für diese Intervention erforderlichen Unterstützungsmächte: „Dann wissen auch die Städte, daß die Eroberung Italiens für die Fürsten, nicht für sie sein würde, da diese persönlich sich der Länder Italiens erfreuen könnten, nicht sie. Wo aber der Gewinn nicht gleich ist, geben die Menschen ungern gleichen Einsatz" (PS, 363). Die Unterstützer handeln also nicht aus Trägheit oder Hintertriebenheit, sondern nach der Regel, daß die Menschen ihre Handlungen an ihren Interessen orientieren und dabei den zu erwartenden Nutzen mit den erwarteten Kosten verrechnen.

Auch im „Aufruf" des 26. *Principe*-Kapitels zeigt Machiavelli, daß es im Interesse eines jeden Italieners liege, das Territorialstaatsprojekt in Mittel- und Oberitalien zu unterstützen: „Italien, das in den letzten Zügen liegende Italien, sage ich, sieht der Erscheinung eines Erretters entgegen, der die Leiden der Lombardei, des Königreichs Neapel und der Toskana beende und seine eiternden Wunden heile, welche durch die Länge der Zeit beinahe unheilbar sind. Es fleht zu Gott um einen Erretter, der es von dem unerträglichen Joche des fremden Despotismus befreie. Es ist bereit, jeder Fahne zu folgen, die ein Tapferer aufrichten wird" (PS, 121). Aber da die Menschen, selbst wenn die Unterdrückung unerträglich geworden ist, den Kampf um die Freiheit nur riskieren, wenn begründete Erfolgsaussichten bestehen, legt er detailliert dar, warum alle früheren Versuche zur Befreiung Italiens am militärpolitischen Traditionalismus der italienischen Fürsten gescheitert sind, während der von ihm favorisierte „nuovo principe" gerade in militärorganisatorischer Hinsicht freie Hand habe und dementsprechend die Veränderungsbereitschaft der Menschen bei der Aufstellung eines aus Landeskindern rekrutierten Heeres nutzen könne.

Dennoch war dieser gegenüber persönlicher Moral wie politischem Ethos skeptische Interessenreduktionismus keineswegs Machiavellis letztes Wort hinsichtlich der Möglichkeiten politischen Handelns. Was als dessen Grundbedingung im Allgemeinen gilt, muß doch nicht in jedem Fall Gültigkeit haben, vor allem dann nicht, wenn die Bürger einer Republik durch deren Institutionen dazu erzogen worden sind, nicht in jedem Fall die eigenen Interessen zum Maßstab ihres Handelns zu machen, sondern sich auch an den Erfordernissen des Gemeinwesens zu orientieren.

Dies glaubte er etwa in den *Discorsi* am Beispiel der römischen Republik zeigen zu können. Wolle man erreichen, daß die Menschen in ethischer Hinsicht besser handelten, als man dies von ihnen eigentlich erwarten kann, so muß man eine am römischen Vorbild orientierte Republik errichten. In diesem Sinne ist Machiavelli nichts weniger als ein Zerstörer der Moral oder Lehrer des Bösen, sondern er orientiert das Verhältnis zwischen ethischem Verhalten und politischer Ordnung am republikanischen Denken der Antike. Am Anfang stehen für ihn nicht die Forderungen der Moral, die den Maßstab für die politische Ordnung bilden, sondern ethisches Verhalten der Menschen war für ihn nur dann zu erwarten, wenn eine politisch gute Ordnung vorhanden ist. An die Stelle der Moral des Menschen setzt er also das Ethos der Bürger. Wo dies fehlt, sollte ein kluger Politiker auch nicht erwarten, daß die Menschen moralisch handeln. Daran haben die Staatsräsontheorien, der Arkanismus und der Machiavellismus angeknüpft. Aber dies war nicht Machiavellis einziges Wort in dieser Angelegenheit. Daß die Bürger einer Republik ihr Handeln an den Erfordernissen des Gemeinwesens orientieren können und müssen, wenn die Republik Bestand haben soll, war ebenfalls seine Überzeugung. Darin ist ihm der Republikanismus gefolgt.

II

Das Florenz, in dem Machiavelli aufwuchs, war nur noch dem Namen und dem äußeren Anschein nach eine Republik, denn tatsächlich hielt die Familie der Medici und ihre über ein weites Netz von Klientelbeziehungen organisierte Anhängerschaft alle Fäden in der Hand. Aber nach dem Tod von Lorenzo de'Medici konnte sein Sohn Pietro die politische Position, die sein Vater innegehabt hatte, nicht ausfüllen, und so kam es anläßlich des Vordringens französischer Truppen bis in die Toskana 1494 in Florenz zu Tumulten, in deren Verlauf die Medici gestürzt und die Republik wiedererrichtet wurde. Dabei spielte der Dominikanermönch Girolano Savonarola eine entscheidende Rolle, der schon in der Zeit Lorenzos öffentlich gegen die Medici gepredigt und zu Buße und Umkehr aufgerufen hatte. Sein Reformprojekt, das bei den mittleren und unteren Schichten der Stadt zunächst erhebliche Unterstützung fand, setzte unter Einbezug breiterer Bevölkerungskreise in die Politik auf eine Verchristlichung und Versittlichung der Stadt, was erhebliche Beschränkungen der luxuriösen Lebensführung und des kulturell-repräsentativen Aufwands bei den aristokratischen Familien einforderte. Machiavelli, der die Wiederbelebung der republikanischen Institutionen in Florenz begrüßt haben dürfte, stand Savonarola freilich ob dessen Orientierung an alttestamentarischen Vorbildern und seines Vertrauens auf die Predigt als Instrument politischer Lenkung skeptisch gegenüber. Im *Principe* hat er ihn einen „unbewaffneten Propheten" genannt und hinzugefügt, diese gingen zugrunde, während bewaffnete Propheten erfolgreich seien. „Girolamo Savonarola ist hierfür das Beispiel unserer Tage. Er fiel, weil es ihm an Macht fehlte, seine Anhänger in dem Glauben an sich zu erhalten und die Zweifler hierzu zu zwingen" (PS, 64).

Machiavelli hat auf religiöse Überzeugungen rekurrierende politische Persuasionstechniken keineswegs generell abgelehnt, aber er hat bezweifelt, daß ein Politiker oder Gesetzgeber allein auf sie gestützt erfolgreich sein werde. Moses, Theseus, Kyros und Romulus bzw. Numa Pompilius werden von ihm stets so dargestellt, daß sie beide Herrschaftstechniken, die der direkten Gewalt und die der indirekten Beeinflussung durch Ideologien, miteinander verbunden haben. So resümiert er seine religionspolitischen Überzeugungen in den *Discorsi*: „Die Häupter einer Republik oder eines Königreichs müssen (…) die Grundpfeiler ihrer Religion aufrechterhalten; es wird ihnen dann ein leichtes sein, ihren Staat religiös und folglich gut und einig zu erhalten. Sie müssen alles, was sich zum Vorteil der Religion ereignet (wenn sie es auch für unwahr halten) unterstützen und vergrößern; um so mehr aber müssen sie es tun, je weiser und aufgeklärter sie sind, je klarer sie die Natur der Dinge durchschauen. Dadurch, daß diese Regel von den klugen Männern beachtet wurde, entstand der Glaube an die Wunder, welche, obgleich falsch, in allen Religionen gefeiert werden; weil sie, aus welcher Quelle sie auch fließen mögen, von den Klugen vergrößert werden und ihnen dann das Ansehen dieser bei einem Jeden Glauben verschafft" (PS, 159–161). Was von der Aufklärung als Priestertrugstheorie entwickelt worden ist, ist von Machiavelli lange zuvor als Herrschaftstechnik lanciert worden.

Mit Savonarolas Sturz und der Säuberung der politischen Administration von seinen Anhängern begann Machiavellis politische Karriere. Als guter Stilist, des Lateinischen ebenso mächtig wie des Italienischen, wurde er 1498 auf Vorschlag von Adriano Adriani, dem Kanzler der Republik, mit dem Amt des Sekretärs der Zweiten Kanzlei (Innere Verwaltung) und später darüber hinaus des Sekretärs des Rats der Zehn (Außen- und Verteidigungspolitik) betraut. Formell waren dies eher untergeordnete Funktionen, die der Ausfertigung des Schriftverkehrs der beiden Behörden dienten. Sein tatsächlicher Einfluß war aber erheblich, weil er zum wichtigsten politischen Berater Piero Soderinis – des neuen starken Mannes der Republik und schließlich Gonfaloniere a vita, Staatsoberhaupt auf Lebenszeit – avancierte. Dabei sah Machiavelli sich vornehmlich mit zwei Herausforderungen konfrontiert: der Sicherung des außenpolitischen Handlungsspielraums der Republik und der Rückeroberung Pisas, das 1494 von Florenz abgefallen war. Beide Probleme hingen miteinander zusammen, da Florenz für die Rückeroberung Pisas des Plazets der Franzosen bedurfte, die für die Verwirklichung ihrer politisch-militärischen Pläne in Italien möglichst viele Häfen unter ihrer Kontrolle wissen wollten.

In der Verfolgung dieser Aufgaben hat der kleine Beamte der Arnorepublik Einblick in die Politik der großen europäischen Mächte und die Art ihrer Interessenverfolgung bekommen. Als Gesandter der Republik ist er viermal am französischen Königshof gewesen, zweimal mit Kaiser Maximilian zusammengetroffen und hat sich ebenfalls zweimal an der Kurie aufgehalten, um die dortigen Entscheidungsprozesse zu sondieren. Er hat an den Gesandtschaften als „Soderinis Wachhund" teilgenommen, mit dem Auftrag, regelmäßige Berichte für die Signoria in Florenz anzufertigen. Machiavellis Gesandtschaftsbriefe und die Abschlußberichte sind kleine Meisterwerke der politischen Analytik und Prognostik, in denen er die Interessenlagen der großen Mächte ausgeleuchtet, den Charakter der jeweiligen Politikakteure untersucht, die wirtschaftlichen und militärischen Ressourcen der besuchten Länder beschrieben und schließlich auf der Grundlage dieser drei Politikelemente die Handlungsalternativen skizziert und erwogen hat, zwischen denen sich die jeweiligen Machthaber entscheiden mußten und was dies für die Republik Florenz bedeuten würde. Die für spätere Schriften charakteristische interessenreduktionistische Politikanalytik hat er nicht zuletzt im Rahmen seiner Gesandtschaften eingeübt und ausgebildet.

Die für Machiavelli wichtigste Gesandtschaft hat ihn jedoch nicht zu einem der großen europäischen Herrscherhöfe, sondern zum Sohn von Papst Alexander VI., Cesare Borgia, geführt, der mit Hilfe seines Vaters und kirchlicher Gelder sich ein Herrschaftsgebiet in der Romagna zusammenerobert und vom französischen König den Titel eines Herzogs von Valence (Valentinois) erhalten hatte. Dieser stand nun kurz davor, seine Expansionspolitik auf Florentiner Interessenbereiche und Territorien auszudehnen. Machiavelli ist mehrfach mit Cesare Borgia zusammengetroffen, und ganz fraglos haben ihn dessen Tatkraft und skrupellose Entschlossenheit tief beeindruckt. Als Politiker verfügte Cesare nämlich über genau jene Eigenschaften, die Machiavelli bei den Politikern seiner Heimatstadt schmerzlich vermisste und die er für die Lösung der anstehenden Probleme für unentbehrlich hielt. Cesare war für ihn ein „Mann der Fortunà", der durch Glück und günstige Umstände zu Macht und Einfluß gekommen war. Im Falle Cesares waren dies der Einfluß seines Vaters sowie die strategischen Interessen Frankreichs, das an einem abhängigen Verbündeten in Oberitalien interessiert war und darum Cesare mit Truppen und Legitimität versorgte. Das Problem eines solchen Politikers bestand in Machiavellis Sicht darin, zunächst die vom Glück eröffnete Gelegenheit (occasione) wahrzunehmen, dann die Gunst der Stunde (fortunà) zu nutzen, um sich schließlich vom Glück unabhängig zu machen und auf eigenen Beinen zu stehen.

Der *Principe* ist über weite Strecken eine Zusammenstellung von Ratschlägen, wie aus einem „Mann der fortunà" ein „Mann der virtù", ein sich aus eigener Kraft und Fähigkeit behauptender Politiker, wird. Nicht bedachtsames Abwarten, kluges Taktieren und ein hohes Maß an Selbstbeherrschung, sondern Tatkraft, Entschlossenheit und auch Skrupellosigkeit seien gefragt, wie Machiavelli im 25. Kapitel des *Principe* zusammenfaßt: „Schließlich, glaube ich, ist es besser, ungestüm als vorsichtig zu sein, weil das Glück ein Weib ist, mit dem man nicht auskommen kann, wenn man es nicht prügelt und stößt. Wir sehen ja aus der Erfahrung, daß es sich eher von hitzigen als von phlegmatischen Menschen zwingen läßt und aus diesem Grunde eine Freundin junger Leute ist, weil diese weniger vorsichtig, aber desto kühner und feuriger sind" (PS, 120). Machiavelli hat im *Principe* Cesare Borgia mehrfach als Modell erfolgreichen politischen Handelns vorgeführt, was in Anbetracht von dessen Handlungen (von Wortbruch bis Mord) entscheidend zu seinem schlechtem Ruf beigetragen hat. Dabei blieb zumeist unbeachtet, daß er Cesare nur unter bestimmten Umständen und in einer bestimmten Situation als beispielhaft und im Verbrechen keineswegs den Königsweg politischen Erfolgs gesehen hat. Als Cesare bald darauf den Fehler beging, die Wahl des Kardinals Giuliano della Rovere zum Papst (Julius II.) zuzulassen, weil er auf dessen Dankbarkeit hoffte, hat Machiavelli dies sogleich als Fehler begriffen. Später berichtet er über die Kaltstellung Cesares durch Julius II.: „Man sieht, daß dieser Papst anfängt, sehr anständig seine Schulden zu bezahlen: Er löscht sie mit dem Schwamm des Tintenfasses aus. Von allen jedoch werden ihm die Hände gesegnet und werden desto mehr, je weiter er geht. Da er (Cesare Borgia, H.M.) nun einmal gefangen ist, ob lebendig oder tot, so ist es überflüssig, länger an ihn zu denken" (PS, 396). Für den Politiker Machiavelli war damit die Akte Cesare Borgia geschlossen; der politische Schriftsteller Machiavelli hat sie zehn Jahre später im *Principe* noch einmal geöffnet, weil er die Ausgangssituation für den von ihm erhofften Einiger Italiens mit der Cesares bei der Eroberung seines Herzogtums für vergleichbar hielt. Um dauerhaft erfolgreich zu sein, müsse der erhoffte Politiker freilich aus anderem Holze geschnitzt sein als Cesare Borgia, der scheiterte, als Fortuna ihm ihre Gunst entzog.

Das andere große Problem Machiavellis in seiner politisch aktiven Zeit war die Rückeroberung Pisas, die mehr und mehr zu einem Problem der republikanischen Ordnung in Florenz wurde. Die von Machiavelli schon früh favorisierte und seit 1506 realisierte Lösung bestand in der Aufstellung einer im Florentiner Herrschaftsgebiet rekrutierten Miliz, die das Projekt der Rückeroberung Pisas mit größerem Engagement und geringeren Kosten betrieb als die angeworbenen Condottieri. 1509 kapitulierte Pisa, und Machiavelli befand sich auf dem Höhepunkt seiner politischen Karriere. Zeitlebens blieb er nach dem Vorbild der römischen Republik der Überzeugung, daß eine aus Landeskindern rekrutierte Truppe der Schlüssel politischer Stabilität und militärischen Erfolgs sei, während die in Italien übliche und sich dann in ganz Europa verbreitende Kriegführung mit angeworbenen Soldaten nur ins Verderben führe.

Seine Kritik am Condottieri-System im 12. Kapitel des *Principe* lautet deshalb: „Söldner und Hilfstruppen sind unnütz und gefährlich. Ein Fürst, der sich auf sie verläßt, ist nie sicher. Sie sind uneins, ehrgeizig, undiszipliniert, treulos, tapfer unter Freunden, feig gegen Feinde und haben weder Gottesfurcht und Redlichkeit, und so verschiebt sich der Untergang nur so lange, wie sich ein Angriff verschiebt. In Friedenszeiten wirst du von ihnen, im Kriege von den Feinden geplündert. Nicht Liebe, nicht sonst irgendein Motiv – nur der Sold knüpft sie an den Dienst, und dieser ist nicht groß genug, um ihnen zum Tode für dich Lust zu machen. Sie wollen deine Krieger sein, solange Frieden ist; sowie es aber zum Kriege kommt, reißen sie aus und laufen davon". Was für die einfachen Söldner gilt, gilt erst recht für ihre Anführer, die Condottieri: „Die Führer dieser in Sold genommenen Truppen sind entweder vortreffliche Männer oder nicht. Sind sie ersteres, so kannst du dich darum nicht auf sie verlassen, weil sie, bloß auf ihren eigenen Ruhm bedacht, entweder dich, ihren Herrn, oder andere gegen deine Absicht zu unterdrücken suchen. Sind sie es nicht, so ruinieren sie dich ohnehin". Gegen Söldner und für die heimische Miliz sprachen aber nicht nur Zuverlässigkeit und Kampfbereitschaft, sondern auch die geringere Bereitschaft, sich als Unterdrückungsinstrument im Innern einsetzen zu lassen: „Zudem kann eine Republik sich mit ihren bewaffneten Bürgern gegen Unterdrückung durch einen der Ihrigen besser sichern als durch fremde Waffen. So waren Rom und Sparta viele Jahrhunderte unter Waffen und frei, und noch jetzt sind die Schweizer die Stärkstbewaffneten und Freiesten" (PS, 83).

In Florenz freilich folgte drei Jahre nach dem Erfolg der Miliz vor Pisa deren klägliches Versagen bei der Verteidigung von Prato: Die Medici hatten sich gegen die von Frankreich gestützte Republik spanischer Unterstützung versichert, und gegen die kriegserfahrene spanische Infanterie und Artillerie leistete die Florentiner Miliz nur kurzen Widerstand. Die Eroberung Pratos aber war gleichbedeutend mit dem Sturz der Republik und dieser wiederum bedeutete das Ende von Machiavellis Karriere als Politiker.

Welche Bedeutung ihm die Medici beimaßen, zeigt sich darin, daß er neben Piero Soderini der einzige war, der sofort aller Ämter enthoben wurde.

III

Der Amtsenthebung 1512 folgte die Verhaftung wegen des Verdachts der antimediceischen Verschwörung. Durch die Amnestie bei der Wahl von Giovanni Medici zum Papst (Leo X.) kam Machiavelli frei, wurde aber aus Florenz verbannt. Abgeschnitten von allen Möglichkeiten politischer Tätigkeit begann er, der bislang politische Texte nur zu Gebrauchszwecken verfaßt hatte, systematisch über Politik nachzudenken; daraus sind in den ersten Jahren seiner Verbannung sowohl die *Discorsi* als auch der *Principe* entstanden; er wurde zum politischen Theoretiker. Der methodische Schritt zur Systematisierung der Erfahrungen, die er im Verlaufe seiner politischen Tätigkeit gemacht hatte, bestand im Verfahren des Vergleichs. Wahrscheinlich hat Machiavelli die komperative Methode, die für alle seine größeren Schriften charakteristisch ist, eher intuitiv als aus systematischen Erwägungen gewählt. Seit dem 13. Jahrhundert war es für das Florentiner politische Denken charakteristisch, daß man die Arnostadt als legitime Nachfolgerin der römischen Republik ansah und in den Laudes urbium dementsprechend feierte. Machiavelli hat die darin behauptete Sukzession der Florentiner auf die römische Republik infragegestellt, an der Vorbildhaftigkeit Roms aber festgehalten und dazu Florenz in eine kritisch vergleichende Beziehung gesetzt. Auf der Grundlage des Vergleichs beider Staaten hat er dann Vorschläge und Vorschriften für die institutionelle Ordnung einer stabilen Republik und ihre Politik entwickelt.

Zur Methode des Vergleichs heißt es in der Vorrede zum 3. Buch seiner *Geschichte von Florenz*: „Die heftige natürliche Feindschaft zwischen Volk und Adel, deren Grund darin liegt, daß dieser befehlen, jenes nicht gehorchen will, ist Ursache aller Übel, die in den Städten entstehen. Aus diesen widerstrebenden Leidenschaften zieht alles andere, was die Republiken erschüttert, seine Nahrung. Dies hielt Rom uneinig, dies hat – wenn es erlaubt ist, Großes mit Kleinem zu vergleichen – Florenz geteilt gehalten.

Die Wirkungen aber, die in beiden Städten daraus hervorgingen, waren verschieden. Die Feindschaften, welche am Anfang in Rom zwischen Volk und Edlen bestanden, wurden durch Worte, die von Florenz durchs Schwert entschieden. Die von Rom endeten mit einem Gesetz, die von Florenz mit der Verbannung und dem Tode vieler Bürger. Die von Rom vermehrten stets die kriegerische Tapferkeit, durch die von Florenz erlosch sie völlig. Die von Rom führten die Stadt von der Gleichheit zu einer sehr großen Ungleichheit der Bürger, die von Florenz haben es von der Ungleichheit zu einer wunderbaren Gleichheit zurückgeführt" (PS, 299). Mit Hilfe des Vergleichs hat Machiavelli versucht, die tieferen Ursachen der gewünschten wie der zu vermeidenden politischen Effekte herauszufinden; insofern kann er als der Begründer einer nichtnormativen Politikwissenschaft gelten. Dabei war entscheidend, daß er – im Unterschied zu vielen Vorläufern in der Geschichte des politischen Denkens – wegen seiner scharfen Ablehnung christlicher Moralvorstellungen als Leitlinie politischen Handelns die Ergebnisse des Vergleichs und die daraus zu ziehenden Schlüsse nicht normativ abfangen oder begrenzen konnte. Er konnte nur Aussagen über Erfolg und Mißlingen politischen Handelns machen. Am Schluß des 18. Kapitels des *Principe* faßt er zusammen: „Man beurteilt die Handlungen aller Menschen, besonders aber die Handlungen der Fürsten, welche keinen Richter über sich haben, bloß nach dem Erfolge. – Es muß also des Fürsten einziger Zweck sein, sein Leben und seine Herrschaft zu erhalten" (PS, 98).

Durch die Methode des Vergleichs war es Machiavelli klar, daß die Selbsterhaltung einer Republik andere Gesetzmäßigkeiten forderte als die eines Fürstentums. Waren in letzterem die persönlichen Eigenschaften und Fähigkeiten des Herrschers ausschlaggebend, so sorgten in einer Republik Institutionen für einen geregelten Gang der Regierungsgeschäfte, die Sicherheit und Zufriedenheit der Bürger, aber auch für deren sozio-moralische Orientierung an den Erfordernissen der Republik. Machiavelli hat diesen Institutionen im Zusammenwirken mit dem Engagement der Bürger mehr zugetraut als einem politisch noch so befähigten Einzelnen, auch wenn er auf diesen immer wieder rekurrierte, sobald es um die Reform oder Neugründung einer Republik ging. In *Discorsi* I, 9 hat er das Verhältnis zwischen einem über der verfaßten Ordnung stehenden Einzelnen, einem uomo virtuoso, und den durch institutionelle Arrangements gebundenen Vielen so bestimmt: „Der weise Gesetzgeber einer Republik, der die Absicht hat, nicht sich, sondern dem Allgemeinwohl, nicht seiner eigenen Nachkommenschaft, sondern dem gemeinsamen Vaterlande zu nutzen, muß daher bestrebt sein, die Gewalt allein zu haben, (...). Er muß jedoch so weise und wohlmeinend sein, daß er die Gewalt, die er sich genommen hat, nicht einem andern erblich hinterläßt, denn da die Menschen viel geneigter zum Bösen als zum Guten sind, so könnte sein Nachfolger die Gewalt zu herrschsüchtigen Zwecken benutzen, die er zu edlen Zwecken benutzte. Wenn ferner auch ein einzelner Mann eine Verfassung zu geben vermag, so ist diese doch nicht von langer Dauer, wenn ihre Erhaltung auf den Schultern eines einzelnen Mannes ruht; wohl aber, wenn viele dafür Sorge tragen. So wie nämlich viele nicht in der Lage sind, ein Staatswesen (neu) zu ordnen, weil sie bei ihrer Meinungsverschiedenheit das Beste desselben nicht erkennen, ebensowenig vereinigen sie sich dazu, es wieder zu verlieren, wenn sie es einmal erkannt haben" (PS, 151f.).

Machiavelli wollte das Überleben der Republiken nur im äußersten Ausnahmefall durch das Eingreifen solch herausragender Reformer und Neugründer gesichert wissen. Deswegen schlug er vor, daß Republiken in regelmäßigen Abständen auf ihre ursprüngliche Form zurückgeführt werden sollten, um so die negativen Veränderungen, die mit der Zeit eingetreten sind, rückgängig zu machen (*Discorsi* III, 1). Dies hatte zugleich den Vorzug, daß man nicht auf überragende politische Talente angewiesen war, sondern dies im Prinzip jeder Bürger leisten konnte, solange noch das Wissen um die ursprüngliche Verfassung vorhanden war. Was Machiavelli hinsichtlich des sozio-moralischen Verfalls von Republiken am meisten fürchtete, waren Zeiten ungehemmter wirtschaftlicher Prosperität und kultureller Blüte, von denen er behauptete, sie würden die Grundlagen politischer Stabilität erodieren und so den ohnehin stattfindenden Verfall politischer Vitalität beschleunigen, ohne daß dies sogleich erkennbar werde. Er schlug darum vor, in einer kontrollierten Form innere Konflikte in Republiken zu institutionalisieren, um sie gleichsam als Vitalitätsgenerator zu nutzen. „Wenn man", schreibt er in *Discorsi* I, 4, „die Kämpfe zwischen Adel und Volk verdammt, so tadelt man, meiner Meinung nach, die erste Ursache der Erhaltung römischer Freiheit. Man beachtet dann mehr den Lärm und das Geschrei bei solchen Kämpfen als die guten Wirkungen, die daraus hervorgingen, und bedenkt nicht, daß in jeder Republik das Denken und Streben der Großen und des Volkes verschieden sind und daß aus dieser Zwietracht alle Gesetze zugunsten der Freiheit hervorgehen. (…) Ebensowenig kann man mit Grund eine Republik schlecht eingerichtet nennen, wenn sie so viele Beispiele von Tugend aufzuweisen hat (wie Rom, H.M.), denn gute Beispiele entstehen durch gute Erziehung, gute Erziehung durch gute Gesetze und gute Gesetze durch jene Unruhen, die von vielen unüberlegt verdammt werden" (PS, 138). Im Prinzip hat Machiavelli in diesen Überlegungen die Begründung der modernen Parteiendemokratie geliefert, nur daß ihn dabei weniger der Interessenausgleich als der verfassungstechnisch domestizierte Konflikt interessiert hat.

Richard Saage

Thomas Morus (1477/78–1535)

Zeittafel

1477/78	Geboren am 6. oder 7. II. in London
ca. 1490	Nach Besuch der St. Antony-School Page im Haus des Lordkanzlers und Erzbischofs Morton.
ca. 1492–1496	Studium der freien Wissenschaften und der Theologie in Oxford. Zwei Jahre später Jura-Studium an der New Inn, ab 1494 an der Rechtsschule Lincoln's Inn.
1499–1503	Gast bei den Kartäusern im Londoner Charterhouse.
1501	Niedergelassener Anwalt mit eigener Kanzlei. Vorlesungen über Augustinus' „Gottesstaat". Gräzistische Studien mit Grocyn und Lincre. Übersetzung von Epigrammen aus der „Anthologia Graeca" mit Lily.
1504	Mitglied des Parlaments; Opposition gegen Geldforderungen Heinrichs VII.
1505	Heirat mit Jane Colt, die 1511 stirbt, im gleichen Jahr Heirat mit Alice Middleton. 1505/1506 Erasmus Gast bei Morus. Gemeinsame Übersetzung Lukians.
1510	Abgeordneter im ersten Parlament Heinrichs VIII. Ernennung zum Unter-Sheriff der City of London.
1515	Handelsdelegation nach Flandern. Das zweite Buch der „Utopia" entsteht. 1516 Vollendung des Werkes in London, das im Dezember in Löwen erscheint.
1517–1529	Politische Karriere im Dienst Heinrichs VIII.: Mit zahlreichen hochrangigen diplomatischen Missionen betraut, wird er Mitglied des königlichen Rates (1517), Königlicher Sekretär (1518), Sprecher des Unterhauses (1523), Unterschatzkanzler (1521), High Stewart der Universität Oxford (1524) und Cambridge (1525), Richter der Star Chamber (1526) sowie Lordkanzler (1529).
1532	Der englische Klerus unterwirft sich endgültig der Suprematie Heinrichs VIII. Einen Tag später Rücktritt als Lordkanzler. 1533 entzieht er sich der Krönungszeremonie Anna Boleyns.
1534–1535	Nach Verweigerung des Eides auf die Suprematie Einlieferung in den Tower am 14.V. 1534 und nach Entzug seiner Lehensgüter Todesurteil am 12. VI. 1535 aufgrund eines Meineides, das am 6.VII. auf dem Tower-Hügel durch Enthauptung vollstreckt wird. 1935 Heiligsprechung Morus'.

I. Geistesgeschichtliche und biographische Verortung der *Utopia*

Wahrscheinlich wäre Thomas Morus auch ohne seine Schrift *Utopia* berühmt geworden. Aber mit Sicherheit ist auszuschließen, daß die Nachwelt ihn ohne dieses Werk zu einem Klassiker des politischen Denkens erhoben hätte. Morus schuf nämlich mit diesem Buch nicht nur ein neues literarisches Genre, das bis auf den heutigen Tag Bestand hat. Noch wichtiger erscheint, daß er mit *Utopia* eine neuzeitliche Denktradition ins Leben rief, die eine genuine Alternative sowohl zum kontraktualistischen Paradigma des subjektiven Naturrechts (Hobbes, Locke etc.) als auch zum machtstaatlichen Diskurs (Bodin, Machiavelli, Carl Schmitt) darstellt. Man wird sogar behaupten dürfen, daß mit dem Erscheinen der „Utopia" von einer kollektiven Alternative zum individualistischen Weg in die Moderne die Rede sein kann. Zwar sind die übrigen Schriften Morus' in sich selbst bedeutend genug, um ausführlich gewürdigt zu werden. Doch bleiben diese philologischen, historischen und theologischen Arbeiten im folgenden unberücksichtigt, weil es hier nur um die „Klassizität" seines politischen Denkens im engeren Sinn geht.

Morus' berühmte Schrift hat nicht nur die Landschaft des politischen Denkens in Europa verändert und geprägt: Sie markiert auch innerhalb der intellektuellen Entwicklung ihres Autors selbst eine bedeutende Zäsur. *Utopia* zeigt Morus auf der Höhe seines weltzugewandten humanistischen Denkens. Tatsächlich verlief sein Leben bis zum Erscheinen seines berühmten Buches in Bahnen, die beruflichen Erfolg mit dem Studium der antiken Schriftsteller in idealer Weise zu verbinden schien. Nach dem Studium der Theologie (auf Veranlassung des Lordkanzlers John Morton, bei dem er als „Page" tätig war) und des Studiums der Rechte (auf Wunsch des Vaters) konnte sich Morus bereits 1501 als niedergelassener Anwalt mit eigener Kanzlei etablieren, der es bald mit seiner Klientel im Londoner Handelskapital auf dem Gebiete des Zivilrechts zu Wohlstand und Ansehen brachte. Seine ersten Erfahrungen mit der Politik machte Morus, als man ihn 1504 zum Parlamentsmitglied wählte. Er zog sich den Unmut Heinrichs VII. zu, weil er gegen dessen Geldforderungen opponierte. Vom Verfolgungsdruck des Königs glaubte sich Morus erst mit der Thronbesteigung Heinrichs VIII. im Jahr 1509 entlastet, in dessen erstem Parlament er 1510 Mitglied wurde. Im selben Jahr zum Under-Sheriff der City of London (Berater des Bürgermeisters in Rechtsfragen) ernannt, arbeitete er in den folgenden Jahren vor allem für die Interessen der City of London gegenüber der Krone.

Hand in Hand mit seinem beruflichen Erfolg stieg seine Anerkennung in den führenden humanistischen Kreisen Europas. Zu seinen Freunden zählte neben John Colet vor allem Erasmus, der ihm 1509 seine klassische Schrift „Lob der Torheit" widmete. Zusammen mit den durch die italienische Renaissance geprägten William Grocyn, Thomas Linacre und William Lily, studierte Morus eingehend die griechische Sprache und Literatur. 1501 hielt er öffentliche Vorlesungen, insbesondere über Augustinus' *Gottesstaat*. In Zusammenarbeit mit Lily übersetzte er im selben Jahr Epigramme aus der *Anthologia Graeca*. Als Erasmus 1505/1506 Gast im Hause Morus' war, übertrug er mit ihm Lukian. 1510 publizierte er seine Übersetzung *Life of John Picus*. Vier Jahre später begann er mit seiner *Geschichte Richards III.*, die 1518 erschien. Und vor allem veröffentlichte er 1516 *Utopia*, die seinen späteren Weltruhm entscheidend mit begründete. Noch vor dem Ausbruch der offenen Religionskriege verfaßt, scheint besonders diese Schrift von den Reformhoffnungen des humanistischen Denkens getragen zu sein. Für diese Annahme spricht auch der Entstehungskontext der *Utopia*. Morus nutzte nämlich 1515 seine Teilnahme an einer Handelsmission nach Flandern zu intensiven Gesprächen mit führenden Humanisten wie Erasmus in Brügge, Peter Gilis in Antwerpen und Jerome Busleyden in Malinas. In diesem Diskussionszusammenhang schrieb er während seines Flandern-Aufenthaltes vom 7. Mai bis zum 22. Oktober 1515 zunächst den zweiten Teil der *Utopia*. Im Frühjahr 1516 vollendete er sie in London durch die Hinzufügung des Ersten Buches. Im Dezember desselben Jahres erschien die Schrift in Löwen.

Doch bald nach dem Erscheinen der *Utopia* setzte in Morus' Denken eine folgenschwere Umorientierung ein: Hatte in *Utopia* die „Gerechtigkeit" zumindest eine genauso gewichtige Bedeutung wie die „Ordnung", so dominierte in seinen späteren Schriften eindeutig die Anarchie-Furcht und damit das Ordnungsdenken. Nicht grundlos wurde dieser „Paradigmenwechsel" mit dem „Evil May Day", also der Verhängung des Ausnahmezustandes durch den König anläßlich ausländerfeindlicher Ausschreitungen in London am 1. Mai 1517, in Verbindung gebracht. Er dürfte aber noch wesentlichere Impulse von dem auch in England erstarkenden Protestantismus erhalten haben. Sieht man von dem theologischen Traktat *The Four Last Things* (1522) einmal ab, so sind die der mittleren Schaffensphase Morus' zuzuordnenden Schriften wie *Responsio ad Lutherum* (1523), *Dialogue concerning Heresies* (1529) und *Confutation of Tyndale's Answer* (1532/33) dem Ziel gewidmet, den orthodoxen katholischen Standpunkt gegenüber der protestantischen Herausforderung zu verteidigen. Vor ihr warnte er immer wieder mit dem Argument, sie unterminiere die Stabilität des Gemeinwesens, weil sie die Gesellschaft in religiöse Lager spalte, die sich unversöhnlich gegenüberstünden. Wahrscheinlich hat diese spätere Entwicklung Morus' entscheidend mit dazu beigetragen, daß seine Schrift *Utopia* im Kern als Ausfluß katholischer Religiosität interpretiert worden ist: Ihr Vorbild sei das mittelalterliche Kloster gewesen, wie dessen umfassende Regelungsmechanismen des Tagesablaufs, dessen antiindividualistischer Lebensstil und dessen Option für das Gemeineigentum unübersehbar dokumentiere.

Diese Interpretation kann sich gleichfalls auf Details der Morusschen Vita stützen. Bereits während seiner „Pagen-Zeit" unter Bischof Morton wurde sich Morus seiner ausgeprägten religiösen Neigungen bewußt. Von 1499 bis 1503 lebte er als Gast der Kartäuser im Londoner Charterhouse. Vor die Entscheidung gestellt, das Priesteramt oder die Ehe anzustreben, geriet er 1501 in eine seelische Krise. Da er seine Sexualität nicht unterdrücken zu können glaubte, entschloß er sich 1505 zur Ehe mit Jane Colt, die ihm drei Töchter und einen Sohn gebar. Kurz nach dem Tod seiner ersten Frau heiratete er 1511 die Witwe Alice Middleton, mit der er offenbar ein Leben in sexueller Enthaltung im Sinne einer „weiterentwickelten irdischen Buße" (Marius) führte. Aber auch in seiner späteren politischen Karriere als Interessenvertreter der Krone blieb die Orientierung an seinen orthodoxen katholischen Glaubensgewißheiten konstant. Solange Heinrich VIII. Front machte gegen den Protestantismus, erwies sich Morus als sein loyaler Politiker, dessen Karriere im Zusammenhang mit einer

Reihe hochrangiger diplomatischer Aktivitäten vom König dezidiert gefördert wurde, bis er ihn 1529 mit dem Amt des Lordkanzlers betraute. Zwar konnte sich Morus nicht dauerhaft an den Schaltern der politischen Macht behaupten. Sehr bald im Schatten des neuen Beraters des Königs, Thomas Cromwell, stehend, war er nicht mehr als „ein Strohmann: Politik wurde an ihm vorbei gemacht statt von ihm" (Marius). Doch charakteristisch ist auch, daß er im Sinne seiner religiösen Überzeugungen als Richter der Star Chamber in der Verfolgung der protestantischen Häretiker unnachsichtig war, deren Einkerkerung, Folterung und Verbrennung er zumindest billigend in Kauf nahm.

Nicht zuletzt ist schließlich Morus' standhafte Weigerung zu nennen, den gegen die katholische Kirche gerichteten Kurswechsel Heinrichs VIII. im Zusammenhang mit dessen Scheidungsabsichten nachzuvollziehen. Auch im Kerker und angesichts des Todes hielt er an seinen theologischen Überzeugungen fest. Seine Schriften im Tower *Treatise on the Passion*, *Treatise to receive the Blessed Body*, *Dialogue of Comfort against Tribulat* und *De Tritia Christi* sind Belege der tiefen Verwurzelung Morus' im katholischen Glauben. Doch ist vor einer Ex-post-Interpretation der *Utopia* zu warnen. *Utopia* erschien 1516 zu einem Zeitpunkt, als im Denken Morus seine humanistischen Überzeugungen zwar von seinen religiösen Prämissen „korrigiert", aber noch keineswegs überlagert worden waren. Im folgenden werde ich daher die These zu belegen versuchen, daß sich *Utopia* in ihrer geistesgeschichtlichen Genesis zwar aus antiken und christlichen Motiven speiste. Aber ihr Muster selbst ist nicht identisch mit ihrer Genesis, sondern hat ein unverwechselbares „modernes" Profil.

II. Die Struktur der *Utopia*

Ohne die Entdeckung der Neuen Welt wäre *Utopia* wohl kaum in ihrer vorliegenden literarischen Form geschrieben worden. Im Ersten Buch der Schrift wird der Parteigänger der Utopier, Raphael Hythlodeus, als Begleiter Amerigo Vespuccis vorgestellt, dessen 1507 veröffentlichte Reisetagebücher Morus bekannt gewesen sein müssen. Im Mittelpunkt des Dialogs, den Hythlodeus mit Morus führt, steht die Diagnose der sozialen und politischen Ordnung

Europas. Dabei ist er um den Nachweis bemüht, „wieviel verderbter Europa doch ist als beinahe jeder andere Platz in der weiten Welt, die er bereist hat" (Marius). Im Zweiten Buch beschreibt Hythlodeus in Form einer öffentlichen Rede die idealen Einrichtungen Utopias. Das Szenario des von ihm geschilderten Gesellschaftsmodells sollte in der Tradition des utopischen Denkens Schule machen. Wenn auch jeweils epochenspezifisch gebrochen, tauchen die entwickelten Strukturmerkmale in allen späteren Entwürfen wieder auf: Sie reichen von der kritischen Zeitdiagnose und dem ihr konfrontierten Gesellschaftsideal über die ökonomischen Voraussetzungen des gesellschaftlichen Zusammenlebens und das politische System bis hin zu Angaben über den Geltungsanspruch des utopischen Konstrukts.

Fast das gesamte Erste Buch, also knapp 50 Prozent des Textes, hat Morus der kritischen Diagnose der europäischen Gesellschaft seiner Zeit gewidmet: nicht nur quantitativ, sondern auch qualitativ kommt der Zeit-Diagnose eine ebenso große Bedeutung zu wie der Beschreibung des idealen Gemeinwesens selbst. Dieser Befund hängt mit einem wichtigen Strukturmerkmal des utopischen Konstrukts zusammen: Erst die ausführliche, an rationalen Kriterien ausgerichtete Analyse der sozio-politischen Defizite der Herkunftsgesellschaft Morus' verbürgt die Verklammerung der fiktiven besseren Alternative mit der Realität und setzt sie von bloßen unverbindlichen Träumen, von Mythen und Chiliasmen ab. Sie verleiht *Utopia* zugleich auch eine normative Kraft, die in der Lage erscheint, so etwas wie eine weltimmanente Hoffnung auf eine bessere Zukunft im Diesseits zu vermitteln. Denn in dem Maße, wie das menschliche Elend nicht als Ausfluß der Strafe Gottes oder das Werk von Dämonen oder eines blinden Schicksals interpretiert wird, sondern als das Produkt der Menschen selbst, besteht Aussicht, durch die Beseitigung der Ursachen selbstverschuldeter Fehlentwicklungen die Grundlagen eines „gelungenen" Lebens für alle zu legen.

Tatsächlich läßt Morus Hythlodeus eine vernichtende Kritik an den sozialen und politischen Mißständen unter der Herrschaft Heinrichs VIII. vortragen, deren analytische Schärfe im zeitgenössischen Kontext ihresgleichen sucht. Ihr Ausgangspunkt ist die Desintegration des Gemeinwesens. Deren entscheidende Ursache sah Morus in der sogenannten Einhegungsbewegung. Bekanntlich wurde sie dadurch verursacht, daß es seit dem 15. Jahrhundert auf den überregionalen Märkten zu einer großen Nachfrage nach Wolle zum Zweck der Textilproduktion kam. Daraufhin eigneten sich in England große Teile des landbesitzenden Adels durch Einzäunung das Gemeindeland, die Allmende, an, um nach deren Umwandlung in Weiden unter Profitgesichtspunkten Schafzucht im großen Stil zum Zweck der Wollegewinnung treiben zu können. Diesem Prozeß, dem in England eine ganze soziale Schicht, nämlich die Pachtbauern, zum Opfer fiel, hatte Morus vor Augen, als er den berühmten Satz prägte: „Das sind eure Schafe (...), die so sanft und genügsam zu sein pflegten, jetzt aber, wie man hört, gefräßig und bösartig werden, daß sie sogar Menschen fressen, Felder, Gehöfte und Dörfer verwüsten und entvölkern" (Utopia, ed. Heinisch, S. 26). Bemerkenswert ist ferner, daß Morus zwischen dem wirtschaftlichen Individualismus des landbesitzenden Adels und dem Machtstreben des Frühabsolutismus einen engen Zusammenhang sah: Der letztere ist, so müssen wir Morus interpretieren, nichts weiter „als eine Art von Verschwörung der Reichen, die im Namen und unter dem Rechtstitel des Staates für ihren eigenen Vorteil sorgen" (108).

Morus' Kritikmuster zeichnen sich dadurch aus, daß sie auf Strukturen zielen. Jede moralisierende Personalisierung vermeidend, richten sie sich auf die bestehende Eigentumsverfassung als ganze: Es ist die Verfügung über Privateigentum, die die Verwirklichung des „bonum commune" fortwährend verhindert. Weder sei es möglich, gegen ihre Polarisierungstendenzen „einem jeden das" durch Gesetzgebung zu schützen, „was er sein Privateigentum nennt (...) oder (...) genügend von fremdem Besitz abgrenzen zu lassen" (44). Noch sei es auf der staatlichen Ebene als Fürstenberater sinnvoll, eine humanere Politik zu konzipieren: Hythlodeus wird nicht müde, darauf hinzuweisen, daß sie an der anonymen Logik der Besitz- und Machtakkumulation, die aus der Verfügung über Privateigentum resultiert, scheitern müsse. Auch eine Sozialgesetzgebung oder Vorrichtungen zur Kontrolle der politischen Macht könnten sie nicht außer Kraft setzen: Sie seien nur ein Kurieren an Symptomen, griffen aber das Übel nicht an der Wurzel (44f).

Wenn aber auf der Grundlage des Privateigentums eine „gerechte oder erfolgreiche Politik" nicht möglich erscheint, weil

„das Beste den Schlechtesten zufällt" (44), kann die Alternative nicht in Reformen der bestehenden Eigentumsverfassung, sondern nur in einem radikalen Neuanfang auf der Basis des Gemeineigentums bestehen. Diesen Bruch mit der Sozialstruktur Europas hat Morus mit der Insellage Utopias symbolisch Ausdruck verliehen: Einer „tabula rasa" gleich, stellt sie – von Traditionen und rechtlichen Ansprüchen faktischer Eigentumsverhältnisse befreit – einen Zustand dar, „wo allen alles gehört". Er allein garantiert, „daß keinem etwas für seine persönlichen Bedürfnisse fehlt, sofern nur dafür gesorgt ist, daß die öffentlichen Speicher gefüllt sind. Es gibt nämlich keine mißgünstige Güterverteilung, es gibt weder Arme noch Bettler dort, und obwohl keiner etwas besitzt, sind doch alle reich" (106).

Doch zugleich war sich Morus darüber im klaren, daß diese Ordnung des kommunistischen Gemeineigentums nur dann den Kriterien der Vernunft standzuhalten vermag, wenn sie in ihrer konkreten Umsetzung zwei restriktiven Bedingungen Rechnung trägt: der Knappheit der Mittel und dem anthropologischen Defizit. Erst dann können wir uns dem Geltungsanspruch Utopias zuwenden.

IV. Die Antwort auf Europas Misere – *Utopia* als der „beste" Staat

a) Die Knappheit der Mittel

Es zeichnet den Realismus der Morusschen Konstruktion eines „besten" Staates aus, daß er von Anfang an von den begrenzten Ressourcen einer vorindustriellen Agrargesellschaft ausging, deren Reproduktion im wesentlichen auf der Anwendung tierischer und menschlicher Muskelkraft basierte. Der Boden der Utopier, so heißt es, ist „nicht überall fruchtbar und das Klima nicht allzu gesund" (78). Der „von Natur zu karge Boden" müsse „durch künstliche Mittel und mühsame Arbeit" verbessert werden (ebd.). Nur dadurch, daß die Utopier ein utilitaristisches, ja, instrumentelles Verhältnis zur Natur gewinnen, können Sie ihr Ziel, die materielle Überflußproduktion als Voraussetzung für ein „gutes Leben" aller, erreichen. Die Utopier holzen ganze Wälder ab und forsten sie an anderer Stelle wieder auf, wenn dies dem wirtschaftlichen Nutzen dient. „Dabei hat man nicht nur den besseren Ertrag im Auge, sondern auch die Transportverhältnisse: das Holz soll mehr in der Nähe des Meeres, der Flüsse oder der Städte selbst wachsen, weil man ja Feldfrüchte auf dem Landwege mit viel geringerer Mühe als Holz über weite Strecken verfrachten kann" (78).

Ein ähnliches utilitaristisches bzw. instrumentelles Naturverhältnis läßt die Architektur- und Stadtplanung der Utopier erkennen. Bekanntlich wuchsen die Städte bis in die Frühe Neuzeit entlang den Krümmungen der Flüsse. Offenbar inspiriert durch die italienischen Idealstädte des 14. und 15. Jahrhunderts brechen die Utopier mit dem Muster der mittelalterlichen Städte: Von dem Gründungsvater Utopos gleichsam auf dem Reißbrett konzipiert, orientieren sie sich an geometrischen Formen, die so in der Natur nicht vorkommen: an der Geraden und dem Kreis. Der Grundriß ihrer Städte ist „fast quadratisch" (51), das Straßennetz im Rastersystem angelegt, und bei der Anordnung der Häuser haben sie sich auf eine einheitliche Blockbebauung geeinigt. Alle Elemente der utopischen Stadt sind kompatibel und austauschbar: „Wer eine von ihren Städten kennt, kennt alle: so völlig gleichen sie einander, soweit es das Gelände erlaubt" (50). Ganz offensichtlich scheint in *Utopia* das Bild der Stadt durch, „das für uns im Zeitalter der gigantischen Technik alltäglich geworden ist. Dieses Muster wurde jedoch der Natur durch den menschlichen Geist aufgezwungen und hat mit der Natur selbst wenig zu tun" (Marius).

Aber die Knappheit der Mittel erzwingt in Utopia nicht nur ein instrumentelles Verhältnis zur äußeren Natur; sie unterwirft auch das Leben der Menschen dem Diktat einer äußerst umfassenden zentralisierten Bewirtschaftung des Gemeineigentums, einer restriktiven Bedürfnisbefriedigung der einzelnen und einer strikten Arbeitsdisziplin. Im Unterschied zum kommunistischen Ansatz Platons erhebt Morus das Gemeineigentum zur Basis der Gesamtgesellschaft, deren Wirtschaftsleben unter Umgehung des Marktes und des Zahlungsverkehrs durch lokale und zentrale Behörden gelenkt wird (64). Der Kampf ums Überleben macht ferner die vollständige Mobilisierung der Arbeitsressourcen notwendig, die ihrerseits – von den ca. fünfhundert für das Studium der Wissenschaft und der Künste freigestellten Personen abgesehen –

die Arbeitspflicht unter der staatlichen Aufsicht der Syphogranten für alle Einwohner erzwingt (54). Nicht zufällig konkretisiert sich das Gleichheitsprinzip Utopias vor allem in der Aufwertung der Arbeit: Neben der landwirtschaftlichen Tätigkeit müssen alle Männer und Frauen mindestens ein Handwerk erlernen (ebd.). Außerdem kommt der Prosperität der Wirtschaft zugute, daß sie von dem in anderen Ländern wirksamen Zwang entlastet ist, mehr als die Hälfte der Bevölkerung (viele Frauen, große Teile des Klerus und des Adels und ihre Bediensteten, Arbeitslose, Bettler etc.) ernähren zu müssen, die untätig sind. Und schließlich herrscht in Utopia ein striktes Luxusverbot. Legitim sind nur „natürliche" Bedürfnisse, die sich nicht auf Konventionen zurückführen lassen (58, 64f., 84),

Wenn Morus schreibt, die Wirtschaft Utopias produziere einen Vorrat für zwei Jahre und einen disponiblen Überschuß für den Außenhandel (50) bei einer täglichen Arbeitszeit von sechs Stunden (56), dann ist diese Feststellung durchaus realistisch, weil die utopische Ökonomie auf dem Niveau einer zwar gesunden, aber im ganzen recht frugalen Lebensweise angesiedelt scheint. Doch der Preis für diese begrenzte und konstante Nachfrage ist evident: Dem Individuum ist sowohl als Produzent wie auch als Konsument jede Entfaltungsmöglichkeit entzogen, weil ihm alles, was im Zusammenhang mit der Wirtschaft steht, vom Staat vorgeschrieben wird. Ist es realistisch, ihm dieses enge Korsett zuzumuten? Oder besteht die Gefahr, daß die menschliche Natur gegen eine solche gesteuerte Ökonomie der knappen Mittel rebelliert? Damit ist die anthropologische Frage aufgeworfen, die Morus auf seine Weise beantwortet hat.

b) *Das anthropologische Defizit*

Morus hat in *Utopia* keine systematische Anthropologie entwickelt. Doch es gibt genügend indirekte Hinweise, die ausreichen, um seine anthropologischen Prämissen rekonstruieren zu können. Auf der einen Seite ist Utopia eine Tugend-Republik: Sie ist von menschlichen Wesen bevölkert, die das Allgemeinwohl in einem Maße verinnerlicht haben, daß sie – gemessen an der Korruptionsanfälligkeit, der Habgier und dem Egoismus der Europäer – als „neue" Menschen gelten müssen. Man geht also kaum fehl, wenn man Morus unterstellt, daß Utopia ohne die anthropologische Annahme der Vervollkommnungsfähigkeit des Menschen in sich zusammenbräche. Auf der anderen Seite sind den Utopiern gravierende Normenverletzungen nicht fremd: Sie reichen von Kapitalverbrechen über die Sucht nach Luxus und „eitlen und sinnlosen Ehrbezeugungen" und den „üblen Verlockungen verwerflicher Begierden" (72f.), bis hin zum Ehebruch und dem Absinken selbst der Tugendhaften „in Verderbnis und Laster" (102). Diese beiden in einem unübersehbaren Spannungsbezug zu einander stehenden Dimensionen der menschlichen Natur vorausgesetzt, hat man zu Recht davon gesprochen, daß die Anthropologie der Utopier einer „tabula rasa" gleiche: Der Mensch sei weder ganz „gut" noch ganz „böse". Es komme entscheidend auf die institutionellen Rahmenbedingungen an, ob die aggressive Seite der menschlichen Natur deren soziale und tugendhafte Tendenzen überlagere oder ob das Gegenteil der Fall ist. Für den Aufbau Utopias hat diese These weitreichende Konsequenzen. Sie impliziert eine ungeheure Aufwertung des institutionellen Arrangements Utopias, weil es die Aufgabe zu erfüllen hat, die egoistischen und individualistischen Neigungen zu reprimieren und die sozialen bzw. tugendhaften Motivationen des „neuen Menschen" zu fördern.

Morus hat aus dieser Prämisse folgerichtige, ja, radikale Konsequenzen für das innere Gefüge seines „idealen" Staates gezogen. Von der Wiege bis zur Bahre wird der einzelne durch den Staat entweder betreut oder direkt oder indirekt überwacht. Eingebunden in ein System lebenslanger Erziehung und sozialer Fürsorge, dienen selbst die Spiele in der Freizeit dem Sieg der Tugend über das Laster (55). Die Privatsphäre der einzelnen ist minimisiert: Alle Haustüren Utopias können leicht geöffnet werden. Um individualistisches Eigentumsstreben gar nicht erst aufkommen zu lassen, wechseln die Utopier alle zehn Jahre durch das Los ihre Häuser (52). Die Ehe als Basis-Institution des Gemeinwesens wird besonders geschützt: Wiederholt sich ein Ehebruch, so haben die Delinquenten mit der Todesstrafe zu rechnen (82). Vor allem aber legt sich ein dichtes Netz indirekter oder direkter sozialer Kontrollen über das Alltagsleben der Utopier. Ein gesellschaftsfeindliches Verhalten wird im Keim schon dadurch erstickt, daß während des gemeinsamen Essens im Refektorium jeder jeden beobachtet. Hytholodeus sieht eine große Errungenschaft Utopias darin, daß man „vor aller Augen (...) seine gewohnte Arbeit verrichten oder seine Freizeit anständig verbringen (muß)" (36): Niemand kann sich vor der Arbeit drücken oder in Bierschänken, Weinstuben und Freudenhäusern lasterhaften Vergnügungen nachgehen. Will jemand in eine andere Stadt verreisen, so benötigt er die Erlaubnis der Behörden. Herumstreifen ohne obrigkeitliche Genehmigung wird mit Auspeitschen, im Wiederholungsfall mit Zwangsarbeit bestraft (63).

Die institutionelle Überformung des Alltagslebens macht auch vor dem politischen System im engeren Sinne nicht halt, das oft als Vorläufer der repräsentativen Demokratie des Westens dargestellt worden ist. Zwar bekennen sich die Utopier zur republikanischen Tradition, zu Wahlen und zum Repräsentationsprinzip. Doch bereits das von ihnen praktizierte Öffentlichkeitsmodell zeigt, daß der Ausgangspunkt des politischen Willensbildungsprozesses nicht der einzelne ist, dessen vernünftiger Wille – wie es die normativen Grundlagen westlicher Demokratien vorsehen – den sozio-politischen Institutionen vorgeordnet gedacht wird. Vielmehr ist das Gegenteil der Fall: Der politische Bürger ist nichts weiter als eine Verlängerung der politischen Institutionen, innerhalb derer er reibungslos zu funktionieren hat. Wer außerhalb des Senats oder der Volksversammlung sich diskutant am politischen Willensbildungsprozeß beteiligen will, muß mit der Todesstrafe rechnen (53). Nicht die ursprünglich Gleichen und Freien, sondern das Versammlungskollektiv ist Garant der Wahrheit. Wenn aber die Gruppe die Ziele der Gesellschaft festlegt, entfällt auch eine kodifizierte Sphäre individueller Bürger- und Menschenrechte. So trifft auch im politischen Leben zu, was für die Alltagsexistenz der Utopier konstititutiv ist: Erst im Tod können sie erfahren, was es heißt, „allein" zu sein.

IV. Der Geltungsanspruch

Der *Utopia* des Thomas Morus, so ist abschließend festzustellen, muß attestiert werden, daß sie im Vergleich zu den antiken und christlichen Phantasiebildern einer besseren Welt einen deutlichen Realitäts- und Rationalitätsvorsprung für sich reklamieren kann.

Zwar ist unbestritten, daß ohne das antike und das christliche Erbe utopisches Denken nicht möglich gewesen wäre. Wie einerseits Platons *Politeia* Vorbild für die die gesellschaftliche Statik und Harmonie sowie für die das Verdikt des Luxuskonsums erzwingenden Institutionen und die Struktur der politischen Eliten des utopischen Staates einschließlich seines Geltungsanspruchs war, so sind die Regeln des menschlichen Zusammenlebens bei der Arbeit und in der Freizeit dem antiindividualistischen Reglement der mittelalterlichen Klostergemeinschaft nachempfunden. Doch im Unterschied zu Platon wertete Morus im Zeichen eines rigiden Egalitarismus die menschliche Arbeit radikal auf. Auch entzog er Platons Ständegesellschaft dadurch den Boden, daß er das Gemeineigentum von der politisch herrschenden Kaste auf die Gesamtgesellschaft übertrug. Aber auch die Differenzen zum mittelalterlichen Kloster sind evident. Im Gegensatz zu dessen Selbstverständnis optieren die Utopier für einen Hedonismus der natürlichen Bedürfnisse, der mit einer deutlichen Aufwertung der körperlichen Lust verbunden ist (75, 76f, 82). Außerdem sind die Utopier Heiden, deren Toleranz-Verständnis (98f) eine recht säkularisierte Beziehung zu den verschiedenen Religionen erkennen läßt (96f). Und selbst wenn sie an der Unsterblichkeit der Seele festhalten, begründen sie, charakteristisch genug, dieses Dogma nicht nur theologisch, sondern auch staatspolitisch: Wer nicht an Bestrafungen und Belohnungen im jenseitigen Leben glaube, der setze sich auch über die Gesetze des Staats hinweg und gefährde dessen Stabilität (97).

Dieser Säkularisierungsschub dürfte hinreichend gezeigt haben, daß in Morus' *Utopia* „die Menschen weitgehend als Urheber ihrer eigenen Einrichtungen dargestellt" (Elias) werden. Utopia ist zwar ein Phantasiebild, könnte aber verwirklicht werden. Doch verfolgte Morus dieses Ziel? Im Text der *Utopia* fehlt es an Hinweisen, die für die Annahme sprächen, die sozio-politischen Verhältnisse seiner Zeit sollten und könnten nach dem Vorbild seines idealen Staats umgewälzt werden. Es ist nicht einmal sicher, daß sich Morus selbst unzweideutig mit Utopia identifizierte. Er gibt zu bedenken, daß das Gemeineigentums ein erträgliches Leben unmöglich machen könnte, „weil sich jeder vor der Arbeit drückt, da keinerlei Zwang zu eigenem Erwerb drängt und ihm das Vertrauen auf fremden Fleiß faul macht" (45). Außerdem befürchtet er, der Wegfall des gesetzlich geschützten Privateigentums führe zwangsläufig zu „Mord und Aufruhr" (ebd.). Und selbst nachdem Hythlodeus dieser Kritik durch die Schilderung der Institutionen Utopias entgegengetreten ist, sind seine Zweifel am „gemeinschaftlichen (kommunistischen) Leben und der Lebensweise ohne Geldumlauf" (109) nicht zerstreut: Sie liefen auf eine Nivellierung der gesellschaftlichen Ränge hinaus (ebd.).

Andererseits sind Interpretationen nicht haltbar, wonach Morus dem Leser mit dem Stilmittel der Ironie nicht das Wunsch- sondern das Furchtbild einer möglichen Gesellschaft habe vor Augen führen wollen. Weder Morus' Text noch seine frühen Interpreten stützen eine solche Auslegung. Vielmehr räumt er ein, daß es im Staat der Utopier vieles gebe, was für die europäischen Staaten anstrebenswert sei (110). Er enthalte nicht wenig, so an anderer Stelle, „was man sich zum Vorbild nehmen könnte, um die Mißstände der hiesigen Städte und Staaten, Völker und Reiche zu verbessern" (20). Aber darüber, wie diese Reformperspektive in Politik umzusetzen sei, schweigt er sich in Übereinstimmung mit dem Geltungsanspruch seiner Konstruktion aus: Utopia heißt so viel wie „Nicht-Ort". Sie ist ihrem eigenen Anspruch nach eine Fiktion, die verdeutlicht, daß es zumindest im vernünftigen Denken bessere Alternativen zur bestehenden Wirklichkeit gibt.

Hans Karl Scherzer

Martin Luther (1483–1546)

Zeittafel

1483	In Eisleben als Sohn eines Bergmanns geboren (10. November). Nach Besuch der Lateinschulen in Mansfeld, Magdeburg und Eisenach
1501–1505	Artistisches Grundstudium in Erfurt im Zeichen des Nominalismus. Kurz nach Erlangung der Magisterwürde Eintritt ins Kloster der Erfurter Augustiner-Eremiten.
1507	Priesterweihe und Theologiestudium.
1508	Versetzung an die neue Universität Wittenberg. Dort zunächst Professor der Moralphilosophie.
1512	Promotion zum Doktor der Theologie, Professor der Bibelauslegung und Prediger an der Stadtkirche in Wittenberg.
1513–1518	Vorlesungen über den Psalter, Römer-, Galater-, Hebräerbrief. Klosterkämpfe und „Turmerlebnis".
1517	Ablaßstreit; Anschlag der 95 Thesen an der Wittenberger Schloßkirche (31. 10.).
1518	Kein Widerruf gegenüber Kardinal Cajetan auf dem Reichstag zu Augsburg (Okt.).
1519	Disputation mit Eck in Leipzig (Juni-Juli).
1520	Die reformatorischen Hauptschriften (*An den christlichen Adel*, Aug.; *Von der babylon. Gefangenschaft der Kirche*, Okt.; *Von der Freiheit eines Christenmenschen*, Nov.). Päpstliche Bannandrohungsbulle („Exsurge Domine" 15. 6.).
1521	Reichstag zu Worms (April 1521). Weigerung L.s, seine Schriften zurückzunehmen (18.4.). Wormser Edikt gegen L. und die reformatorische Bewegung. Reichsacht über L. Auf der Wartburg, Übersetzung des Neuen Testaments.
1522	Wegen der ausgebrochenen religiös-sozialen Unruhen (Bilder-Stürmer) Rückkehr (März) von der Wartburg.
1523	Neugestaltung des Gottesdienstes („Deutsche Messe"), Aufbau der Armenfürsorge („Kastenordnung"), Beginn selbständiger Gemeindebildungen.
1524	Beginn der Auseinandersetzung mit den „Schwärmern" (Thomas Müntzer).
1525	Schriften zum Bauernkrieg; *Vom unfreien Willen* (gegen Erasmus); Verheiratung mit Katharina von Bora (13. 6.).
1527	Kursächsische Kirchenvisitation als Beginn des landesherrlichen Kirchenregiments. Abendmahlsschriften gegen Zwingli.
1529	Großer und Kleiner Katechismus. Marburger Religionsgespräch mit Zwingli.

1530	Während des Augsburger Reichstages (Vorlage der „Augsburger Konfession") auf der Veste Coburg (wegen der Reichsacht).
1537	Schmalkaldische Artikel für das ausgeschriebene Konzil. Seither zurückgezogen, verteidigte das Reformationswerk fast nur mehr vom Wittenberger Katheder, von der Kanzel oder durch eine Unzahl von Briefen, Flugschriften und Abhandlungen.
1546	Tod (18. Februar).

I. Die Rechtfertigungslehre

Die reformatorische Bewegung des 16. Jahrhunderts hat das „theokratische Einheitssystem des Mittelalters" gesprengt. Sie unterscheidet sich somit prinzipiell von den spätmittelalterlichen kirchlichen Reformbewegungen. Auch die radikalsten Verfechter des Konziliarismus und des Nationalkirchentums, auch die unbarmherzigsten Kritiker des verweltlichten Papsttums, des römischen Kurialismus und Fiskalismus ließen die überlieferte Idee der *respublica christiana* als des einen geistlich-weltlichen Gemeinwesens der Christenheit, in der die *ecclesia universalis* und die weltliche *politia* ihre Zuordnung und rechtliche Einheit gefunden haben, unangetastet.

Erst der Reformator Martin Luther löste diese überlieferte Konstruktion des *corpus christianum* durch seine Zwei-Reiche-Lehre theologisch auf. Dieser revolutionäre Umbruch in der christlichen Rechts- und Sozialtheologie ist die Frucht des jahrelangen Ringens des jungen Mönchstheologen um die Gerechtigkeit, die allein vor Gott gilt. Hinter der übersteigerten Werkfrömmigkeit des späten Mittelalters, die sich in unglaublicher Wundersucht, der Unzahl von Wallfahrten und dem verdinglichten Reliquienkult manifestierte, stand stets die Sehnsucht nach der *perfectio hominis christiani,* nach einem Leben in der Nachfolge Christi. Auch der junge Luther suchte nach religiöser Gewißheit in den Unsicherheiten dieses „apokalyptischen Zeitalters". Im Kloster der Erfurter Augustiner-Eremiten, einer Kongregation strengster Observanz, suchte er durch peinlichsten Gehorsam gegen die Ordensregel und gewissenhafteste Erfüllung seiner Mönchspflichten den *status perfectus* des Christen zu erreichen. Als Ordensmann und Priester wie als akademischer Lehrer gewann Luther an Ansehen, wurde der Stolz des Ordens und der Ruhm der Universität Wittenberg.

Doch gerade in den Jahren der ersten großen öffentlichen Erfolge durchlebte Luther seine schwersten Anfechtungen. In den „Klosterkämpfen" machte ihm die Begegnung mit dem Gesetz Gottes die Verwerflichkeit aller Werkfrömmigkeit erschreckend bewußt. Prädestinationsängste steigerten diese Anfechtungen zu einem vollständigen inneren Zusammenbruch, zu Qualen der ausweglosen Gottverlassenheit. Aus dieser existentiellen Krise führte ihn nach eigenem Zeugnis die Offenbarung des Evangeliums in Röm. I,17: „da begann ich die Gerechtigkeit Gottes verstehen zu lernen als die Gerechtigkeit, in der der Gerechte durch Gottes Geschenk lebt, und zwar aus dem Glauben, und ich fing an zu verstehen, daß dies die Meinung ist, es werde durchs Evangelium die Gerechtigkeit Gottes offenbart, nämlich die passive, durch welche uns der barmherzige Gott gerecht macht durch den Glauben, wie geschrieben steht: ‚Der Gerechte lebt aus dem Glauben'" (WA 54, 185, 12ff.). Die Paulusstelle wurde ihm zur „Pforte des Paradieses". Die Lehre von der Rechtfertigung aus dem Glauben wird die Mitte der Theologie Luthers. Sein neues Verständnis von Gesetz und Evangelium sollte schließlich auch den um die Kirche gelegten Panzer des kanonistischen Rechts aufsprengen. Der genaue Zeitpunkt des reformatorischen Durchbruchs läßt sich nicht exakt feststellen, als Datum gilt der im Spätherbst 1517 ausbrechende Ablaßstreit. Er entzündete sich zunächst an der Frage nach dem wahren Sinn des Bußsakraments, warf dann aber die Fragen nach der äußeren Rechtsgestalt der hierarchisch geordneten Kirche, nach dem Verhältnis von göttlicher und irdischer Kirchenverfassung und nach dem der Kirche zu den weltlichen Gewalten auf. Indem Luther der irdischen Kirchenorganisation die Macht bestritt, rechtsgestaltend – etwa durch Verkündigung der Exkommunikation – in der *ecclesia spiritualis* als dem Reiche Christi auf Erden zu handeln und so über die geistliche Kirche zu verfügen, brachte er das überlieferte Kirchenrechtssystem zum Einsturz mit revolutionären Folgen auch für die Staats- und Rechtslehre.

II. Die Zwei-Reiche-Lehre

Der theologische Schlüssel für die Staats- und Rechtslehre Luthers ist seine Lehre von den zwei Reichen – dem Reich der Gnade und dem Reich der Welt – und den beiden Regimenten Gottes in ihnen. Sie ist ein Kernstück seiner Theologie, keine eigenständige Rechtsphilosophie. Aus ihr allein erschließt sich sein sozialethisches und politisches Denken. In ihren Grundzügen ist die Zwei-Reiche-Lehre schon vor dem Thesenanschlag von 1517 entstanden. Luther hat sie in seinen frühen Vorlesungen (insbesondere zu den Psalmen und dem Römerbrief) keimhaft entwickelt. Die eigentliche Entfaltung fällt in die Zeit von 1517–1525, also in die Jahre vor dem Bauernkrieg. Damals entstanden die großen Reform- und Streitschriften. Nach 1525 folgt noch der Ausbau und die Absicherung der Positionen. Die Lehre von den zwei Reichen ist nicht spezifisch lutherisch, Calvin und Zwingli, Melanchthon und die lutherischen Bekenntnisschriften übernehmen sie in modifizierter Form.

Die Ausgangsposition ist „das Vorhandensein und rechtliche Verhältnis zweier Reiche, des Reiches Gottes und des Reiches der Welt" (Heckel). Beide Reiche sind Personengemeinschaften unter einem Haupt und mit bestimmten Strukturen: Wir müssen „alle Menschen teilen in zwei Teile. Die zum Reich Gottes gehören, das sind alle Rechtgläubigen in Christo und unter Christo. Denn Christus ist der König und Herr im Reich Gottes" (WA 11, 249, 24). Zum Reich der Welt oder unter das Gesetz gehören jedoch alle, die nicht Christen sind. Ihren Ursprung hat dieses Auseinanderfallen der Menschheit, ja der ganzen Schöpfung, im Sündenfall. Der Kosmos ist seither zugleich Gottes Schöpfung und gefallene Welt, Ordnung Gottes und Schauplatz der Dämonie.

Nach Luther steht seine Lehre von den zwei Reichen näher bei Augustin als die der Scholastik. Er faßt den Gegensatz der beiden Reiche in seiner Auswirkung auf den Menschen sogar noch schärfer als Augustin; eine Folge seiner Auffassung von der durch die Erbsünde radikal verdorbenen menschlichen Natur. Augustin sieht wie Luther die Grenze zwischen den beiden *civitates* als scharf und unbedingt, aber zugleich auch als unsichtbar an. Es sind nicht zwei soziologische Verbände, die sich feindlich gegenüberstehen, sondern ungreifbare Personengemeinschaften, die sich wohl unter Umständen soziologisch verdichten können. Gegenüber der Zwei-Reiche-Lehre Luthers erscheint die augustinische Konzeption jedoch fast eindimensional und führt in ihrer geschichtlichen Anwendung ziemlich geradlinig zu dem von Luther bekämpften theokratischen Einheitssystem des Mittelalters, während der Ansatz Luthers auch das „Weltreich" als ein Reich Gottes mit eigener Würde auffaßte, und den Gegensatz von Göttlichem und Teuflischem quer durch Kirche und Staat (ja durch jeden einzelnen Menschen) gehen sah. „Allein im Verhältnis von Staat und Kirche gibt es eine sichtbare Grenze zwischen den

Ämtern und Aufgaben, nicht aber im Verhältnis des Christen zum Weltleben. Die Grenze in seinem Handeln ist nicht weniger scharf, aber sie ist verborgen und muß in immer neuer Gewissensentscheidung gesucht werden. Die Übertragung des Modells von Kirche und Staat als klar geschiedene Räume auf das christliche Leben hat oft den Eindruck einer dualistischen Zerreißung gemacht" (Bornkamm). Hier liegt die Ursache des Mißverständnisses der lutherischen Zwei-Reiche-Lehre durch den Neuprotestantismus.

Luther entfaltet seine Lehre vom *regnum Christi* her. Das Reich Christi ist ein nur den Gläubigen erkennbares Reich der Gnade, Liebe, Barmherzigkeit und Freiheit, aber kein Reich der Gewaltausübung. Es ist als *corpus mysticum* durch drei Elemente bestimmt: a) durch die Königswürde Christi; b) durch sein Regiment, das als lebensspendendes Einwirken auf die Glieder verstanden wird; c) durch das zugeordnete Gottesvolk. Es besteht aus den Menschen, die der Macht des Teufels durch Christus entrissen worden sind. Hierzu zählen nur die rechten Christen, nicht bloße Namenschristen. Dem Reich Christi gegenüber steht das *regnum mundi,* das Reich der gottentfremdeten Menschheit, die es als ein Reich sündiger Begierden und göttlichen Zorns erlebt. Es bildet gleichfalls einen mystischen Leib, das *corpus babylonicum,* unter dem Satan als Haupt.

Zwischen ihm und dem *corpus Christi* besteht keinerlei Rechtsgemeinschaft. Daher ist auch die Konzeption *einer* Rechtsgemeinschaft der gesamten Menschheit auf der Grundlage *eines* göttlichen Naturrechts für Luther unannehmbar. Der Rechtsstand jedes einzelnen Menschen ist abhängig von seiner Bürgerschaft in einem der beiden Reiche: „Auffs erst ist zu mercken, das die zwey teyl Adams kinder, der eyns ynn Gottis reych unter Christo, das ander ynn der wellt reych unter der uberkeyt ist, zweyerley gesetz haben" (WA 11, 262, 3 ff.). Niemand kann gleichzeitig Bürger beider Reiche sein.

III. Die Rechtslehre

Die Struktur der Rechtslehre Luthers unterscheidet sich fundamental von der mittelalterlich-scholastischen: Da es *zwei* Reiche gibt, so gibt es auch ein *zweifaches* Naturrecht. Beide erhalten jedoch ihre Einheit in dem einen göttlichen Rechtswillen. In ihm sind die dialektisch aufeinander bezogenen Begriffspaare „Gesetz" und „Evangelium", „Rechtfertigung" und „Recht" aufgehoben. Der Mensch – auch als Christ Gerechter und Sünder – steht in diesen Spannungen und begegnet so unmittelbar dem Willen des allgegenwärtigen Gottes, der durch sein Wort seinen allumfassenden Rechtswillen in zweierlei Weise verkündet.

Im Reich der Gnade gilt der göttliche Rechtswillen in der Weise, wie er dem Menschen im Status der unverdorbenen Natur promulgiert worden ist. Dieses göttliche Naturgesetz *(lex divina)* hat Gott für alle Menschen erlassen; es ist das allgemeine Gesetz schlechthin. Seine ontologische Grundlage hat es in Gott, der die Liebe ist, deshalb bindet es als Recht nur dann, wenn der Wille des gläubigen Gesetzesempfängers es in völliger Freiheit als verbindlich bejaht. Dies geschieht nur im Reiche Christi. Für den ungläubigen „natürlichen" Menschen stellt sich dieses Gesetz als Torheit und Willkür dar. Das göttliche Gesetz ist „reiner Geist Gottes", es ist das schöpferische Wort Gottes. Christus hat diesem Naturgesetz seinen wahren Sinn wieder zurückgegeben, deshalb erlaubt allein die *lex Christi* das rechte Verständnis der *lex Dei*. Durch natürliche Erkenntnis kann der Mensch das Wesen der göttlichen Gerechtigkeit und Liebe niemals erfassen.

Der *lex divina naturalis* zur Seite steht nach Erschaffung des Menschen das positive göttliche Recht, das die beiden Ordnungsformen des menschlichen Gemeinlebens im Urstand begründet: die Kirche und die Familie *(ecclesia et oeconomia)*. Das menschliche Gemeinschaftsleben war damals eine in inniger Liebe zu Gott und zueinander geführte Familiengemeinschaft. Mit dem Sündenfall ist diese harmonische Ordnung des Seins zerfallen. Dem geistlichen Natur*gesetz* tritt das weltliche Natur*recht* gegenüber. Dem „natürlichen" gottfernen Menschen bleibt jedoch auch nach dem Sündenfall der göttliche Rechtswille im Herzen eingeschrieben; er erfaßt jedoch seinen geistlichen Sinn nicht mehr, sondern macht aus ihm ein weltliches Naturrecht, das allein das irdische Wohl zum Zwecke hat. Das anerschaffene Rechts- und Sittlichkeitsbewußtsein des Menschen bleibt, wenn auch unzureichend, am göttlichen Naturgesetz ausgerichtet. Auf diese Weise lenkt Gott noch in der gefallenen Welt alle irdische Rechtsbildung und -handhabung. Ein vom göttlichen Rechtswillen unabhängiges autonomes weltliches Naturrecht ist für Luther undenkbar: *„Lex naturae non potest separari a lege divina"* (WA TR 2, 2243). Dieses Naturrecht steht zudem zur Verfügung des Schöpfers, der es nach dem Zeugnis der Bibel wiederholt durchbrochen hat. Scharf geißelt Luther den menschlichen Hochmut, welcher die Maßstäbe der Gerechtigkeit allein aus der menschlichen Vernunft ableiten will.

Trotzdem preist Luther das weltliche Naturrecht als „Glanzstück irdischer Rechtskunde und Sittlichkeit" (WA 40,1, 665, 12). Sein normativer Ausdruck ist die Goldene Regel: „Alles, was ihr wollt, daß euch die Leute tun, das tut ihr ihnen auch!" (WA 18, 80, 30ff.) Das weltliche Naturrecht ist „regel und mas" (WA 17,2, 91, 13) aller anderen menschlichen Gesetze. Es setzt die Schranken der Menschlichkeit, Gerechtigkeit und Billigkeit, ohne welche das positive menschliche Recht nicht bestehen kann. Der Rechtspositivismus späterer Jahrhunderte kann sich nicht auf Luther berufen. Nicht die Obrigkeit ist Meister des positiven Rechts, sondern das Naturrecht, und die Obrigkeit bloß dessen Diener (WA 11, 272, 15). Aus dem Naturrecht stammt die sittliche Kraft und Überzeugungskraft des positiven Rechts. Im Vergleich zum „gesunden" Naturrecht betrachtet Luther jedoch jegliche positivrechtliche Verwirklichung als Zeichen der Verkümmerung des lebendigen Rechtssinnes in einem Volk, als „flickwerk und betteley" (WA 51, 214, 18). Das Ideal sieht er in Regenten, die mit einem vernünftigen Ratsverstand ausgestattet allein nach dem Naturrecht regieren. Doch auch das positive menschliche Recht ist Werkzeug des göttlichen Erhaltungswillens in den Ämtern und Institutionen, deren sich Gott in seinem weltlichen Regiment bedient.

IV. Die Regimentenlehre

Das Regiment Gottes erstreckt sich über die ganze Welt, es wirkt also in beiden Reichen. Es ist unwiderstehlich, deshalb herrscht Christus auch über seine Feinde in der abgefallenen Welt. Da die Ungläubigen Gottes Wort nicht in ihr Herz aufnehmen, muß Gott sie durch den äußeren Zwang des weltlichen Regiments regieren. Das Regiment über die Gläubigen hingegen ist allein geistlich. Die Regimentenlehre hebt den funktionalen Amtscharakter der Regierungstätigkeit Gottes hervor. Sie bezieht sich nur auf das *regimen Dei externum.* Sie enthält die eigentliche Grundformel der politischen Ethik Luthers: „Darumb hatt Gott die zwey regiment verordnet, das geystliche, wilchs Christen unnd frum leutt macht durch den heyligen geyst unter Christo, unnd das weltliche, wilchs den unchristen und boeßen weret, daß sie äußerlich muessen frid hallten unnd still seyn ohn yhren danck" (WA 11, 251, 15 ff.). Beide Regimente beruhen also auf unmittelbarer göttlicher Anordnung, sie haben ihren selbständigen Platz im göttlichen Heilsplan.

Durch sie regiert Gott die Welt auf zweierlei Weise. Im geistlichen Regiment wird die Welt durch die Predigt des göttlichen Gesetzes, durch die Verkündung des heilbringenden Evangeliums und durch die rechte Sakramentsverwaltung zur Glaubensentscheidung aufgerufen. Im weltlichen Regiment bewahrt Gott auch mit Hilfe der Zwangsgewalt der weltlichen Obrigkeit seine Schöpfung vor ihrer Zerstörung durch den Satan. Beide Regimente Gottes stehen in einem Verhältnis dialektischer Spannung: „Keyns ist ohn das ander genuog in der wellt. Denn on Christus geystlich regiment kan nemant frum werden für got durchs geystlich regiment"; wo aber das geistliche Regiment allein regiert, „da wirtt der boßheyt der zäum loß unnd räum geben aller bübery" (WA 11, 252, 14 ff.). Für die Ausübung beider Arten des Regiments hat Gott Ämter und Institutionen gestiftet; Luther faßt sie als dreifache hierarchische Ordnung von Kirche, Familie und Staat zusammen.

In der irdischen Gestalt der Kirche verfügt das geistliche Regiment über „einen Brückenkopf, von dem aus die Offenbarungsbotschaft in die Welt hineingetragen wird" (Künneth). Luther setzt die irdische Kirche, d.h. die in viele Kirchentümer aufgegliederte *ecclesia universalis,* nicht mit dem geistlichen Regiment schlechthin gleich. Sie hat als irdische Institution, als *ecclesia in mundo,* selbst an den Gesetzen dieser Welt teil und ist in ihre Unzulänglichkeiten verstrickt; dies beweist die Unvollkommenheit der irdischen kirchlichen Rechtsordnung. Trotzdem bleibt die Kirche auch nach dem Sündenfall eine Institution des positiven göttlichen Rechts. Zur Kirche kann nach göttlichem Recht nur der wahrhaft Gläubige gehören. Da es jedoch für die Menschen nicht möglich ist, die wahren Christen von den Ungläubigen zu trennen, ist es ein Gebot christlicher Bruderschaft, jeden Getauften als zur Kirche gehörig zu betrachten. Allein Gott weiß, wer zur *ecclesia spiritualis* oder zur *ecclesia simulata*, zur Heuchelkirche gehört.

Verglichen mit dem geistlichen Amt stehen die Institutionen des weltlichen Regiments auf einer recht niedrigen Stufe, denn sie verhelfen nicht zur Seligkeit. Der Staat erscheint allein als eine Notordnung Gottes gegen die Sünde; dennoch wird er erstmals als Gemeinwesen mit eigener weltlicher Legitimität theologisch begriffen. Das weltliche Regiment kann jedoch nicht mit dem Ordnungsgefüge der weltlichen Gewalt gleichgesetzt werden. Der Staat (*politia* im engeren Sinn) ist nur *eine* Konkretion der Regierung Gottes in seinem Reich zur linken Hand. Der ganze Bereich der säkularen Sozialstrukturen und Sozialgebilde außerhalb des Reiches und der Kirche Christi gehört zum weltlichen Regiment und ist deshalb letztlich für Luther *politia*.

Zu den Institutionen des weltlichen Regiments gehört seit dem Sündenfall auch die Familie; das Hausregiment des Vaters ist das erste rechtlich geordnete irdische Gewaltverhältnis. Die Familie wird zur Quelle der Ökonomie und des Staates (WA 42, 354, 23). Indem Luther so die Obrigkeit in den „Vaterstand" aufnimmt, stellt er sie zugleich unter die Gehorsamsforderung des vierten Gebots (Gerstenkorn). Diese patriarchalische Staatsauffassung entsprach durchaus der zu Luthers Zeiten innerhalb der deutschen Fürstenstaaten geübten Regierungspraxis, wonach im Idealfall der Fürst als guter Hausvater sich fürsorglich um die Seinen bemühte, wogegen die Untertanen wie Kinder ihrer Obrigkeit Gehorsam schuldeten. Es läßt sich nicht abstreiten, daß diese Fixierung des Politischen auf das patriarchalische Verhältnis die Staatsauffassung des Luthertums über Jahrhunderte verengte. Institutionen und Konstitutionen blieben eine letztlich unverstandene Größe; politische Freiheit und Gerechtigkeit sind Gegenbilder der Freiheit und Gerechtigkeit eines Christenmenschen. Luther hat sich, im Gegensatz etwa zu Calvin, niemals substantiell zur Frage der besten Staats- oder Regierungsform geäußert.

Wichtiger als jede äußere Form ist ihm die inhaltliche Ausgestaltung des obrigkeitlichen Amtes – sei es christlich oder heidnisch –, dem Gott drei Aufgaben zuteilt: 1. das göttliche Strafgericht zu vollstrecken, indem es zur Aufrechterhaltung von Ruhe und Sicherheit das Schwert „mit Fleiß", jedoch auch mit Billigkeit führe; 2. Werkzeug seiner erbarmenden Liebe zu sein, indem es eine gerechte soziale Ordnung als Basis für die Verkündung des Evangeliums schaffe; 3. als Statthalter Gottes in seinem Reich zur Linken zu wirken. Wegen dieser letzten Aufgabe kann Luther die weltliche Obrigkeit „eine Göttliche nützliche ordnunge" nennen. Er gibt sich über die weltliche Obrigkeit keinerlei Illusionen hin. Er hält die Macht an sich nicht für böse, aber sie hebt den Menschen über seinesgleichen empor und birgt so in die Versuchung zum Mißbrauch des obrigkeitlichen Amtes (WA 51, 254, 9ff.).

Trotzdem dürfen die Untertanen auch dann keinen Aufruhr anzetteln, wenn der Fürst sein Amt offensichtlich mißbraucht. Aufruhr ist das Kapitalverbrechen in der *politia,* da er sich gegen den Bestand des Gemeinwesens und daher gegen das Naturrecht selbst richtet. Die Gehorsamspflicht der Untertanen endet aber dort, wo die weltliche Gewalt die vom Naturrecht gezogenen Schranken übersteigt. In diesem Fall ist passiver Widerstand zulässig. Er ist darüber hinaus geboten, wenn sich die Obrigkeit anmaßt, „der Seele Gesetze zu geben" (WA 11, 262, 9ff.) und so in Gottes geistiges Regiment einzugreifen, oder wenn sie sich gar offen gegen das Evangelium wendet. Gegen das rechtswidrige Handeln der Staatsgewalt öffentlich zu protestieren, ist vor allem das Predigtamt aufgerufen.

Ausführlich beschäftigt sich Luther mit dem Widerstandsrecht im Zusammenhang mit der Lehre vom Tyrannen (WA 39, 2, 39–91). Er unterscheidet zwischen dem Tyrannen durch Ausübung, dem „Kleintyrannen", dem Invasor oder Usurpator, dem aus der naturrechtlichen Folgepflicht der Untertanen gegenüber der legitimen Obrigkeit so lange aktiver Widerstand zu leisten ist, bis er selbst Obrigkeit geworden ist, und dem *tyrannus universalis,* der nicht nur das Naturrecht mit Füßen tritt, sondern sich an die Stelle des göttlichen Rechtswillens setzt. Der Welttyrann steht außerhalb jeder göttlichen und weltlichen Rechtsordnung; deshalb ist aktiver Widerstand gegen ihn geboten. Im Kampf gegen den Welttyrannen besitzt das Volk unter Berufung auf das Naturrecht das Recht und die Pflicht zur Revolution. Luther beschwört das Bild des Welttyrannen in einer Zeit härtester Bedrängnisse: er erblickt ihn in dem Türken, der seit 1529 das Reich immer heftiger bedroht; er sieht ihn jedoch vor allem im Papsttum verkörpert angesichts des seit 1539 bedrohlich herannahenden Religionskrieges. Bei aller Zeitbedingtheit dieses Tyrannenbildes besitzt Luthers Widerstandslehre angesichts des geistigen und politischen Totalitätsanspruchs neuzeitlicher Großideologien eine besondere Aktualität.

Die rechte Ordnung des Verhältnisses von geistlichem und weltlichem Regiment zueinander und damit die Regierungsweisen Gottes selbst sah Luther zu seiner Zeit in mehrfacher Hinsicht bedroht. Kompromißlos und leidenschaftlich bekämpfte er deshalb die Verkehrung des Evangeliums, wie er sie im mittelalterlichen System der Vermengung von weltlicher und geistlicher Gewalt erblickte. „Papst und Bischöfe sollten Bischöfe sein und Gottes Wort predigen. Das lassen sie und sind weltliche Fürsten geworden und regieren mit Gesetzen, die nur Leib und Gut betreffen" (WA 11, 265, 7 ff.). Indem so die weltlichen Fürsten geistlich und die geistlichen Fürsten weltlich regieren, besorgen sie jedoch nur die Geschäfte Satans.

Die gleiche Gefahr sah Luther in dem Bestreben der „Schwärmer" und der Bauern, die geistliche Ordnung der Freiheit und Gleichheit des Reiches Gottes mit Hilfe des weltlichen Schwertes – statt mit dem gewaltlosen Wort, wie es Christus selbst vorgelebt habe – auf das Reich der Welt zu übertragen. Die „Schwärmer", Wiedertäufer und aufrührerischen Bauern gefährden *beide* Regimente, denn wer „dise zwey reich ynneinander wollt mengen, wie unser falschen rotten geyster thun, der wurde zorn ynn Gotts reich setzen unnd Barmhertzigkeyt ynn der wellt reich" (WA 18, 390, 5 ff.). Die Welt läßt sich nicht nach dem Evangelium regieren, so lange nicht jeder aus dem Glauben lebt. Alle Versuche, das Reich Christi auf dieser Welt zu errichten, enden entweder in widergöttlicher geistlicher Gesetzlichkeit oder im Mißbrauch der „christlichen Freiheit".

Gerade diese immer wieder mit aller Schärfe, vorgetragene Abwehr der „greulichen Vermischung der Regimente" beweist, daß sich die Regimentenlehre Luthers einer Deutung allein unter funktionalen oder institutionellen Aspekten entzieht, daß sie vielmehr in das gewaltige eschatologische Drama des Kampfes der beiden Reiche eingefügt ist.

V. Der Christ in den weltlichen Ordnungen

Eine systematische Darstellung der Verhältnisse zwischen den beiden Regimenten hat Luther nicht entwickelt; für ihn verläuft auch die entscheidende Grenze nicht zwischen den beiden Regimenten, sondern zwischen dem *regnum Christi* und dem *regnum diaboli*. Dieser Gegensatz geht quer durch alle Ordnungen dieser Welt. Der wahre Christ ist Bürger im *regnum Christi*; für ihn gilt allein das geistliche Gesetz in seiner Auslegung durch die *lex Christi*. Den sozialethischen Maßstab für sein Verhalten in der Gemeinschaft bilden die unverkürzten Liebesgebote der Bergpredigt. Da diese jedoch der gottentfremdeten Welt nicht entsprechen und hier durch das weltliche Naturrecht und eine Ordnung des äußeren Zwangs ersetzt worden sind, lebt der Christ allein als freier Pilgrim in den weltlichen Ordnungen und leistet der weltlichen Obrigkeit aus freien Stücken Gehorsam, ja er erleidet willig das Unrecht, das ihm von Nichtchristen zugefügt wird, während er sich des verletzten Rechts seines Nächsten annimmt. Denn Gott hat ihn aus dem Reich der Welt herausgezogen. So kann der Christ ganz im Reiche Gottes stehen und, den radikalen Forderungen der Bergpredigt gemäß, nach dem Evangelium leben. Zugleich mit seiner Exemtion vom weltlichen Regiment ist aber der Christ aufgerufen, aus christlicher Freiheit und Bruderliebe heraus aktiv, verantwortlich und selbstlos im weltlichen Regiment, im sozialen und politischen Bereich zu handeln. Denn die Heilige Schrift zeige, „daß es weder im Alten noch im Neuen Testament jemals einen Heiligen gegeben habe, der nicht mit Politik oder Wirtschaft beschäftigt gewesen wäre" (WA 40,3, 207, 8). Entgegengesetzte Stimmen aus dem reformatorischen Lager, welche die politische Abstinenz des Christen forderten, hat er scharf verurteilt (WA 32, 390, 8).

Zur Lösung aller im weltlichen Regiment anstehenden Probleme soll sich der Christ vor allem der Vernunft bedienen, die bei dem in das rechte Gottesverhältnis getretenen Menschen qualitativ zur „christlichen und freien Vernunft" erhoben worden ist (WA 6, 559, 2). Der freie Gebrauch der Vernunft im weltlichen Handeln erlaubt es dem Christen unbefangen auf die überlieferten großen Zeugnisse menschlicher Erfahrung und Weisheit zurückzugreifen. Glaube und recht angewandte Vernunft helfen dem Christen in der Welt, sich in jedem Amt und Beruf stets so zu verhalten, daß er zugleich Gottes Reich und der Welt Reich „genugtut" (WA 11, 255, 13).

So wird der Stand der Obrigkeit dem Christen als ein durchaus gottgefälliges Amt anempfohlen. Er darf sich jedoch keineswegs verleiten lassen, die Verfassung des Reiches Christi auf die *politia* übertragen zu wollen; in ihr gilt allein das Recht der Welt. Für den Christen im obrigkeitlichen Amt wie in allen anderen Ämtern und Berufen genügt es vollauf, wenn er nach Maßgabe des weltlichen Naturrechts vernunftgemäß und sachgerecht seine Pflichten als Amtmann Gottes erfüllt. Wenn er „hierzu sein bestes Können einsetzt, ist er in seiner Verantwortung vor Gott entlastet" (WA 51, 240ff.). Er besitzt nicht etwa wegen seines Christseins einen größeren Sachverstand; als Gottes Mitarbeiter im weltlichen Regiment ist er jedoch besser geeignet, den göttlichen Rechtswillen vollziehen zu helfen. Er leistet im weltlichen Amt nicht nur seinen Mitmenschen einen naturrechtlich geschuldeten Dienst, sondern erfüllt vor allem auch einen vom göttlichen Naturgesetz erteilten Auftrag; dies zeigt sich namentlich in der Fürsorge des christlichen Regenten für das Kirchenwesen seines Landes. Denn trotz der entschiedenen Forderungen nach klarer Trennung der beiden Regimente bleiben das menschliche Gemeinwesen und die irdische Kirche in einer nicht zu übersehenden Verklammerung. In der obrigkeitlichen Fürsorge für den christlichen Glauben und das Kirchenwesen des Landes sieht Luther eine Amtspflicht der von Christen ausgeübten weltlichen Obrigkeit, der ausdrücklich die *custodia utriusque tabulae* (Verteidigung beider Gesetzestafeln) übertragen worden sei; der Prediger hingegen „bestätigt, stärket und hilft erhalten alle Obrigkeit, allen zeitlichen Frieden, steuert den Aufrührerischen ... und unterrichtet alle weltlichen Ämter und Stände" (WA 30,2, 537, 5ff.).

Aus dieser Zuordnung läßt sich jedoch weder die Behauptung ableiten, Luther habe der Vorstellung von einem wesenhaft „christlichen Staat" mit einer Dyarchie von weltlicher und geistlicher Gewalt angehangen, noch ist der Vorwurf berechtigt, er habe Bekenntnis und Rechtsgestalt der Kirche der weltlichen Gewalt ausgeliefert. Luther hat weder den „christlichen Staat" noch das landesherrliche Kirchenregiment in allen seinen späteren Auaprägungen rechtstheologisch legitimiert; er kann also auch nicht für die spätere spirituelle und rechtliche Verkümmerung der evangelischen Kirche zur reinen Staatsanstalt unmittelbar verantwortlich gemacht werden. Er hat jedoch zu dieser Entwicklung insofern beigetragen, als er aus vordergründigem kirchenpolitischen Opportunismus den Anfängen der rechtlichen Unterordnung der Kirche unter die weltliche Obrigkeit als Folge der landesherrlichen *cura religionis* nicht mit vollem Nachdruck entgegentrat.

Der Versuchung, die weltliche Gewalt in den Dienst des bekenntnisgebundenen Neubaus der Kirche zu stellen, den Staat darüber hinaus geradezu „zum Büttel der Zehn Gebote zu machen" und ihm so weitgehende Befugnisse *circa sacra* zuzugestehen, sind weder Luther noch Calvin, weder die Anhängerschaft der Reformatoren noch der gegenreformatorische Katholizismus des 16. Jahrhunderts entgangen. Ebensowenig konnten die konfessionellen Kirchentümer jedoch auch dem Schicksal entrinnen, ihrerseits in die Dienste des schließlich mit umfassender kirchenpolitischer Machtfülle ausgestatteten absoluten Staates eingespannt zu werden.

Ulrich Horst

Francisco de Vitoria (1483–1546)

Zeittafel

1483	Geboren in Burgos (Mutter jüdischer Abkunft).
1505	Eintritt in den Dominikanerorden in Burgos.
1506–1508	Studium in Burgos.
1508	Beginn der Studien in Paris. Lebte dort in St. Jacques, dem berühmten Studienhaus des Dominikanerordens. Wichtigster Lehrer Petrus Crockaert.
1512	Erste bekannte Publikation.
1516	Selbständige Lehrtätigkeit als Lektor der Sentenzenbücher des Lombarden.
1522	Promotion zum Doctor der Theologie.
1522	Rückkehr nach Spanien.
1525	Magister der Theologie
1522–1526	Professor im Kolleg San Gregorio in Valladolid. Bekanntschaft mit religiösen, politischen und juristischen Problemen der neu entdeckten Länder sowie mit Kaiser Karl V. und seinen imperialen Zielen.
1526	Professor in Salamanca.
1527	Erste *Relectio,* die Vitorias Ansehen begründet.
1534	Erstes persönliches Zeugnis von den unmenschlichen Kolonisationsmethoden in Peru. Briefwechsel mit Missionaren in Amerika.
1538/39	*Relectio De Indis.*
1539	Bitte Karls V., Vitoria und andere sollten Probleme der neu entdeckten Völker diskutieren.
1539	Karl V. beschwert sich über die Vorlesungen und Predigten „einiger Magistri", die sich zu den Rechten der Krone in den transatlantischen Ländern geäußert haben. Verbot, Schriften und Gutachten zu verbreiten.
1540	Letzte *Relectio* (*De arte magica*).
1545	Einladung Karls V., am Konzil zu Trient teilzunehmen.
1546	Am 12. August stirbt Vitoria in Salamanca.
1557	Die *Relectiones* erscheinen erstmals im Druck (Lyon).
1565	Eine revidierte Ausgabe erscheint in Salamanca.

I

Franz von Vitoria wurde 1483 in Burgos geboren. Sein Vater, Pedro de Vitoria, aus der Stadt Vitoria stammend, war in die Wirtschaftsmetropole gezogen und hatte dort Catalina de Compludo geheiratet, die einer wohlhabenden Familie mit jüdischen Vorfahren entstammte. Welche Vorurteile und welche rechtlichen Konsequenzen sich in Spanien aus dem Status eines *converso* ergaben, ist heute genau bekannt und auch für den Orden zu belegen, in den Franz von Vitoria 1505 in seiner Heimatstadt eintrat. Die kastilischen Dominikaner standen damals vor dem Abschluß einer durch die Katholischen Könige eingeleiteten Reformbewegung, die sich – neben strengen Observanzen – in einer großzügigen Förderung der Studien äußerte. Alonso de Burgos, Ratgeber Königin Isabellas, stiftete 1487 das den Dominikanern übertragene Kolleg San Gregorio in Valladolid, in dem eine Elite herangebildet werden sollte. Die klangvollen Namen seiner Studenten – u.a. Melchior Cano, Luis de Granada und Bartolomé de las Casas – sprechen für sich. Daß die Reform neue Kräfte freilegte, zeigte ein auch für Vitoria folgenschweres Ereignis: 1509 gingen die ersten Predigerbrüder in die Mission nach La Española, die ihm später von den Zuständen in den neu entdeckten Ländern berichteten. Im Jahre 1508 wurde Vitoria zum Studium nach Paris geschickt. Der Schritt macht zum einen deutlich, daß die Oberen den jungen Studenten für begabt hielten und daß sie Kontakte mit der Metropole des Wissens für wünschenswert erachteten, um Spanien aus einer gewissen Isolierung herauszuführen. Die Pariser Jahre waren für Vitoria von kaum zu überschätzender Bedeutung. Einige seiner akademischen Lehrer nennt er selbst. So Juan de Celaya, der sich nach seiner Rückkehr nach Valencia ebenfalls als Verteidiger des Papsttums hervortat. Ob er von ihm wesentliche Anregungen erhalten hat, ist freilich zweifelhaft. Dasselbe gilt für seinen Theologieprofessor Jean Du Feynier. Anders verhielt es sich mit Petrus Crockaert aus Brüssel, der, zunächst am Kolleg Montaigu tätig, 1503 Dominikaner wurde. Er tat einen bedeutsamen und in die Zukunft weisenden Schritt, da er seinen Vorlesungen nicht mehr das seit Jahrhunderten als Schulbuch verbindliche Sentenzenwerk des Petrus Lombardus (†1160) zugrundelegte, sondern die *Summa Theologiae* des Thomas v. Aquin. Das bedeutete einen methodischen Höhepunkt der Thomasrenaissance, da sich nun Studenten mit einem klassischen hochscholastischen Text vertraut machen konnten. Vitoria hat sich hierzu begeistert in seiner Vorrede zu der von Crockaert vorbereiteten Ausgabe des zweiten Teils der *Summa Theologiae* geäußert. Sie ist in mehrfacher Hinsicht bedeutsam, insofern sich in ihr ein Programm abzuzeichnen beginnt, das er dann in Salamanca verwirklicht hat. Vitoria bekennt, er habe sich lange mit Zweifeln getragen, ob es angebracht sei, der Lehre des Aquinaten zu folgen. Am meisten habe ihn der Einwand beschäftigt, man beraube sich der Freiheit in der Lehre, vertraue man sich einem einzigen Theologen und Philosophen an. Er sei jedoch zu dem Schluß gekommen, dies müsse nicht der Fall sein, wenn man sich an einen Führer halte. Auch er wolle nicht auf die Worte eines einzigen Denkers hören, wohl aber sei er bereit, die Beständigkeit gelehrter Männer zur Richtschnur zu nehmen. Thomas verkörperte für ihn in der Philosophie die umfassende Kenntnis der aristotelischen Tradition. In der Theologie empfehlen ihn eher Stil und Methode als die Doktrin selbst. Der präzise verarbeitete Stoff, Klarheit und Konstanz in der Lehrweise machten den Aquinaten zu einem Lehrer, dem sich Schüler mit Gewinn anvertrauen durften. Keiner der Leser dieser Vorrede wird geahnt haben, daß sich in ihr eine akademische Revolution ankündigt. Niemand konnte wissen, daß Vitoria wenige Jahre später in Salamanca – gegen die Universitätsstatuten – die *Summa Theologiae* zu dem Textbuch machen würde, das das Theologiestudium in Hinsicht auf Methode und Inhalt der Disziplin tiefgreifend verändern sollte.

Allem Anschein nach war Vitoria kein Schüler Johannes Maiors, des Schulhauptes des Kollegs Montaigu, doch hat es offenbar engere Kontakte gegeben. Zustimmende und kritische Erwähnungen lassen auf eine fruchtbare Auseinandersetzung mit ihm schließen. Von eigenem Reiz ist der Umstand, daß Maior als erster auf die mit den Entdeckungen neuer Länder verbundenen moralischen und politischen Probleme hingewiesen hat. Keinem Zweifel unterliegt ferner, daß er die politischen und ekklesiologischen Gedanken Maiors gekannt hat: die Lehre von der Volkssouveränität und von der Superiorität des Konzils über den Papst. Vitorias Kontakte zu Pariser Humanistenkreisen sind verbürgt.

Sie wurden über den aus Valencia stammenden Luis Vives angebahnt, der bezeugt, Vitoria habe Erasmus bewundert und gegen Angriffe in Schutz genommen. Auch verdanken wir ihm interessante Bemerkungen zum Charakter des jungen Spaniers. Er sei scharfsinnig, besonnen, sogar ein wenig unschlüssig. Eigenschaften, die sich in seinem Werk bestätigen sollten.

Nach dem Doktorat in Paris 1522 ist Vitoria in seine Heimat zurückgekehrt. Im Herbst 1523 begann er seine Vorlesungen am Kolleg San Gregorio in Valladolid. Erwähnenswert ist, daß zu seinen ersten Studenten Missionare gehörten, die sich als Verteidiger der Indios hervortaten. Auch dürfte der Umstand bedeutsam sein, daß in Valladolid der Indienrat residierte. Dort begegnete er ferner Kaiser Karl V. und dessen imperialen Plänen. Als 1526 der erste theologische Lehrstuhl an der Universität Salamanca vakant war, schlug der Orden Vitoria vor, der in der Entscheidungsprozedur einen klaren Sieg über seinen Konkurrenten errang. Der neue Magister begann seine akademische Tätigkeit an Spaniens führender Hochschule am 18. Oktober 1526. Hier – wie in Valladolid – legte er seinen Vorlesungen die *Summa Theologiae* zugrunde. Den in den Nachschriften der Schüler vielfach bezeugten Bemerkungen ist zu entnehmen, daß er sich trotz der klassischen Textvorlage bemühte, „keine alte Kantilene zu singen", sondern sich mit Begeisterung neuen Problemen stellte. Wie sehr ihm die Vorlesungen am Herzen lag, bekennt er selbst, wenn er sagt, er müsse in sie so viel Kraft investieren, daß ihm für die zweite Pflicht des Professors, die Publikationen, weder Zeit noch Energie bleibe. Tatsächlich war es Vitoria nicht vergönnt, ein Buch zu veröffentlichen, wohl aber haben seine Schüler Nachschriften angefertigt, die die außerordentliche Hochschätzung des Magisters bezeugen und zugleich den Vorzug haben, uns die Atmosphäre des Hörsaals zu vermitteln. Ein methodisches Detail sollte nicht übergangen werden. Vitoria meint, daß, wer von seinen Lektionen profitieren möchte, mitschreiben müsse, andernfalls rate er, das Kolleg anderer zu besuchen. Er werde sich bemühen, langsam zu diktieren. (Das Diktat ist übrigens eine aus Paris übernommene Neuerung, die in Salamanca noch lange auf offiziellen Widerspruch stieß).

Vitorias Ruhm haben allerdings nicht so sehr die erst in unserem Jahrhundert edierten Vorlesungen begründet, sondern seine

Relectiones. Sie haben ihren institutionellen Ort in den Statuten Papst Martins V. aus dem Jahr 1422, wo diese akademischen Übungen „Wiederholungen" (*repetitiones*) genannt werden. Alle Professoren waren verpflichtet, aus dem Vorlesungsstoff ein zentrales Thema öffentlich zu behandeln. Der universitäre Akt scheint sich indes keiner sonderlichen Beliebtheit erfreut zu haben. Nur wenige Magistri fanden den Mut, sich einem großen Publikum zu stellen, unter dem sich oft führende Persönlichkeiten des Landes befanden. Wichtiger ist der Umstand, daß es Vitoria nicht um eine bloß schulmäßige Repetition ging. Seine großen Relectionen hatten vielmehr aktuelle, nicht selten brisante Themen zum Gegenstand, die sich mit den Jahren zu einem Programm fügten, das die politische und kirchliche Klasse in Atem hielt. Der Inhalt dieser Vorlesungen und das Forum, das Vitoria dafür im Rahmen seiner akademischen Aktivitäten wählte, mußten Aufsehen und Konflikte provozieren. So ist es nicht verwunderlich, daß sich seiner Resignation bemächtigte, als Kaiser Karl V. bald nach der *Relectio De Indis* am 10. November 1539 aus Toledo an Vitorias Oberen in Salamanca ein Schreiben richtete, in dem er seinen offenbar seit langem aufgestauten Groll artikulierte und die Diskussionen über die transatlantischen Besitzungen und die Ämtervergabe durch den Papst mit scharfen Worten rügte. Kopien der Vorlesungen, Gutachten und Predigten seien zu konfiszieren. Die heftige Reaktion des Monarchen hatte zur Folge, daß Vitoria nicht mehr öffentlich politisch kontroverse Gegenstände erörtert hat. Sie ist auch dafür verantwortlich, daß weder die *Relectiones* noch andere Schriften zu Lebzeiten des Magisters im Druck erschienen sind.

Vitorias Jahre in Salamanca sind von Krankheit und körperlichem Leid geprägt, die ihn oft zwangen, die Vorlesungen zu unterbrechen. Wie er selbst schreibt, konnte er zeitweise keinen Finger rühren. An eine Teilnahme am Trienter Konzil (1545–1563), um die ihn Karl V. persönlich gebeten hatte, war nicht mehr zu denken. Er, der der Konzilsproblematik und der Kirchenreform bedeutende Abhandlungen gewidmet hatte, mußte auf eine Mitwirkung, die für ihn zu einem Höhepunkt seines Schaffens geworden wäre, verzichten. Der Trost, daß Schüler, von denen einige inzwischen zu hohen Würden aufgestiegen waren, die Trienter Dekrete mitformen und für deren Realisierung in Spanien und anderswo sorgen werden, blieb ihm auf Erden ebenfalls versagt. Am Morgen des 12. August 1546 ist Francisco de Vitoria in Salamanca gestorben. Seine letzte Ruhe fand er im Convento de San Esteban.

II

1. Über die staatliche Gewalt

Vitorias zentrale *Relectionen* kreisen um drei innerlich verbundene Themen: Um das Wesen der staatlichen und kirchlichen Gewalt, um den traditionellen Antagonismus zwischen Papst und Konzil und um die gerechten Titel für die Eroberung der neuen Länder. Daß sie sich zu einem staatlich-kirchlichen Reformprogramm fügen, scheint er schon in einer frühen Phase geplant zu haben. Die Serie beginnt mit der Vorlesung *Über die politische Gewalt*. In ihr geht es zunächst um den Ursprung staatlicher Gewalt. Diese ist im Gemeinwesen kraft göttlicher Stiftung (*constitutione divina*), während die Materialursache in ihm ruht, insofern es ihm zukommt, sich selbst zu regieren. So hat das Gemeinwesen seine Gewalt den Königen übertragen, indem es diese „schafft" (*creat*). Das heißt: Transferiert wird an die Monarchen die Administrationsvollmacht, während Gott das Formale dieser Gewalt gibt. Deshalb existieren nicht zwei unterschiedliche Gewalten, eine königliche und eine, die der „Gemeinschaft" eignet, sondern nur eine einzige. (Der Wechsel in der Terminologie von *respublica* zu *communitas* ist wahrscheinlich eine Anspielung auf die unter König Karl I. (Karl V.) in Kastilien lebendige Revolutionstheorie der *comuneros*). Das heißt weiter: Die monarchische Regierungsform ist nicht einfach „von oben", also unvermittelt, sondern durch das Volk übertragen, als es sich einen König „schuf", wozu es durch nichts und niemanden genötigt wurde, da es sich – wie in den alttestamentlichen Exempeln – in einem freien Akt für diese Staatsform entschied. Ist sie allerdings einmal verliehen, kann sie nicht mehr entzogen werden.

Angesichts der damaligen religiösen und politischen Spannungen – angespielt wird auf den Konflikt des Hauses Habsburg mit Frankreich und die Türkenkriege – gewinnt das Verlangen nach einem Universalmonarchen besondere Dringlichkeit. Er kann durch die Mehrheit der Christen – auch gegen starke Opposition – gewählt werden. Ihm – sein Titel ist *monarcha* – schulden alle Provinzen und Fürsten Gehorsam. Friede untereinander und Kampf gegen die Türken sind das allgemeine Ziel. Beides steht unter christlichen Vorzeichen. So versteht sich die Gesamtkirche gleichsam als politisches Gemeinwesen mit denselben Möglichkeiten, die auch die *res publica* hat, d. h. sie darf das Recht wahrnehmen, sich einen Universalmonarchen zu „schaffen". Der von Vitoria zur Lösung großer Konflikte, die das Vermögen partikulärer Staaten überschreiten, vorgesehene Monarch empfängt sein Mandat von der Christenheit ohne Beteiligung der Fürsten und ohne Rücksicht auf eine Dynastie. (Die Kritik an Kaiser Karl V. ist unüberhörbar). Wie die Wahl erfolgen soll, wird allerdings nicht gesagt. Wahrscheinlich denkt Vitoria an ein Konzil. Daß die Gedanken des Salmantiner Magisters utopisch waren, wird auch ihm bekannt gewesen sein. Es bleibt aber die Idee von einer alle europäischen Nationen umfassenden Monarchie, die der inneren und äußeren Bedrohung zu wehren vermag.

2. Politische und kirchliche Gewalt

Die *Erste Relectio über die kirchliche Gewalt*, vorgetragen 1532, greift eine Problematik auf, die Vitoria besonders am Herzen lag. Er hat sie, wie bereits vermerkt, in Theorie und Praxis in Paris kennengelernt, wo man die konziliaristisch-gallikanische Theorie von der Limitierung der päpstlichen Gewalt durch ein Konzil wachhielt und das Anwachsen hierokratischer Ideen mit Argwohn beobachtete. Sie sprachen dem Papsttum eine Macht zu, die ohne Grenzen zu sein schien. Vitoria äußert sich mit ungewöhnlicher Schärfe, ja Verachtung zur zeitgenössischen Literatur mit dieser Tendenz, bleibt jedoch in der Sache objektiv und um Ausgleich bemüht. Schon die erste Aussage hat programmatischen Charakter: „Der Papst ist nicht Herr des Erdkreises" (Vorles. I 232). Wohl hat er „die Sorge für die Kirche" wahrzunehmen, aber die Herrschaft im allgemeinen, wie sie der Kaiser ausübt, steht ihm nicht zu. Autoren, die sie ihm zuerkennen möchten, werden Schmeichler genannt, die dem Oberhaupt nach dem Mund reden. Die Berufung auf die „Konstantinische Schenkung" zur Legitimierung solcher Ansprüche hält er für lächerlich. Vitoria plädiert demgegenüber für eine strikte Trennung von Geistlichem und Zeitlichem, so daß der Papst nicht das Recht hat, Könige ein- oder abzusetzen, da der Priester in einer anderen Ordnung steht als der Regent. Gleichwohl möchte er keiner Beziehungslosigkeit zwischen den beiden Gewalten das Wort reden. Unser menschliches Endziel kann nicht innerweltlich realisiert werden, so daß die irdische Gewalt in gewisser Weise der übernatürlichen untersteht. Geht es um die letzte Ausrichtung der Menschen, so hat das kirchliche Oberhaupt weitreichende Vollmachten. Es hat über die sachgemäße Zuordnung der Mittel zu befinden, und im Konfliktfall hat es zu entscheiden, was dem übernatürlichen Ziel dient oder von ihm wegführt. Um Mißbrauch auszuschließen, müssen allerdings Kriterien entwickelt werden, damit der Papst nicht Vollmachten für sich reklamiert, die dem weltlichen Arm zustehen. Es hat – als allgemeine Regel – ein Grenzfall vorzuliegen, an dem die Handlungsfähigkeit weltlicher Handlungsfähigkeit aufhört. Mißbräuche allein genügen allerdings nicht.

Die Tendenz ist eindeutig: Die Gewalt der Kirche über Zeitliches soll so weit wie möglich eingeschränkt und auf die geistliche Ebene verwiesen werden. Das impliziert: Das höchste kirchliche Amt soll von politischen Verwicklungen ferngehalten werden, damit es sich auf seine spirituelle Autorität zu konzentrieren vermag. Das hat zunächst zur Folge, daß der Staat von einer hierokratischen Bevormundung befreit werden muß, um seine volle Souveränität in zeitlichen Dingen zu erlangen, wodurch auch die Kirche jenen Freiraum gewinnt, den sie für ihre spezifische Sendung benötigt. Daß hinter den Argumenten über die Zuordnung der beiden Gewalten vornehmlich ein kirchliches Reformprojekt steht, wird zwar nur nebenbei ausgesprochen, doch scheint es an markanten Stellen deutlich durch.

3. Papst und Konzil

Vitoria steht in einer seit den Katholischen Königen für Spaniens Kirche und Krone typischen Reformbewegung, die der Hoffnung, die Kirche werde sich vom Haupt her auf traditionellem Wege erneuern, mit Skepsis begegnet. Bisherige Versuche werden daher nicht gewürdigt. Den Weg aus der Krise kann, so ist er –

hierin durch Pariser konziliaristische Ideen bestärkt – überzeugt, nur ein Konzil weisen. Daß es das einzig wirksame Mittel ist, wird in der Relectio über *Die Gewalt des Papstes und des Konzils* von 1534 diskutiert. Aber welche Stellung nimmt der Papst in einem Konzil ein, und welche Rolle spielt er auf ihm? Ist er der Generalsynode über- oder untergeordnet? Vitoria hält die beiden klassischen Antworten für probabel, so daß er keine Wahl treffen möchte. Der Grund ist ebenso einfach wie für seine Absichten bezeichnend. In einer erwiesenermaßen so schwierigen Materie sollte man einen übergreifenden Standpunkt suchen. Eine jenseits der historischen Polarisierungen liegende Konzeption habe in der gegenwärtigen Situation den Vorteil, daß die Kontrahenten für gemeinsame Aktivitäten gewonnen werden könnten, um endlich die ersehnte Kirchenreform in Gang zu bringen. Eine Allianz mit der konziliaristischen Theorie ist demnach denkbar. In einem zentralen Punkt ist Vitoria allerdings nicht konzessionsbereit: Eine Limitierung der päpstlichen Vollgewalt bleibt ausgeschlossen. Aber wie in dieser Quadratur des Zirkels eine praktikable und von allen akzeptierte Lösung der Reformaufgaben theoretisch begründen? Vitoria sieht die einzige Möglichkeit, eine Erneuerung auf den Weg zu bringen, in einem Konzilsdekret, dem eine Nichtigkeitsklausel (*decretum irritans*) angefügt ist, die es dem Papst nicht erlaubt, von Verboten und Gesetzen zu dispensieren. Die bisherige Dispenspraxis Roms hält er für das eigentliche Krebsübel. Anders gesagt: Der beklagenswerte Zustand der Kirche hat seinen letzten Grund in den Mißbräuchen der römischen Kurie. Ihnen kann Einhalt nur durch entsprechende Konzilsbeschlüsse geboten werden. Dispensiert der Papst dennoch, sündigt er schwer. Der zu erwartende Einwand, das als Abhilfe vorgeschlagene Dekret mit Nichtigkeitsklausel habe kein Vorbild in der Kirchengeschichte, gibt Vitoria Gelegenheit, scharfe Kritik an den Päpsten seiner Tage zu üben, die eben – anders als früher – ihre Pflichten vergessen hätten, so daß Gesetze nicht mehr befolgt würden.

Der Gedanke, unter gewissen Umständen sei Opposition gegen den Papst erlaubt, ist also angeklungen. Vitoria weiß aus seiner Kenntnis des Spätmittelalters, daß er einen höchst sensiblen Punkt berührt hat. Gibt es eine akzeptable Form des Widerstands? Da alle konziliaristischen Theoretiker im Fall der Weigerung des

Papstes das Recht auf eine Appellation an ein Konzil für unverzichtbar hielten, mußte Vitoria ihnen – getreu seiner auf Ausgleich bedachten Position – Zugeständnisse machen, um sich ihrer Mitarbeit zu versichern. Nach einigem Zögern heißt es: Nach Verabschiedung eines Dekrets mit Nichtigkeitsklausel ist Widerstand seitens der Bischöfe oder eines Provinzialkonzils erlaubt. Vitoria ist sich der Kühnheit seiner These bewußt, aber die kirchliche Situation und die Aussichtslosigkeit einer Selbstreform der römischen Kurie lassen ihn die schweren Bedenken überwinden. Schließlich hatte in seinen Augen ein entsprechendes Konzilsdekret den Vorzug, daß man nicht lange zu diskutieren brauchte, ob Bischöfe und Fürsten eingreifen dürften. Gleichzeitig beteuert er, daß in seiner Forderung keine Rechtsgewalt des Konzils über den Papst impliziert sei. Dennoch: Ungerechtfertigte Dispensen oder andere „unverschämte Weisungen" sind Grund, ein Konzil einzuberufen – und zwar selbst gegen den Willen des Papstes (Vorles. I 432). Das heißt: Vitoria steht im Begriff, die Schwelle zum Konziliarismus zu überschreiten, womit er sich – gegen seine Absicht, einen von beiden Parteien akzeptierten Mittelweg vorzuschlagen – in klaren Gegensatz zu allen päpstlich orientierten Theologen seiner Tage stellt.

Vitorias kirchliches Reformprogramm, aus Sorge und mit Leidenschaft entworfen, hat nur ein bescheidenes Echo gefunden. Selbst seine Schüler sind ihm hierin nicht gefolgt. Die außerordentlich heftigen Diskussionen um einen strikt verstandenen päpstlichen Primat, die die Schule von Salamanca charakterisieren, standen unter anderen Vorzeichen. Das 1545 noch zu Lebzeiten Vitorias einberufene Trienter Konzil zeigte schließlich, daß die Päpste – dem Pessimismus des Salmantiner Magisters zum Trotz – die Reform der Kirche in die Hände nahmen.

4. Das Problem der Conquista Amerikas

Der Schwierigkeit des Gegenstands und dem eher ängstlichen Charakter Vitorias entspricht der Umstand, daß er die Relectio *Über die Indianer* (*De Indis*) erst Ende 1538 oder Anfang 1539 gehalten hat. An der Legitimität der Eroberungen, die „gute und gelehrte Männer" geprüft haben, wird nicht gezweifelt, wohl aber läßt sich ob der alarmierenden Nachrichten von Greueltaten fragen, ob hier nicht größtes Unrecht geschehen ist. Die Notwendigkeit, darüber – trotz zu erwartender Konflikte mit der Krone – eine Vorlesung zu halten, ist folglich erwiesen. Dazu tritt ein anderer Grund. Bisher sind die Probleme nach Vitorias Ansicht nur von den königlichen Juristen, nicht aber von Theologen behandelt worden, denen die Reflexion über die göttlichen Gesetze anvertraut ist.

Ausgang aller weiteren Überlegungen ist der Satz, „daß (vor der Ankunft der Spanier) die Barbaren ohne Zweifel sowohl im öffentlichen als auch im privaten Bereich ebenso wie die Christen echte Herren waren und mit dem Rechtsgrund, daß sie keine wahren Herren seien, weder Herrscher noch Privatleute ihrer Güter beraubt werden konnten" (Vorles. II 403). Das heißt: In völkerrechtlicher Hinsicht werden Christen und Heiden gleichgestellt. Das hat zur Folge, daß die für gewöhnlich herangezogenen Rechtstitel keinerlei Beweiskraft haben. So etwa kaiserliche oder päpstliche Weltherrschaft, das vom Entdecker beanspruchte Recht, Ablehnung des Christentums, die Verbrechen der Barbaren, die angebliche freie Zustimmung der Indianer sowie die Herleitung aus einer besonderen Gabe Gottes an die Spanier. Gäbe es nur diese Rechtstitel, so wäre in der Tat für das Heil der Herrscher (gemeint ist Karl V.) und deren Ratgeber schlecht Sorge getragen.

Bei der Zurückweisung von Argumenten konnte es freilich nicht bleiben, zumal seit mehr als 40 Jahren nicht mehr rückgängig zu machende Realitäten geschaffen worden waren. Es mußten die Präsenz und Aktivitäten der Spanier in Amerika akzeptabel gemacht und zugleich die Rechte der dortigen Einwohner respektiert werden. Der erste Rechtsgrund, der die Herrschaft der Spanier legitimiert, ist der „der natürlichen Gemeinschaft und der Mitteilung". Vitoria verbindet den Satz mit dem römischen Fremdenrecht, nach dem jeder gehalten ist, Gäste und Fremde gut zu behandeln. Am Anfang der Welt war es so. Jeder konnte sich in die Region seiner Wahl begeben. Sofern es anderen nicht zum Nachteil gereicht, muß das heute auch den Spaniern konzediert werden. Niemand darf von einem fremden Land ausgeschlossen werden. Schließlich ist nach dem Naturrecht allen alles gemeinsam. So etwa Luft, Flüsse, das Meer, Häfen und Straßen. Das leitet zu dem Gedanken über, daß die Spanier mit den Barbaren Handel treiben dürfen. Der freie Warenverkehr muß so garantiert sein, daß Geschäfte zum gegenseitigen Vorteil möglich sind. Das impliziert nicht nur längeres Verweilen in der Fremde, sondern ständigen Aufenthalt und schließlich Einbürgerung. Den dort geborenen Kindern darf das Bürgerrecht nicht vorenthalten werden, da sie sonst „staatenlos" würden. Das heißt: Mindestens die zweite Generation muß volles Mitglied jener politischen Gemeinschaft werden können.

Was geschieht, falls den Spaniern diese Freizügigkeit verwehrt wird? In einem ersten Schritt hätten sie nachzuweisen, daß sie das Recht auf ihrer Seite haben und daß sie nicht gekommen sind, um die Barbaren zu übervorteilen. (Nicht erörtert wird, ob sie in der Lage sind, das abendländische Völkerrecht zu verstehen). Sollten indes Argumente nicht zum Erfolg führen, wären die Spanier berechtigt, sich zur Wehr zu setzen und für ihre Sicherheit zu sorgen. Es wäre ihnen weiter erlaubt, Festungen anzulegen und Gewalt mit Gewalt zu beantworten. Sind alle Versuche friedlicher Art fehlgeschlagen, darf das Kriegsrecht angewandt werden, da die Barbaren dann nicht mehr als unschuldig zu gelten hätten.

Von besonderem Rang ist der zweite Rechtstitel: die Ausbreitung des Christentums. Daß die Christen das Recht haben, allerorten den Glauben zu verkünden, versteht sich für Vitoria von selbst. Wenn Reisen und Handel eine Grundlage im Naturrecht haben, dann muß es um so mehr gestattet sein, denen die Wahrheit zu predigen, die außerhalb des „Heilsstandes" leben. Die Tatsache, daß die Mission vom Papst nur den Spaniern – von den Portugiesen ist keine Rede – anvertraut wurde, bereitet allerdings Verlegenheit. Vitoria zögert nicht, dem Papst die Gewalt zuzuerkennen, einer Nation die Vollmacht zu konzedieren. Ja, er darf sogar gewissen Völkern den Handel mit Amerika verbieten, wenn das der Religion förderlich ist. Und der Grund? Die Beteiligung mehrerer Länder hätte Streitigkeiten und Rivalitäten zur Folge. Das Argument mag befremden, entspricht aber der damaligen Situation, da Vitoria wußte, wie sehr sich Politik, Handel und Mission durchdringen. Die von ihm so lebhaft beklagte Zerrissenheit Europas sollte nicht exportiert werden. Ferner: Weil die spanischen Herrscher die finanziellen Lasten der Seereisen getragen haben, sollen nur sie in den Genuß der Vorteile kommen.

Lassen sich Mission und Gewalt vereinbaren? Falls die „Regenten" oder die „Menge" Widerstand leisten, nachdem man ihnen das Erscheinen der Spanier begründet hat, sind kriegerische Auseinandersetzungen legitimiert, auch wenn zu fragen ist, ob nicht der Schaden größer wäre als der Gewinn. In der Regel, so meint Vitoria, schlage Gewalt nie zum Vorteil des Evangeliums aus. Eindeutig wird die Situation jedoch dann, sollten einzelne oder sehr viele Neuchristen durch ihren Herrscher gezwungen werden, zum Götzendienst zurückzukehren. In diesem Fall darf das Kriegsrecht Anwendung finden. Ferner: Sollte sich „ein guter Teil" eines Volkes bekehrt haben, kann der Papst eingreifen und einen christlichen Regenten einsetzen, um den Fortbestand des Glaubens zu garantieren. Tyrannische Gesetze oder gar Menschenopfer rechtfertigen ebenfalls ein Eingreifen der Spanier. Gewalt ist freilich, daran läßt Vitoria keinen Zweifel, die *ultima ratio*, um Handel, Freiheit der Meere und Missionierung durchzusetzen.

Was wird in einer fernen Zukunft geschehen, wenn sich „viele Barbaren" bekehrt und die erwähnten Rechtsgründe akzeptiert haben? Behält die Krone dann ihre Oberhoheit? Die neuen Länder können in eine weitgehende politische Selbständigkeit entlassen werden, da die Rechtstitel, die einst eine direkte Intervention legitimiert hatten, nunmehr überholt sind. Gleichwohl soll eine gewisse Verbindung mit der spanischen Krone bleiben, die Vitoria als *administratio* umschreibt, ohne den Begriff zu erläutern. Wahrscheinlich meint er eher „Fürsorge" als politische Abhängigkeit.

Rang und Bedeutung von *De Indis* sind offenkundig, vor allem wenn man sie auf dem Hintergrund der gigantischen moralischen und rechtlichen Probleme liest, die auf die Verantwortlichen in Spanien einstürmten. Die Vorlesung und die sich anschließenden Diskussionen spanischer Juristen und Theologen bis ins 17. Jahrhundert hinein haben keine Parallele in anderen Ländern. In der Natur der Reflexionen, die Neuland betreten, liegt es, daß ihnen die Negation eher gelingt als die Konstruktion. Unbestreitbar dürfte sein, daß Vitorias Kritik an den illegitimen Titeln eine Großtat war, insofern sie hierokratischen und imperialen Ansprüchen den Boden entzog und gleichzeitig die Legitimität originärer Herrschaft hervorhob. Nicht minder wegweisend ist die Idee einer auf Austausch und Mitteilung beruhenden Völkergemeinschaft, auch wenn es sich zunächst um eine Einbahnstraße von

Europa nach Übersee handelte, und die positiven Seiten der Andersartigkeit jener Völker nicht wirklich in den Blick genommen werden.

Daß Vitorias Gedanken in der Schule von Salamanca keinen Endpunkt darstellten, belegt deren Weiterentwicklung etwa durch Melchior Cano, Juan de la Peña und Bartolomé de las Casas, der sie als zu kaiserfreundlich kritisierte. Der Einfluß reichte jedoch weiter. Auch mitteleuropäische Juristen wie Hugo Grotius zitieren Vitoria und andere Salmantiner Theologen.

Horst Denzer

Jean Bodin (1529/30–1596)

Zeittafel

1529 (o.30)	Geb. in Angers, Vater Schneidermeister
1545–48	Gefördert vom Bischof v. Angers, Ausbildung als Mönch bei Karmelitern, nach Häresieprozeß aus Orden entlassen
1550–61	Studium des Rechts und Lehrtätigkeit an der Universität Toulouse; dort entstehen mit dem System des universellen Rechts (*Juris universi distributio, 1578*) und der Methode von Geschichts- und Rechtsvergleichung (*Methodus ad facilem historiarum cognitionem, 1566*) Bausteine der Politischen Philosophie
1561	Advokat am Pariser Parlement (Gerichtshof)
1567–70	Dienst für franz. König Charles IX (Staatsanwalt bei Grands Jours von Poitiers, Ratgeber bei Ständen von Narbonne, Beauftragter für Wälder der Normandie)
1571–73	Berater von Herzog François d'Alençon, dem Bruder des Königs und Gründer des zwischen Hugenotten und Katholiken vermittelnden Parti des Politiques, entkommt mit Mühe dem Blutbad an den Hugenotten in der Bartholomäusnacht 1572
1574–75	Berater von König Henri III
1576	Vertreter des Dritten Standes von Vermandois bei Ständen von Blois, gegen den König; Erscheinen des Hauptwerks über den Staat (*Six livres de la republique*)
1576	Heirat der Witwe Trouillart, um seinem Schwager am Gericht zu Laon nachzufolgen
1577	Staatsanwalt am Gericht zu Laon, bleibt dort bis zum Lebensende, vollendet ein Handbuch für Richter von Hexenprozessen (*Demonomanie des sorciers, 1580*), eine Ethik (*Paradoxon, 1596*), eine Naturgeschichte (*Universae naturae theatrum, 1596*) und ein um Toleranz werbendes Religionsgespräch (*Heptaplomeres, postum 1841*)
1581–84	Nochmals im Dienst des Herzogs von Alençon (Englandreise, Engagement für niederländischen Freiheitskampf)
1596	Tod, begraben in Eglise des Cordeliers in Laon

I. Die Zeit

Jean Bodin ist berühmt geworden, weil er den Begriff der Souveränität als Grundlage des Staates der Neuzeit geprägt oder zumindest allgemeingültig gemacht hat. Die Bartholomäusnacht vom 24./25. August 1572, als mehr als 30 000 Hugenotten dem religiösen Alleinvertretungsanspruch der Katholiken zum Opfer fielen, war das Blutfanal, das ihn zur Formulierung seiner Staats- und Souveränitätslehre trieb. Die Religionskriege in Frankreich, ja in ganz Europa (1531 entstand in Deutschland der Schmalkaldische Bund, 1534 löste Englands Heinrich VIII. die anglikanische Kirche von Rom), weckten den Ruf nach dem starken Staat, nach der unteilbaren Gewalt, die Frieden, Einheit und Sicherheit wiederherstellte. *Un roi, une loi, une foi* (ein König, ein Gesetz, ein Glaube), die drei Säulen der Einheit der französischen Nation, drohten in den Wirren der Religionskriege zu zerbrechen.

Die Situation in Frankreich war trostlos. Es gab viele Tote und Gewalttätigkeiten auf beiden Seiten. Bis zum Toleranz-Edikt von Nantes (1598) wanderten Zehntausende von Hugenotten, qualifizierte Arbeitskräfte, aus. Die Äcker und Dörfer waren verwüstet, die Feldarbeit wurde weitgehend eingestellt, die Bauern rebellierten. Preisanstieg und Geldentwertung zerrütteten die Wirtschaft (deshalb schrieb Bodin 1568 ein Buch über die Ursachen der Inflation: *La reponse au paradoxe de M. de Malestroit*). Die Autorität des Königs war zerfallen, Ständeversammlungen drohten zu polarisieren, Provinzen sich abzuspalten. Anarchie der Verwaltung, Korruption und Verschuldung zerfraßen den Staatskörper. Es ist kein Wunder, daß man von einem Souverän, der die Quelle der Einheit der Nation, der sicheren Herrschaft und der Ordnung ist, Abhilfe von diesen unguten Zuständen erwartete.

Die Souveränitätsidee lag in der Luft. Sie ist Teil der Entstehung der politischen Theorie der Neuzeit. Für sie ist das autonom entscheidende Individuum das Maß aller Dinge statt der Harmonie der göttlichen Schöpfungsordnung. Statt ethischer Normen sind Kalkül und Rechenhaftigkeit die Handlungsantriebe. Rationalität und Machbarkeit ersetzen Glaube und Tradition als Begründung für Gesellschaft und Staat. Der mittelalterliche Rechtsbewahrstaat wird durch den neuzeitlichen Rechtsetzungsstaat abgelöst.

Die Souveränitätslehre wurde nicht in Italien, England oder Deutschland, sondern im Frankreich des 16. Jahrhundert geboren, in Bodins *Les six livres de la republique* (Sechs Bücher vom Staat) 1576 präzis formuliert und systematisch entwickelt, weil hier alle Voraussetzungen für die Souveränitätslehre zusammen waren: die Herausbildung des Nationalstaates, die Heraushebung des Königtums aus dem Adel und das Schwinden der eigenständigen Machtbasis des Adels, zugleich die Bedrohung von Königtum und Nation durch Religionszwist und Bürgerkrieg, die beginnende Idee der autonomen Rechtsetzung von Individuum und Herrscher. Schließlich: die politische Debatte wurde bestimmt und auf den Begriff gebracht durch einen selbstbewußten, am römischen Recht geschulten Juristenstand. Der Jurist Bodin war von seiner bürgerlichen Herkunft und seiner Ausbildung dafür prädestiniert, die Souveränitätslehre systematisch zu entwickeln.

Während des Studiums und der Lehrtätigkeit in Toulouse, damals dem Zentrum des römischen Rechts in Frankreich, wurde er Anhänger des von Alciati und Budé begründeten juristischen Humanismus (des *mos gallicus* im Unterschied zum *mos italicus*), den damals in Toulouse seine Fachkollegen Forcadel und Cujas lehrten. Der juristische Humanismus ging zurück zu den Quellen, reinigte das römische Recht von späteren lehnsrechtlichen und feudalistischen Zutaten. Das so gereinigte römische Recht erwies sich aber als für die Erfordernisse der damaligen Zeit nicht mehr zureichend, es allein konnte nicht mehr als allgemeingültiges, universelles Recht durchgehen. Universelles Recht konnte erst durch Rechtsvergleichung herausgefiltert werden. Bodins Leistung war es, daß er als erster systematisch und quellenkritisch alle verfügbaren Normen über die Verfaßtheit der Völker auswertete. Universelles Recht basierte für ihn auf empirischer Universalität.

Dieses breite Spektrum der differenzierten Ausfaltung der Vernunft und des Rechts in der Geschichte beweist die Richtigkeit des logisch abgeleiteten Systems der allgemeinen Prinzipien des Rechts. Die vernünftig abstrakte Universalität besteht für Bodin im Normensystem des Natur- und Völkerrechts, in den Grundprinzipien des Staates und der Typologie der Staatsformen und schließlich in seiner ‚soziologischen' Theorie der Rechtsgeschichte.

Geschichte ist ihm nicht eschatologisch durch die Offenbarung bestimmt (die Vier-Reiche-Lehre, die Ordnung vom goldenen zum eisernen Zeitalter z.B. lehnt er ab). Primär ist er auch nicht Geschichtsphilosoph, der die Welt in Zyklen von Entstehen und Vergehen von Kulturen einteilt. Wichtig ist nicht, Geschichte zu schreiben, sondern sie zu lesen, um sie als Lehre und Erfahrungsschatz für den moralisch-politisch handelnden Menschen zu nutzen. Geschichte ist Quelle für die praktische Wegweisung im politischen Leben.

Recht und Geschichte in dem dargelegten Sinne haben drei wichtige Funktionen: Sie sind die empirische Grundlage für die Staatstheorie. Sie sind die Basis für ein universell geltendes, aus der Vernunft erschließbares, jenseits von Offenbarung und Glaubensunterschieden allgemein anerkennbares Recht. Sie sind schließlich das sichere Fundament für den französischen Nationalstaat, der in politischen Grabenkriegen und Glaubensstreit zu zerfallen drohte. Was Bodin in den frühen Werken *Juris universi distributio* und *Methodus ad facilem historiarum cognitionem* entwickelt, ist so auf die allgemeine Ordnung im Staat, die Staatstheorie, wie auf den konkreten französischen Staat bezogen.

Mit diesem so grundsätzlichen wie versöhnenden Programm gerät der Schöpfer der Souveränitätslehre zwischen die Fronten seiner Zeit: zwischen die Hugenotten und die Katholiken, zwischen das Königtum und die Stände, zwischen die Schlichter und den Terror der katholischen Liga. Am ehesten fühlte er sich der vermittelnden Partei, dem *parti politique* des Herzogs von Alençon zugehörig. Doch als diese Richtung mit Heinrich IV. zur Macht kam, blieb ihm paradoxerweise nur der Rückzug aus der Politik, in die Provinz, nach Laon. Denn für die Vertreter des gemäßigten Königtums war er zu royalistisch, für die Royalisten nicht untertänig genug. Für die Wendungen und taktischen Finessen der Politik war er zu prinzipientreu und zugleich zu unabhängig. Er trug das Kainsmal, das in Zeiten der Religionskriege Neutralität heißt.

II. Weltdeutung

So modern der Schöpfer der Souveränitätslehre vielen gilt, so traditionell-mittelalterlich ist seine Weltdeutung. Die Welt ist ihm ein einheitliches Ganzes nach Gottes Schöpfungsplan, ein Stufenkosmos nach Platons Vorbild. Die Diskrepanzen zwischen der Allmacht, Allursächlichkeit Gottes und der geschaffenen Welt, zwischen Gnadenlehre und menschlicher Willensfreiheit, zwischen natürlicher Religion und transzendentem Gott, zwischen gottgefälligem Leben und innerweltlicher Tugend werden aufgelöst durch die Tatsache, daß die Schöpfung Gottes Abbild in all ihren Stufen ist und der Mensch durch seine Vernunft an Gott partizipiert. Bodins Humanismus bezieht die Welt als Schöpfung immer auf Gott und verbindet Erkennen und Glauben. Entsprechend der scholastischen Abbild- und Participatio-Lehre ergibt sich ein begrenzter Spielraum für innerweltlich autonome Welterkenntnis. Wenn Gott und die Welt sich entsprechen und Gott in der Weltgesetzlichkeit ein für allemal sich der Welt mitgeteilt hat, dann ist diese Welt abgesehen von der Uroffenbarung aus sich selbst zu begreifen. Sie folgt ihren eigenen Gesetzen und kann durch die Vernunft und menschliche Logik auf ihre letzten Prinzipen zurückgeführt werden. Gott ist unmittelbar nicht erkennbar (gegen Gnosis), er hat den Menschen deshalb auf den Weg der vernünftigen Erkenntnis verwiesen. Da das autonome menschliche Erkennen selbst wieder Uroffenbarung ist, bleibt die Weltdeutung auf den Glauben als letzten Grund bezogen. Das Licht der Erkenntnis aber ist innerweltlich; in diesem begrenzten Sinne ist das Weltbild anthropozentrisch und säkularisiert.

Für die Ethik heißt das: Sie ist theologisch begründet, weil Gott für den Menschen das höchste Gut und Ziel ist. Im innerweltlichen Handeln ist der Mensch aber kraft des freien Willens und der natürlichen Erkennbarkeit des Rechten eigenverantwortlich. Die aristotelische Ethik wird deshalb wegen ihrer weltimmanenten Grundlegung kritisiert, aber als Normengefüge für menschliches Handeln benutzt.

Wie die Weltdeutung ist auch das Wissenschaftssystem universell im Anspruch der umfassenden Welterkenntnis, in der Suche nach der letzten Ursache der Dinge, im einheitlichen Weltprinzip. Die Wissenschaft bleibt als Erschließung der Schöpfung ihrer Ursache nach auf Gott bezogen, ist also begnadete Innenschau. Aber in ihrem Geltungsbereich und ihrer Erkenntnis ist sie weltlichrational. Bodins Wissenschaft ist trotz Ansätzen zu einer ‚Naturwissenschaft' in seinem Spätwerk *Universae naturae theatrum* anthropozentrisch. Der Mensch, der sie mit seiner Vernunft entwickelt, ist auch ihr vornehmster Gegenstand. Sie schreitet fort von der Entdeckung der Naturgesetzmäßigkeiten über die geschichtlichen Erfahrungen des Menschen, die ethischen Normen zum verantwortlichen Handeln des Menschen in den Gemeinschaften und vornehmlich im Staat. Das Wissenschaftssystem gipfelt, ganz aristotelisch, nicht in der Theologie, sondern in der politischen Wissenschaft, der *science politique*.

III. Politik

Die politische Wissenschaft Bodins, seine Staatslehre in den *Six livres de la republique*, an der Schwelle zur Neuzeit stehend, ist eine Mischung von traditionellen, seiner Weltsicht entsprechenden, sowie modernen Elementen. Mit Bedacht erinnert schon der Titel an Platos Staat und Ciceros *De re publica*. Ihm geht es weder um den Fürsten, um das mittelalterliche Prinzip der Stellvertretung Gottes auf Erden, noch um die Rechte des Individuums. Für Bodin findet wie in der Antike der Mensch im Staat seine eigentliche Erfüllung. Er ist die gottgegebene Ordnung schlechthin. Die Gegner sind diejenigen, die sie zerstören: Machiavelli und die Monarchomachen. Die *Republique* ist aber nicht nur ein staatsphilosophisches Werk, sondern auch eine praktische Wegweisung für den damaligen französischen Staat. Sie will keinen Idealstaat entwerfen, sondern einen praktischen realisieren; sie ist Rat zur Rettung des von heftigem Sturm erschütterten Staatsschiffes (Vorwort, II v). Plato und Thomas Morus werden deshalb abgelehnt.

Die Erörterung der Struktur des geordneten Staates beginnt mit der Staatsdefinition; die Mischung von traditionellen und modernen Zügen ist schon hier auffällig: *„Republique est un droit gouvernement de plusieurs mesnages, et de ce qui leur est commun, avec puissance souveraine.* Der Staat ist die rechte Regierung mehrerer Haushalte und des ihnen gemeinsamen Gutes mit souveräner Gewalt" (1). *Republique* meint den Großflächenstaat, der nicht wie die griechische Polis durch die Einheitlichkeit der Lebensverhältnisse und die politische Mitwirkung, sondern nur durch die Gemeinsamkeit der Herrschaft bestimmt ist. Das Mitglied dieses Staates ist nicht Bürger (*citoyen*), sondern Untertan (*sujet*) (72f.). Staat heißt das durch autonome politische Entscheidung Recht setzende, nicht das aufgrund von Tradition oder göttlicher Ordnung Recht wahrende Gemeinwesen. Die *Puissance souveraine* ist Gesetzgebungsgewalt. Das Gesetz des Souveräns ist primär Willens- (Willkür-) Akt, nicht vernünftige Norm (133). Der Souverän ist seinen Gesetzen nicht unterworfen (*legibus soluta potestas*, 122, 131f.). Die lehnsrechtliche Vorstellung von den wechselseitigen Rechten und Pflichten von Herrschern und Beherrschten wird hier aufgegeben. Der Souverän wird zur Quelle der immerwährenden (122ff.) und absoluten Herrschaft (128ff.). Staats- und Souveränitätsbegriff machen die Modernität von Bodins Lehre aus.

Nun kommen aber die traditionellen Elemente. *Plusieurs mesnages* besagt, der Staat gründe nicht auf mit natürlichen unveräußerlichen Rechten begabten Individuen, sondern auf Haushalten und Familien (10ff.). Der moderne Individualismus, wonach der Staat durch den Gesellschaftsvertrag und die Zustimmung der Einzelnen legitimiert sei, ist noch nicht zum Durchbruch gekommen (69). Alte Vorstellungen von den Rechten, die den vorstaatlichen Gemeinschaften verbleiben, wirken bei Bodin nach. Das *droit gouvernement* nimmt alte aristotelische und stoische Staatszielbestimmungen des guten und glücklichen Lebens (4) und mittelalterliche Bindungen des Herrschers an göttliches und natürliches Gesetz (128, 131) auf. Der Staat ist damit ergänzend zur Willkür des Souveränitätsbegriffs auch dem Gedanken der Gerechtigkeit (150ff.) und der wahren Staatsbestimmung verpflichtet. Das Gesetz als Willensakt und als vernünftige Norm wird dadurch in Einklang gebracht, daß der Fürst als Abbild Gottes nur das Rechte wollen kann. Das hat weitreichende Folgen: Da nur der Monarch vollkommen Gott abbilden kann, ist die Monarchie die vollkommenste Verkörperung des Souveränitätsprinzips (961f.) und das Staatsideal. Die Gerechtigkeitsorientierung ist nicht nur ideengeschichtliches Traditionsgut, sondern auch Vorgriff auf naturrechtliche Staatsbegrenzung der Gegenwart.

Ähnliches gilt für die Vorstellung, daß der Staat nur darauf Zugriff hat, *ce qui leur est commun* (14f.). Lehensrechtliche Traditionen der begrenzten Reichweite staatlicher Macht und ihrer Konkurrenz mit weiterbestehenden niederen Herrschaftsrechten werden hier fortgeschrieben. Zugleich werden moderne Unterscheidungen zwischen privatem und öffentlichem Gut, zwischen Staat und Gesellschaft bis hin zum Gedanken der Sozialpflichtigkeit des Eigentums in neuzeitlichen Verfassungen antizipiert. Bodin unterscheidet mit diesen Vorstellungen zwischen Gesetzen, die auf der Willkür des Souveräns beruhen, und Verträgen, die der Fürst zu halten verpflichtet ist und die den Bürgern eigene Rechte reservieren und sie vor Despotismus schützen (134 f., 153).

Wie man den Souveränitätsbegriff in der Staatsvorstellung nicht überbewerten darf, so auch nicht die Originalität von Bodins Souveränitätslehre. Der Begriff der Souveränität lag im Zeitalter der Religionskriege nahe. Viele politische Werke und Streitschriften nahmen ihn auf. Für die moderne Ausprägung der Souveränitätslehre sind die monarchomachischen Lehren (De Bèze, *Du droit des magistrats sur leurs sujets*, 1575; Hotman, *Franco Gallia*, 1573; *Le reveille matin*, 1573; *Vindiciae contra tyrannos*, 1579; Buchanan, *De iure regni apud Scotos*, 1579) treffender, weil sie mehr die Souveränität dem Volk, bzw. dem Gesamtstaat zuordnen, dessen Repräsentant der Herrscher nur ist. Auch der vom Völkerrecht und der Grenze herkommende Souveränitätsbegriff Vitorias ist moderner. Bodin war aber der erste, der die Souveränität systematisch zum Aufbau seiner politischen Lehre nutzte. Bei der Staatsformenlehre wird das besonders deutlich.

Die drei Staatsformen unterscheiden sich nach dem Träger der Souveränität als Monarchie, Aristokratie und Demokratie. Die Souveränität liegt beim Monarchen, bei der Minderheit oder bei der Mehrheit des Volkes (252 ff.). Staatsformen werden nicht gewertet, die antike Beurteilung nach den Prinzipien des Guten und Gerechten entfällt. Daraus folgt: Es gibt nach dem Souveränitätskriterium keine Dekadenzformen, keine gemischte Verfassung (266) und keine Frage nach der besten Staatsform. Nun unterscheidet Bodin aber zwischen Staats- und Regierungsformen; letztere orientieren sich am Kriterium *droit gouvernement*. So kann jede Staatsform demokratisch, aristokratisch oder monarchisch regiert werden (272 f.). Die neun Kombinationen (273, 269, 338 f., 1050) können nach dem Gesichtspunkt der guten Regierung gewertet werden, ohne die Unteilbarkeit der Souveränität zu tangieren. Gute Regierung ist gemäßigte Regierung, die alle sozialen Gruppen oder Stände nach Leistung und Bedeutung an der Regierung beteiligt. Die gemischte Verfassung, vom Souveränitätsbegriff aus der Staatsformenlehre verbannt, kommt durch die Hintertür der Regierungsformen wieder zu ihrem Recht; Gerechtigkeit soll durch eine harmonische Mischung (*proportion harmonique*) verwirklicht werden.

Das Ideal der guten Regierung hat aber keinen festen Platz mehr im System der Staats- und Regierungsformen. Wohl erscheint die richtig regierte Monarchie (*monarchie royale ou legitime*, 279 ff.) im gewissen Sinne als Staatsideal, weil sie die Harmonie des Universums und Gottes am vollkommensten abbildet (961 ff.). Aber alle Staatsformen, von den Extremen Tyrannis und willkürliche Volksherrschaft abgesehen, bieten die Möglichkeit der gemäßigten Regierung. Die *monarchie royale* ist das abstrakte Staatsideal; das konkrete kann etwas anderes sein: die demokratisch regierte Aristokratie für Venedig (955 ff.), die aristokratisch regierte Demokratie für Rom (1050). In der Praxis kommt es auch auf geographische Lage, historische Vorbedingungen, Nationalcharakter, das praktische Handeln der Menschen und die politische Klugheit des Herrschers an. Mit dieser Verbindung von Theorie und Praxis nimmt Bodin das Anliegen der praktischen Philosophie auf.

Bodins Staatsformenlehre kennt noch eine dritte Unterscheidung. Wie er den Staat in den Begriffen *souveraineté, droit gouvernement* und *communauté* faßt, so klassifiziert er die Staaten außer nach der Souveränität und der Regierung noch nach dem gemeinsamen Gut, nach dem sozialen Status und Eigentum der Bürger. Danach gibt es die *monarchie royale, seigneurale* und *tyrannique* (273). Diese Unterscheidung, nur bei der Monarchie durchgeführt, gilt auch für Demokratie und Aristokratie (273). In der königlichen Monarchie bleiben den Bürgern natürliche Freiheit und Eigentum; in der patriarchalischen Monarchie sind die Bürger und ihr Besitz Eigentum des Herrschers; in der tyrannischen Monarchie gibt es kein Eigentum, kein Recht und keine Gerechtigkeit (273). Da aber das Dein und Mein Grundlage für den Staat ist (948), sind Seigneurie und Tyrannis (zusätzlich ohne *droit gouvernement*) keine vollgültigen Staatsformen. Mit der Bindung der politischen Rechte an den sozialen Status der Bürger bei der *monarchie royale* ist bei Bodin schon die Vorstellung angelegt, die politische Verfassung müsse allen sozialen Gruppen ihren Platz und ihre Mitwirkung nach der je eigenen Bedeutung für den Staat zuweisen. Montesquieu hat den Gedanken dann durch die Verknüpfung von Ständegliederung und Staatsformenlehre detailliert verwirklicht.

Die Staatsformenlehre hat Folgen für die Behandlung von Tyrannis und Widerstandsrecht. Nach dem Souveränitätsbegriff gibt es keinen Tyrannen. Tyrannis unterscheidet sich von der Monarchie nur, weil sie weder die göttlichen und natürlichen Gesetze, noch die natürliche Freiheit und das Eigentum der Bürger achtet. Sie entlarvt sich nicht durch ihre Institutionen, sondern durch die Regierungsweise. Alle Staatsformen können deshalb tyrannisch sein (273). Beim Widerstandsrecht unterscheidet Bodin (alten Lehren folgend) zwischen dem Usurpator und dem Tyrannen durch Machtmißbrauch. Der Usurpator ist so eindeutig Tyrann, daß hier wie bei der griechischen Tradition die letzte Konsequenz des Widerstandsrechts, der Tyrannenmord, erlaubt ist. Die Souveränität ist nicht verletzt, weil der Usurpator sie nie hatte. Bei den rechtmäßigen, später Macht mißbrauchenden Herrschern hängt das Widerstandsrecht vom Besitz der Souveränität ab. Ein Tyrann, gleich ob souverän oder nicht, kann vom Souverän eines anderen Landes abgesetzt oder getötet werden (300). Die eigenen Untertanen können nur ihren nicht souveränen Tyrannen auf dem Rechtsweg absetzen (301). Wenn der Tyrann aber souverän ist, gibt es kein Widerstandsrecht gegen ihn. Denn durch den Tyrannenmord würden die Untertanen zugleich das Recht und den Staat zerstören (302).

Bodins Tyrannis- und Widerstandsvorstellungen sind nicht besonders originell. Ähnlich klingen alle nachcalvinistischen und monarchomachischen Lehren, angefangen von La Boétie über De la Noue, du Plessis-Mornay, de Bèze bis hin zu Hotman und Buchanan. Beeinflußt von der calvinistischen Ablehnung des Widerstandsrechts gestehen diese sogar zögerlicher das Widerstandsrecht gegen den nicht souveränen Herrscher zu. Andererseits lehnen sie nirgends das Widerstandsrecht radikal ab, weil sie keine Herrscher- sondern nur eine Gesamtstaats- oder ‚Volks'-Souveränität kennen. Bodin, den Monarchomachen und noch Althusius ist gemeinsam, daß nur der Teilhaber an der Souveränität aktiv Widerstand leisten darf.

Bodin läßt in seiner politischen Wissenschaft auch Platz für den historischen Wandel. Die *changements*, Wechsel der Souveränität sollen möglichst vermieden werden, weil sie den Staat gefährden. Aber die Dynamik der Sitten, Bräuche und Gesetze (*altérations*, 504) läßt er gewähren. Denn geschichtlicher Wandel soll, wenn schon nicht verhinderbar, in evolutionäre Bahnen gelenkt werden (Vorwort III). Der Staat paßt seine rechte, allgemeine Verfassung (*l'estat universel des Republiques*) immer aufs neue an die Verschiedenheit der Völker (*diversité des peuples*, 663), der natürlichen Umwelt, ja selbst des Klimas an. Die natürlichen Gegebenheiten der Geographie, Geschichte und Völker finden umgekehrt ihre Norm an den allgemeinen Prinzipien des wohlgeordneten Staates. Auch hierin ist Bodin ein Vorläufer von Montesquieu. Zwischen Dogmatismus und Determination ist der Staat der Ort, wo jede Nation, mehr oder weniger bewußt, ihre besondere Individualität verwirklicht.

IV. Souveränitätslehre im Wandel

Bodins Souveränitätsvorstellung hat sich mit dem Nationalstaat in der europäischen Geschichte durchgesetzt. Spätestens mit dem Westfälischen Frieden von 1648 bestimmen die souveränen Staaten auf Kosten des alten Deutschen Reiches die internationalen Beziehungen in Europa. Die Mittel für die Ausübung der Souveränität haben im Laufe der Geschichte zugenommen: im Wohlfahrtsstaat, der auch das Alltagsleben seiner Bürger zu reglementieren suchte, im absolutistischen Staat, der die Mitwirkungsrechte von Ständen, Gruppen und Bürgern beseitigte, bis hin zum totalitären Staat im 20. Jahrhundert, der mit Technik, Medien und Überwachung alle Regungen der Bürger kontrollierte, sie beherrschte und mit den Massenvernichtungswaffen nie dagewesene Machtmittel in der Hand hatte.

Andererseits birgt der Trend von der Staats- zur Volkssouveränität beim Entstehen der neuzeitlichen Demokratie bereits den Keim des Verfalls des Souveränitätskonzepts in sich. Die Verantwortung für staatliches Handeln einem durch eine Personenmenge definierten staatlichen Organ zuzuordnen, wird erschwert. Alle Souveränitätstheoretiker haben Probleme, zwischen dem realen Volk und dem Volk als politischem Gremium und Träger der Souveränität zu unterscheiden. Bei Rousseau z. B. wird recht künstlich der Gemeinwille (*volonté générale*) von der *volonté de tous*, der mechanischen Summierung der Einzelwillen unterschieden. Aber auch die zeitliche Beständigkeit staatlichen Handelns ist fraglich, wenn die Demokratie ein *plébiscite de tous les jours* (Ernest Renan) ist.

Auch die zunehmende Aufhebung der Unterscheidung von Staat und Gesellschaft in der Demokratie, die gegenseitige Beeinflussung von Staat und gesellschaftlichen Gruppen erschweren die eindeutige Lokalisierung von Souveränität und Verantwortung. Der Pluralismus der Gesellschaft und die Aufsplitterung staatlicher Handlungsträger und Kompetenzen behindern die „souveräne" Entscheidung, machen Selbstverständlichkeiten und Hergebrachtes fraglich, behindern schließlich Reformen und führen zum Konservatismus aus strukturellen Gründen und zur Konsensdemokratie, so daß die souveräne Entscheidung kaum mehr möglich erscheint. Die Bürger nehmen das eher als faulen Kompromiß wahr. Pluralismus kann sich zum Separatismus entwickeln (z.B. multikulturelle Gesellschaft, nicht integrierbare Ethnien in USA, Auseinanderbrechen von Gesellschaften in Ethnien im Osten und Südosten Europas), so daß Grundvoraussetzungen der Souveränität: ein einheitliches Staatsvolk und das Monopol physischer Gewaltsamkeit (Bürgerkriege!) nicht mehr gegeben sind.

Souveränitätsfeindlich erweisen sich auch die plebiszitären Diktaturen der Moderne. Nationalsozialismus und Kommunismus mißtrauten allem Staatlichen, die Partei wird als Trägerin der revolutionären Bewegung übergeordnet und zur totalen Überwachung der Gesellschaft parallel zu den staatlichen Organen geführt. Die diktatorische Gewalt entäußert sich der Verfaßtheit der Souveränität und aller ethischen Bindungen, sie ist zügellos, der Wille des Führers ist Recht.

Heute, im Zeitalter der Globalisierung von Wirtschaft, Information und Kommunikation einerseits und der Zunahme der Regionalisierung, der „identitätsstiftenden Kraft kleiner Lebensräume" (Roman Herzog) andererseits verlieren die Nationalstaaten an Bedeutung als ausschließliche und souveräne Akteure auf der geschichtlichen Bühne. Die Grenzen als Konstituens des souveränen Herrschaftsgebiets verlieren immer mehr an Bedeutung. „Die Nationalstaaten sind zu klein, um die großen Probleme zu lösen, und zu groß, um mit den kleinen fertig zu werden" (Daniel Bell).

Das Konzept der Souveränität der Nationalstaaten wird also auf der einen Seite von der internationalen Zusammenarbeit und den supranationalen Zusammenschlüssen (z.B. Europäische Union), auf der anderen Seite vom wachsenden Selbstbewußtsein der Regionen unterminiert. Es gibt aber auch die gegenläufige Bewegung zurück zu Nationalstaat und Souveränität. Die unter der Knute des kommunistischen Internationalismus geknechteten Länder im Osten befreien sich in den Nationalstaat. In Staaten unterdrückte Ethnien schwingen sich als verspätete Nationalstaaten in die Selbständigkeit auf.

Auch auf europäischer Ebene halten die Nationalstaaten, je mehr die Integration voranschreitet und die Kompetenzen aus den Nationalstaaten auslaufen, hartnäckiger an den verbliebenen Machtbefugnissen fest. Großbritannien z.B. – aus der Tradition der Parlamentssouveränität – fällt es schwer, seine Autonomie zugunsten des Europäischen Währungssystems und der Fortentwicklung der EU aufzugeben. Obwohl eine eigenständige Außenpolitik von Klein- und Mittelstaaten immer wirkungsloser wird, kann man sich schwerlich auf eine gemeinsame europäische Außen- und Sicherheitspolitik verständigen. Die Mitgliedsstaaten beharren auf ihren eigenen nationalen Interessen und Sonderbeziehungen, obwohl sie schon obsolet geworden und nur noch vergangene Statussymbole sind.

Dennoch ist der Nationalstaat in seinem Kerngehalt nicht überholt. Mit dem Monopol physischer Gewaltsamkeit sichert er Schutz von Leib und Leben, das Recht und die Freiheit der Person. Wenn das nicht gegeben ist, herrschen IRA, ETA und Mafia. Auch bleibt das Einbrechen in nationalstaatliche Souveränität durch humanitäre Interventionen zum Schutze der Menschenrechte und zur Verhinderung von Völkermord im Ergebnis zumindest zweifelhaft, wie das Kosovo-Beispiel lehrt. Insofern bleibt die ursprüngliche Aufgabe des frühneuzeitlichen souveränen Verfassungsstaates, Heilmittel gegen die Willkür der Feudalherren, gegen Bürger- und Religionskriege zu sein, bis heute aktuell.

Daniel-Erasmus Khan

Hugo Grotius (1583–1645)

Zeittafel

10. 4. 1583 Huigh de Groot (latinisiert: Hugo Grotius) wird in Delft/Holland geboren. Seine außergewöhnlichen intellektuellen Fähigkeiten werden früh erkannt und gefördert.

1594 Aufnahme des Studiums der klassischen Philologie, der Rechtswissenschaften und der Theologie an der Universität Leiden. Förderung durch Joseph Justus Scaliger; bereits in jugendlichem Alter erwirbt er sich den Ruf eines herausragenden klassischen Philologen.

1598/99 Mitglied einer niederländischen Gesandtschaft an den Hof des französischen Königs Heinrich IV. Erwerb des juristischen Doktorgrades der Universität Orléans (1598).

1599–1607 Rechtsanwalt im Haag (Den Haag). Neben zahlreichen vornehmlich philologischen und historischen Arbeiten entsteht zwischen 1604–1606 das „Beuterecht" (*De Iure praedae commentarius*), welches mit Ausnahme seines 12. Kapitels (Von der Freiheit des Meeres/*De mare liberum*, 1609) erst 1868 nach seiner zufälligen Wiederentdeckung veröffentlicht wird.

1607–1618 Karriere im Staatsdienst als Staatsanwalt von Holland, Westfriesland und Seeland (1607), Ratspensionär (Stadtsyndikus) der Stadt Rotterdam sowie Mitglied der provinziellen Ständeversammlung (1613) und Mitglied im Kollegium der commitierten Räte der Generalstaaten (1616). Ernennung zum offiziellen Geschichtsschreiber Hollands. Heirat mit Marie von Reigersbach (1608). In der Auseinandersetzung um das richtige Verständnis der calvinistischen Prädestinationslehre wird Grotius einer der Wortführer der „liberaleren" Position der Arminianer.

1618–1621 Nach Ausweitung des Religionsstreits zu einer allgemeinen Staatskrise: Verhaftung (29. 8. 1618) und Verurteilung zu lebenslanger Haft. Mit Hilfe seiner Frau gelingt ihm am 22. 3. 1621 in einer Bücherkiste die Flucht aus der Festung Loevestein.

1621–1631 Exil in Frankreich unter der Protektion König Ludwig XIII. Sein juristisches Hauptwerk „De jure belli ac pacis libri tres" (Drei Bücher vom Recht des Krieges und des Friedens) erscheint 1625 in Paris.

1631–1634 Mißlungener Versuch einer Rückkehr nach Holland. Aufenthalt in Hamburg.

1634–1645 Gesandter Schwedens in Paris. Wissenschaftliche Arbeit insbesondere auf dem Gebiet der Theologie, vor allem Exegese der Heiligen Schrift.

1645	Auf eigenen Wunsch Abberufung von seinem Posten und Reise nach Schweden. Erfolglose Bemühungen um die Übertragung neuer Aufgaben, insbesondere im Rahmen der laufenden Friedensverhandlungen in Osnabrück. Auf der Rückreise Schiffbruch in der Ostsee und Rettung an die Küste Ostpommerns.
28. 8. 1645	Hugo Grotius stirbt entkräftet in Rostock. Überführung der einbalsamierten Leiche in seine Geburtsstadt Delft.

I

Hugo Grotius hat unmittelbar teil an den großen politischen und geistigen Entwicklungen seiner Zeit. Einer alteingesessenen calvinistischen Patrizierfamilie entstammend, war er in verschiedenen hohen Staatsämtern beteiligt am Aufstieg, der Konsolidierung und der ersten großen Staatskrise des jungen Staatswesens der Niederlande; er gehörte daneben zu den führenden Köpfen im Religionsstreit um das richtige Verständnis der calvinistischen Lehre; er nahm aktiv teil an den rechtlichen und politischen Auseinandersetzungen zwischen den seefahrenden Nationen in der Frühzeit kolonialer Expansion; als offizieller Historiograph hatte er die niederländische Unabhängigkeit gegenüber den spanischen Ansprüchen zu rechtfertigen; und er war schließlich – als Gesandter Schwedens am französischen Hof – ein, wenn auch eher erfolgloser, Akteur auf dem diplomatischen Parkett im Hintergrund des Dreißigjährigen Krieges.

Die seltene Kombination von höchster wissenschaftlicher Befähigung auf der Grundlage umfassender humanistischer Bildung und stetem Engagement in der politischen und juristischen Praxis hat auch sein schriftstellerisches Werk geprägt. Aus Anlaß eines konkreten Prisenfalls entsteht so 1604/1606 im Auftrag der Niederländischen Ostindischen Kompanie das „Beuterecht" (*De iure praedae commentarius*), das bereits die Grundzüge seiner Naturrechtslehre enthält und dessen Kapitel *De marum liberum* bis heute die Grundlage aller Erörterungen über die von Grotius als „natürliches Recht" bezeichnete Freiheit der Meere darstellt. Auch der ‚Vorläufer' dieser Schrift, die nach wie vor weitgehend unbekannten „Staatsparallelen" (*Parallelon rerum publicarum liber tertius*) von 1601/1602, entstehen in einer konkreten historischen Situation: Mit niederländisch-protestantischem Patriotismus wird hier die Fortführung des Krieges der Niederlande und Frankreichs gegen Spanien gerechtfertigt. Diese Frühwerke, die im Kern bereits das gesamte juristische Programm enthalten – die Begründung und Entfaltung nämlich eines Rechts das, unabhängig von positiver staatlicher Satzung und befreit von theologischen Fesseln, für alle Menschen und alle menschlichen Gemeinschaften gilt – finden ihre Vollendung in dem 1625 erschienenen

Hauptwerk „Vom Recht des Krieges und des Friedens" *(De jure belli ac pacis libri tres,* IBP). Auch dieser Klassiker der Völkerrechtswissenschaft schlechthin verdankt seinen bis heute anhaltenden Nachruhm nicht nur dem in ihm verkörperten zeitlosen und unbeirrbaren Rechts- und Gerechtigkeitsglauben, sondern auch seinem pragmatischen und praxisorientierten Ansatz. Dies hat dem *IBP* zwar von wissenschaftlicher Seite her viel Kritik eingebracht, es aber auch für Jahrhunderte zu einem Kompendium für die Lösung konkreter Rechtsfragen werden lassen. Der Bogen spannt sich hier vom schwedischen König Gustav Adolf, der bei seinen Feldzügen in Deutschland während des Dreißigjährigen Krieges stets eine Ausgabe des *IBP* mitgeführt und konsultiert hat, bis hin zu den Urteilen in den 90er Jahren des 20. Jahrhunderts gegen die Mauerschützen an der innerdeutschen Grenze, die auch mit Argumenten aus seiner Feder untermauert wurden. Dazwischen liegen u. a. die Friedenskonferenzen von 1899/1907, wo „Haager Schiedshof" und „Haager Landkriegsordnung" im Namen des Grotius beschlossen wurden; die mit seinen Zitaten begründete Weigerung des deutschen Reiches, den ehemaligen Kaiser an die Siegermächte auszuliefern (1920); und schließlich auch die Plädoyers der Anklage in den Nürnberger Kriegsverbrecherprozessen und im Eichmann Prozeß, in denen grotianisches Völkerrechtsdenken jeweils eine tragende Säule der juristischen Argumentation bildete.

Auch wenn Grotius über die Jahrhunderte hinweg im wesentlichen nurmehr mit diesem einen Werk identifiziert wird, so nimmt er doch unter den großen Gestalten des Geisteslebens eine Sonderstellung ein hinsichtlich der thematischen Breite seines wissenschaftlichen und literarischen Werkes. Es umfaßt über 120 Titel aus so unterschiedlichen Bereichen wie der Poesie, des Dramas, der Theologie und Kirchenpolitik, der Geschichtsschreibung, der (klassischen) Philologie, der Naturwissenschaften, der (politischen) Philosophie sowie schließlich nahezu der gesamten Bandbreite der Rechtswissenschaften – vom römischen Recht über das nationale holländische Recht bis hin zum Völkerrecht. Auf all diesen Gebieten hat Grotius Bedeutendes geleistet, weshalb er bereits zu Lebzeiten als vielbewunderter Universalgelehrter Anerkennung gefunden hat: Vom französischen König Heinrich IV schon im Alter von 15 Jahren tituliert als das „Wunder von Holland", bezeichnete ihn ein anderer Zeitgenosse später gar als das „Orakel von Delft".

Die meisten der oftmals aktuelle Streitfragen der Zeit aufgreifenden Schriften des Niederländers sind heute in Vergessenheit geraten. Dies gilt auch für die seinerzeit so erfolgreiche Glaubensverteidigung „Von der Wahrheit der christlichen Religion" (*De Veritate Religionis Christianae, 1627*), die nach einhundert Jahren bereits mehr als 30 lateinische Ausgaben sowie zahlreiche Übersetzungen zählte.

Hinsichtlich des *IBP* hingegen hat Grotius zweifellos Recht behalten, als er wenige Monate vor seinem Tode an seinen Freund Isaac Vossius die selbstbewußten Zeilen richtete: „Ich schreibe nicht nur für meine Zeitgenossen, sondern für Jahrhunderte". Dieses Werk verdankt seine Entstehung zwar ebenfalls ganz konkreten historischen Geschehnissen, nämlich den Kriegsgreueln nicht nur in Europa, sondern auch in den kolonialen Auseinandersetzungen der Niederlande mit England (Blutbad von Amboina) sowie bei der Eroberung Amerikas (Bericht des Bartholomé de Las Casas). Der anhaltende Rezeptionsboom in Wissenschaft sowie politischer und juristischer Praxis belegt jedoch eindrücklich, daß zentrale Aussagen dieses Werkes bis heute nichts von ihrer Aktualität eingebüßt haben.

II

Grotius' Weltbild wurzelt fest in einem undogmatisch, arminianisch gemilderten, calvinistischen Glauben und ist geprägt von humanistischem Gedankengut in der Tradition des Erasmus von Rotterdam – einer Geisteshaltung, die ihren Niederschlag etwa in dem Drama *Christus patiens (1609)* gefunden hat. In diesem Sinne bezog der Staatsmann Grotius nicht nur in den brennenden theologischen und kirchenpolitischen Fragen seiner Zeit mit aller Entschiedenheit Stellung, er wurde auch zu einem Wortführer in der Auseinandersetzung um die politische Gestaltung des niederländischen Gemeinwesens. Ausgelöst durch den erbitterten theologischen Streit über das richtige Verständnis der calvinistischen Prädestinationslehre, in der Grotius die „liberalere", eine doppelte Prädestination ablehnende Position der Arminianer oder Remonstranten vertrat („Selig sind nicht nur die Gläubigen, sondern Christus ist für alle Menschen – auch die Ungläubigen – gestorben und hat ihnen Versöhnung erwirkt"), erweiterte sich die Frontstellung alsbald zu einer allgemein kirchenpolitischen Auseinandersetzung und mündete schließlich in einer die jungen Niederlande in den Grundfesten erschütternden Staatskrise. Als Verfechter einer auf der Grundlage ständischer Liberalität beruhenden föderalistischen Ordnung unter Führung der Aristokratie, stellte sich Grotius offen gegen die in der Person des Prinzen Moritz von Oranien verkörperten politischen Gestaltungsprinzipien der Staatsräson, des Zentralismus und des Absolutismus. In dieser alles andere als theoretischen Auseinandersetzung – in der es letztendlich um die gerade errungene niederländische Einheit ging – unterlag Grotius und bezahlte dies 1618 mit dem Verlust aller Ämter und der Verurteilung zu lebenslanger Haft, deren vollständiger Verbüßung er 1621 nur durch die Flucht und um den Preis lebenslangen Exils entgehen konnte.

Die langen Jahre seines Exils in Frankreich waren geprägt von Widersprüchen: Der Calvinist Grotius protegiert durch den katholischen König, der an die aristokratische Regierungsform und ständische Freiheit glaubende niederländische Patriot in Abhängigkeit von einem absolutistischen Herrscher *par excellence* und schließlich der den Frieden zwischen den Völkern ersehnende und die Kriegsgreuel verabscheuende Humanist als Förderer schwedischer Kriegspolitik. Diese Ambivalenz und Zerrissenheit erschwert nicht nur die Annäherung an seine Persönlichkeit, sondern auch die Bewertung seiner Schriften, und hier insbesondere des *IBP*: Für die einen ist Grotius der revolutionäre Denker, der mit seinem Appell an die Vernunft traditionelle Autoritäten in Frage stellt; für die anderen ist er schlichtweg ein Konservativer, der die überkommene Ordnung verteidigt. Mal wird ihm seine Abhängigkeit von der mittelalterlichen Scholastik vorgeworfen oder erscheint er als bloßer Apologet der großen Vertreter der Schule von Salamanca (*Vitoria* und *Suarez*), mal wiederum wird er als Begründer eines säkularen, profanen Naturrechtsdenkens gewürdigt und als Klassiker der Humanität gefeiert.

Im letzten Jahrzehnt seines Lebens hat sich Grotius dann nahezu ausschließlich theologischen und kirchenpolitischen Studien gewidmet, wobei ihm die Überwindung der Gegensätze zwischen den christlichen Kirchen und deren Wiedervereinigung als eigentliche Lebensaufgabe galt.

III

Kennzeichnend für den großen rechtlichen und philosophischen Entwurf, dem wir im IBP begegnen, ist zweierlei: Einerseits der unbedingte Glaube seines Verfassers an das Recht als eines die ganze Menschheit und alle ihre Glieder umspannenden Bandes und andererseits das Bestreben, dieses Recht nicht wertneutral, sondern vielmehr in einer toleranten, humanistischen, der Gerechtigkeitsidee verpflichteten Weise auszugestalten. Erik Wolf stellt zu Recht fest: „Nach Grotius hat kein Rechtsdenker, aber auch kein gebildeter Staatsmann mehr in der politischen Geschichte Europas es ungestraft wagen dürfen, auf eine rechtliche Begründung und Begrenzung durch Machtentfaltung geschaffener geschichtlicher Tatsachen zu verzichten: es gab nach 1600 keinen 'rechtsfreien Raum' mehr in der abendländischen Welt". Bereits Leibnitz rühmte „seine Toleranz, sein Gerechtigkeitsstreben, seinen Sinn für Ausgleich und seinen Respekt vor dem Daseinsrecht gegensätzlicher Anschauungen auf politischem und religiösem Gebiet". Einer Zeit der Barberei und der Rechtlosigkeit ("Ich sah in den christlichen Ländern eine entartete Kriegführung, deren sich selbst rohe Völker geschämt hätten" [IBP, Prol. 28] und „[e]s ist schon durch und durch wahr, daß alles unsicher wird, wenn einmal vom Recht abgegangen wird" [IBP, Prol. 22]) begegnet Grotius aus tiefer Überzeugung mit Thesen wie: „Wenn keine Gemeinschaft ohne Recht bestehen kann ... so bedarf es gewiß auch eines Rechtes, um das menschliche Geschlecht oder mehrere Völker unter sich zu verbinden." (IBP, Prol. 23) und, nicht der Staat sei der glücklichste, dessen Grenzen durch Wurfspieß und Schwert bezeichnet wären, sondern vielmehr derjenige, „der die Gerechtigkeit zur Grenze habe" (IBP, Prol. 24).

Tatsächlich mangelte es im 17. Jahrhundert an einer überzeugenden Begründung für eine völkerumspannende Rechtsordnung: Die auf einer theologisch fundierten Naturrechtslehre beruhenden Regeln, um politisches Handeln an ethische Maßstäbe zu binden, hatten zu Lebzeiten des Grotius ihre Wirkkraft eingebüßt. Entscheidend geschwächt worden war diese das Mittelalter beherrschende geistige Strömung bereits durch die in der Spätscholastik einsetzende Trennung von Wissen und Glauben (u. a. *Wilhelm von Ockham*): Sobald nämlich einmal anerkannt war, daß Glaubenssätze und Vernunfteinsicht einander widersprechen konnten, wurde die Theologie als Grundlage der Naturrechtslehre insgesamt fragwürdig. Nachdem zudem im 16. Jahrhundert die in Universalkaisertum und römisch-katholischer Universalkirche symbolisierte Einheit des Abendlandes durch Reformation und Entstehung moderner Territorialstaaten endgültig zerbrochen war, wurde die Suche nach der Begründung einer die Konfessionsgrenzen und souveränen Herrschaftsansprüche überwindenden Rechtsordnung auch zu einer praktisch relevanten Frage. Ziel des Grotius war es, angesichts der Konfessionsstreitigkeiten und des im Grauen der Kriegführung offensichtlich werdenden rechtlichen Vakuums in den internationalen Beziehungen die Postulate der Gerechtigkeit in ein Naturrecht zu integrieren, welches sogar über den Bereich des Christentums hinaus „keinen Unterschied der Religion kennt" (IBP, II 15 VIII) und „das menschliche Geschlecht oder mehrere Völker unter sich verbindet." (IBP, Prol. 23).

Grotius war aber nicht nur Humanist, sondern als der Praxis verpflichteter Jurist wollte er auf das Rechtsleben unmittelbar gestaltenden Einfluß nehmen. Es ging ihm – so Hans Welzel – in erster Linie darum, die realen Streitfälle des Staats- und Völkerlebens nach Naturrechtsgrundsätzen zu entscheiden, ein Ansatz mit dem er unverkennbar an den von ihm hochverehrten *Alberico Gentili* (1552–1608) anknüpfte. Hieraus erklärt sich auch die enzyklopädische, auf vollständige Erfassung aller Lebensverhältnisse bedachte Anlage des IBP bei gleichzeitiger „unscholastischer" - Vernachlässigung der höchsten Prinzipien vernunftgemäßer Naturrechtserkenntnis, der *prima principia*. Er habe sich „einer möglichst gedrängten Schreibart befleißigt; damit die praktischen Staatsmänner gleichsam mit einem Blick die verschiedenen Arten der Streitfälle und die Grundsätze, wonach sie zu entscheiden sind, übersehen können" (IBP, Prol. 59).

IV

Dennoch mangelt es den von Grotius herausgearbeiteten Naturrechtssätzen nicht an einer rechtsphilosophischen Fundierung. Naturrecht ist „ein Gebot der [rechten] Vernunft, welches anzeigt, daß eine Handlung wegen ihrer Übereinstimmung oder Nichtübereinstimmung mit der vernünftigen Natur selbst eine moralische Häßlichkeit [turpitudinem = besser: Schlechtigkeit/Verwerflichkeit] oder eine moralische Notwendigkeit innewohnt, weshalb Gott als der Schöpfer der Natur eine solche Handlung entweder geboten oder verboten hat" (IBP, I 1 X 1). Ausgangspunkt ist damit der unbedingte Glaube an die Vernunft des Menschen. Der Mensch als „das höchste Lebewesen" besitze „die Fähigkeit, allgemeine Regeln zu fassen und danach zu handeln. Alles was hiermit zusammenhängt ... ist eine Eigenart der menschlichen Natur" (IBP, Prol. 6/7). Seine Vernunft ermöglicht es dem Menschen aber nicht nur, das Naturrecht zu erkennen, sondern auch sich dessen Regeln zu unterwerfen.

Diese Regeln aber würden auch dann bestehen, wenn man – rein hypothetisch – annähme, „daß es keinen Gott gäbe oder daß er sich um die menschlichen Angelegenheiten nicht bekümmere" (IBP, Prol. 11), denn „das Naturrecht ist so unveränderlich, daß selbst Gott es nicht verändern kann" (IBP I 1 X 5). Mit diesen Aussagen – dem berühmten *„etiamsi daremus"* – nimmt Grotius in einem bereits die mittelalterlich-abendländische Philosophie spaltenden Streit Stellung: Ist das Gute gut, das Gerechte gerecht, weil Gott es so will, oder will Gott das Gute und Gerechte, weil es gut und gerecht ist? Ganz in der Tradition des Ideenrealismus stehend, vertrat Grotius die letztere Auffassung. Deshalb besitzt auch die Idee des Rechts und die sich in ihm verwirklichende materiale Gerechtigkeit eine der Erkenntnis vorausgehende Realität. Ob man ihn geistesgeschichtlich betrachtet eher in spanischer Spätscholastik verhaftet oder als Ausgangspunkt modernen Natur- und Völkerrechts sieht, Tatsache ist, daß er das Naturrecht aus seiner theologischen Verankerung löst und damit zu den Begründern eines säkularisierten Naturrechtsverständnisses zählt, das spätestens in Aufklärung und Französischer Revolution, aber auch bereits im (aufgeklärten) Absolutismus wirkmächtig geworden ist. Wenn Gott auch durch ein bloßes Gedankenexperiment – zuvor schon etwa von *Gregor von Rimini* und *Gabriel Vasquez* angestellt – hinweggedacht werden kann, ohne daß sich an Existenz und Inhalt des Naturrechts etwas ändern würde, blieb doch – wie in der damaligen Zeit selbstverständlich – der Mensch samt seiner Vernunftbegabung Geschöpf Gottes. Das Naturrecht findet letztendlich seine Urquelle wiederum in Gott: „Das Naturrecht muß, obgleich es aus dem inneren Wesen des Menschen kommt, doch in Wahrheit Gott zugeschrieben werden, weil er gewollt hat, daß dieses menschliche Wesen besteht" (IBP, Prol. 12). Die Säkularisierung des Naturrechts bedeutet also nicht die Abschaffung Gottes. Das Fundament dieser Rechtsordnung liegt nur nicht mehr in Gottes Willen, sondern in der von ihm geschaffenen Welt. Durch die Verortung des Naturrechts in der allgemein-menschlichen Vernunft hat Grotius eine Basis geschaffen, auf der sich nicht nur Christen jeglicher Konfession, sondern vielmehr alle Menschen mit „rechter Vernunft" verständigen konnten, ohne sich – wie noch für die Konquistatoren oder die in blutiger Intoleranz ausgetragenen interkonfessionellen Auseinandersetzungen in Europa kennzeichnend – dem Diktat einer bestimmten christlichen Rechts- und Moralideologie beugen zu müssen. Erst dadurch wurde die von Grotius beschworene Einheit der Menschheit unter einem gemeinsamen Rechtsdach möglich.

Den Inhalt der vernunftgemäßen Naturrechtsordnung entwickelt Grotius auf der Grundlage eines optimistischen Menschenbildes. Die menschliche Natur sei gekennzeichnet durch „den geselligen Trieb zu einer ruhigen und nach dem Maß seiner Einsicht [besser: einsichtig] geordneten Gemeinschaft mit seinesgleichen" (IBP, Prol. 6). Das Mittel zur Verwirklichung einer derartigen naturgemäßen Gemeinschaft aber sei das Recht (IBP, Prol. 7): „Die der menschlichen Natur entsprechende Sorge für die Gemeinschaft ist die Quelle dessen, was man recht eigentlich mit dem Namen Recht bezeichnet." (IBP, Prol. 8) und „die Mutter des natürlichen Rechts ist die Natur selbst, welche uns, auch wenn wir keine Bedürfnisse hätten, doch dazu treiben würde, die Gemeinschaft zu suchen" (IBP, Prol. 16). Indem Grotius so die natürlich-vernünftige Soziabilität des Menschen – den *appetitus societatis* – zum konstituierenden Prinzip menschlicher Gemeinschaften erklärt, distanziert er sich kontrapunktisch und für jeden gebildeten Zeitgenossen erkennbar von der damals überaus populären pessimistischen Anthropologie *Machiavellis*, die in dem Satz gipfelt: „Von den Menschen läßt sich nur Schlechtes erwarten, wenn sie nicht zum Guten gezwungen werden." Wie für das ganze IBP typisch, nennt er aber den aktuellen Gegner nicht, sondern setzt sich lieber stellvertretend („Damit wir uns aber mit keinem ungeordneten Haufen von Gegnern herumschlagen" [IBP, Prol. 5]) mit den Thesen des griechischen Philosophen *Karneades* (2. Jh. v. Chr.) auseinander, der – machiavellistischen Gedanken nahe – im Menschen nur den Trieb nach dem Nützlichen angelegt und jedes Streben nach Gerechtigkeit daher als „höchste Torheit" ansah. Für Grotius aber „ist das Recht [eben] nicht bloß des Nutzens wegen vorhanden"(IBP, Prol. 22), noch dient es ihm – wie ein Vierteljahrhundert später bei *Hobbes* – lediglich als Maulkorb oder Käfig für die Bestie Mensch (*homo homini lupus est*), sondern es erwächst vielmehr aus dem „ethisch verstandenden Grunde menschlicher Sozialität und Urteilskraft" (Hasso Hofmann).

Das Naturrecht – subsidiär neben, aber auch „Richtschnur" für das von Gott und Menschen erlassene „positive" Recht – enthält so die Regeln einer vernünftig geordneten Gemeinschaft. Dieses vernunftgemäße Recht „beweist" Grotius mittels einer Fülle von Aussagen vorwiegend antiker Autoren und der Heiligen Schrift, „weil, wenn viele aus verschiedenen Zeiten und allen Orten dasselbe als gewiß behaupten, dies auf einen allgemeingültigen Grund hinweist, der ... kein anderer sein kann als die richtige Schlußfolgerung, wie sie sich aus der Natur der Sache ergibt ..." (IBP, Prol. 40). Zudem könne man „mit großer Wahrscheinlichkeit das Naturrechtliche einer Bestimmung daraus ableiten, daß es bei allen Völkern oder bei allen gesitteten Völkern dafür gehalten wird, denn ... der Grund einer solchen allgemeinen Meinung kann nur in dem gefunden werden, was man den gesunden Menschenverstand nennt." (IBP, I 1 XII 1). Mit empirischer Forschung im modernen Sinne, geschweige denn mit „Art der Mathematiker" (IBP, Prol. 58), hat dies allerdings nichts zu tun.

Als zentraler Grundsatz des Naturrechts gilt Grotius die Vertragstreue: „Es entspricht nur dem Recht der Natur, Verträge zu halten. Denn irgendein Weg, sich zu verpflichten, ist für die Menschen notwendig, und ein natürlicherer als der Vertrag läßt sich nicht auffinden." (IBP, Prol. 15). Hier wird sein noch ganz einheitliches Rechtsverständnis deutlich, das weder scharf zwischen verschiedenen Rechtsmaterien noch nach den Adressaten der Rechtsregeln unterscheidet. So gilt ihm auch der Satz „Verträge müssen gehalten werden" (*pacta sunt servanda*) ganz unterschiedslos für Privatpersonen, Völker, politische Körper jeglicher Art sowie alle Obrigkeiten gleichermaßen und beansprucht Geltung im bürgerlichen Recht wie im Völkerrecht. Dieser naturrechtliche Fundamentalgrundsatz stellt auch ein Kernelement der – allerdings nur fragmentarisch ausgearbeiteten – grotianischen Staatstheorie dar.

Der Staat sei nämlich „eine vollkommene Verbindung freier Menschen, die sich des Rechtsschutzes und des gemeinsamen Nutzens wegen zusammengetan haben" (IBP, I 1 XIV 1). Nicht wie bei Hobbes also eine bloße Zwangsordnung, durch die die destruktiven Triebe des Menschen unter Kontrolle gehalten werden sollen, sondern vielmehr – neben der auch für Grotius selbstverständlichen Funktion als Ordnungsmacht – auch ein Zusammenschluß zur gemeinschaftlichen Lösung sozialer Aufgaben. Auf eine Regierungsform legt sich Grotius nicht fest, sondern er stellt Demokratie, Aristokratie, Monarchie und eine Reihe von Mischformen als grundsätzlich gleichwertig nebeneinander, denn, „so wie es verschiedene Lebensweisen gibt, ... so kann auch ein Volk sich beliebig seine Regierungsform wählen. Das Recht ist nicht von dem höheren Wert dieser oder jener Form abhängig, worüber die Urteile verschieden sind, sondern von dem Willen des Volkes" (IBP, I 3 VIII 2). Obwohl in Ausnahmefällen durch Gewalt gebrochen oder durch Verzicht erloschen (Lehre vom Sklavenstaat, *imperium herile*), bildet für ihn die Volkssouveränität so in der Regel die Basis der Staatsgestaltung.

Mit seiner überaus differenzierten Haltung zur Rechtsbindung der Staatsgewalt nimmt Grotius auch in zukunftsweisender Art zu der seit *Bodin* hochaktuellen Souveränitätsdiskussion Stellung: Bereits mit der Definition, daß die höchste Gewalt (*summa potestas*) jene sei, „deren Tun und Lassen keines Menschen Recht so unterstellt ist, daß sie nach seinem Willen oder Gutdünken unwirksam gemacht werden könnte" (IBP, I 3 VII 1), beschränkt er die Möglichkeit einer Freistellung von rechtlichen Bindungen auf die Normen des positiven staatlichen Rechts, denn zur Einhaltung „des göttlichen, des Natur- und Völkerrechts" sei der Träger der

Staatsgewalt ohnehin stets verpflichtet (IBP, I 3 XVI 1). Im Gegensatz zur üblichen Deutung *Bodins* sieht er die Souveränität der höchsten Staatsgewalt nicht gefährdet, wenn „der Inhaber den Untertanen oder Gott ein Gelöbnis macht, selbst wenn es sich auf die Art seiner Regierung bezieht" (IBP; I 3 XVI 1). Ebenso kann das „Volk sich bei der Wahl des Königs große Rechte vorbehalten und die anderen dem König unbeschränkt einräumen" (IBP, I 3 XVII 1). Folglich ist durch die (verfassungsrechtlichen) Fundamentalgesetze des Landes "die Staatsgewalt gewissermaßen eingeschränkt" und „die gegen das Versprechen vorgenommene Handlung ungültig" (IBP, I 3 XVI 2). Diese revolutionär anmutende Folgerung gilt aber nur in den Grenzen der (folgenreichen) Unterscheidung zwischen Innehabung und Ausübung der Staatsgewalt („Man muß bei der Staatsgewalt ... das Recht von der Ausübung desselben ... unterscheiden" [IBP, I 3 XXIV]): Während erstere (die „Innehabung") einheitlich und ungeteilt ist, kann letztere (die „Ausübung") tatsächlich „entweder nach ihren sachlichen Rechten oder nach Personen" aufgeteilt sein (IBP, I 3 XVII 1). Grotius erweist sich so als ein Vordenker der für die spätere Verfassungstheorie und -praxis so bedeutsamen Trennung von Staats- und Organsouveränität. Er legt damit auch – sowohl was die verfassungsstaatliche Bindung der Staatsgewalt als auch was die Teilung der Gewalten auf verschiedene Organträger angeht – eine im Naturrecht gegründete theoretische Grundlage für die Verfassungskämpfe des 18. und 19. Jahrhunderts.

V

Der *appetitus societatis* des Menschen – die anthropologische Grundlage des grotianischen Denkens – beschränkt sich aber nicht nur auf die Ebene der Völker, sondern umfaßt vielmehr die gesamte Menschheit. Diese *societas humana* im Sinne eines einheitlichen Rechtsgedankens als einen – aus theologischer Zwangsjacke und politischem Voluntarismus befreiten – (natur-)rechtlich begründeten Zusammenschluß begriffen zu haben, darin liegt die eigentliche, bis heute wirkungskräftige Aussage des *IBP*.

Wegen dieses Glaubens an eine Staatsräson, Absolutismus und geistliche Suprematieansprüche gleichermaßen überwindende

Rechtsordnung trägt Grotius auch verdientermaßen das Prädikat „Vater des modernen Völkerrechts". Dieses Recht, dessen es „um das menschliche Geschlecht oder mehrere Völker unter sich zu verbinden" „so gewiß bedarf" (IBP, Prol. 23), beruhte ihm auf der Vernunft, die Gott dem Menschen geschenkt hat; ein Ansatz, der ihn zum Begründer eines wahrhaft „positiven" Völkerrechtsverständnisses macht. Seither gilt das Völkerrecht – in seiner die Souveränitätsansprüche der modernen Territorialstaaten überwölbenden und begrenzenden und damit die Völker und ihre politischen Organisationseinheiten verbindenden Art – als eine vollwertige, operable, in detaillierte Rechtsregeln aufgliederbare Rechtsordnung und erschöpfte sich nicht mehr in bloßen moralischen Maximen oder obersten Rechtsprinzipien. Tatsächlich haben sich aus seinen Verhaltensnormen im internationalen Verkehr zahlreiche noch heute gültige Rechtssätze und völkerrechtliche Institutionen entwickelt. Dies gilt etwa für die Grundlagen des humanitären Völkerrechts (denn auch im Krieg gelten die „ewigen und für alle Zeiten geltenden Gesetze [des Naturrechts]" [IBP, Prol. 26–9]), des Gesandtschaftsrechts („Exterritorialität, Immunität") und des Vertragsrechts, für den Grundsatz der Freiheit der Meere, das Institut der Neutralität und den Schieds- und Gerichtsgedanken. Seine Auffassung zu den gerechten Kriegsgründen („Einen gerechten Grund zum Krieg kann nur eine Rechtsverletzung abgeben" [IBP II 1 I 4]) war zwar kaum geeignet, das Recht zum Krieg (*ius ad bellum*) in der Praxis wesentlich einzuschränken. Zumindest aber setzte es die Kriegführenden – typisch grotianisch – einem Zwang zur Rechtfertigung aus, die nur auf der Basis des Rechts gelingen konnte. Berühmt ist zudem seine Forderung, daß in Zweifelsfällen eine friedliche Streiterledigung mittels Schiedsvertrag gesucht werden solle (IBP, II 23 VIII).

Mit seiner Konzeption der Verbundenheit der Menschheit und ihrer Glieder – den Individuen – legt Grotius schließlich auch den Grundstein für eine weit über ein Zwischenstaatenrecht hinausgehende Rechtsordnung. So paradox dies klingen mag, ist es doch gerade dieser Aspekt, der den Vater des klassischen, d.h. allein staatenbezogenen Völkerrechts, heute so aktuell macht. Mit grotianischem Gedankengut kann man nicht nur völkerrechtliche Rechte und Pflichten des einzelnen begründen, sondern auch die Existenz von Gruppenrechten (etwa von Völkern, Minderheiten,

Familien, Stämmen) und die hochaktuelle Frage der völkerstrafrechtlichen Verantwortlichkeit des einzelnen Menschen theoretisch untermauern. Von Grotius können so zahlreiche Impulse für das neue, post-klassische Völkerrecht ausgehen, einer Rechtsordnung, in der der Staat seine bislang alles dominierende Rolle zunehmend mit anderen Akteuren teilen muß. Unter diesem Aspekt aber harrt der große, visionäre Entwurf des Hugo Grotius noch weitgehend seiner (Wieder-)entdeckung.

Christine Chwaszcza

Thomas Hobbes (1588–1679)

Zeittafel

1588	geboren am 5. April bei Malmesbury
1602–08	Studium der Logik und Physik in scholastischer Tradition in Oxford mit Abschluß des *Baccalaureus artium*; Tutor des nur wenige Jahre jüngeren William Cavendish, Sohn des William Lord Cavendish, später Earl of Devonshire
1610–15	Europareise mit William nach Italien und Frankreich, wo die Bemühungen um eine Erneuerung der Philosophie fortgeschrittener sind; im Anschluß Beschäftigung mit antiken Autoren
1629	begleitet den Sohn von Sir Clifton nach Europa, stößt dabei auf Euklids *Elemente*
1634–36	Reise mit dem Dritten Earl of Devonshire nach Italien und Frankreich; Hobbes trifft Mersenne und Gassendi; besucht Galilei;
1640	Fertigstellung der *Anfangsgründe des Naturrechts*; im November Flucht nach Paris, da er aufgrund der Zurückweisung der Mischverfassung eine Verfolgung durch das „Kurze Parlament" befürchtet
1642	nach Ausbruch des englischen Bürgerkriegs im Frühjahr anonyme Publikation von *De Cive* (2. veränd. Aufl. 1647; zit.: Ci, Kap.); anschließend Arbeiten zur Naturwissenschaft
1646	Ernennung zum Mathematiklehrer des Prince of Wales im Exil des englischen Königshofes in Paris
1651	Veröffentlichung des *Leviathan* (zit.: L, Kap.); im Dezember Ausschluß vom königlichen Hof
1652	Rückkehr nach England
1655	Veröffentlichung von *De Corpore* (zit.: Co, Teil Kap. Abschn.)
1658	Veröffentlichung von *De Homine* (zit: Ho, Kap. Abschn.)
1660	Restauration der Stuartherrschaft
1666	Anschuldigung wegen Atheismus und Häresie, jedoch keine Verurteilung; erhält keine Druckerlaubnis mehr
1679	Tod am 3. Dezember

I. Grundlegung der neuzeitlichen politischen Philosophie

Die Werke des Thomas Hobbes umfassen ein beeindruckendes Spektrum thematischer Breite: sie beinhalten Betrachtungen zu Grundlagenfragen der Philosophie, Erkenntnistheorie, Mathematik, Geometrie und Physik ebenso wie zur Ethik und politischen Philosophie, Analysen des englischen Bürgerkriegs und Übersetzungen von Thukydides und Homer ins Englische. Hobbes' Interesse am politischen Zeitgeschehen war nicht weniger ausgeprägt als sein Interesse an der zeitgenössischen Naturwissenschaft und sein Engagement in den philosophischen Debatten seiner Zeit. So stand er in regem Kontakt mit Marin Mersenne und Pierre Gassendi und war einer der Autoren, die Einwände zu den *Meditationen* von René Descartes verfaßten. Wie Descartes war auch er von dem Ehrgeiz beseelt, die scholastische Philosophie zu überwinden und an die Stelle der Berufung auf Autoritäten, wie z. B. Augustinus oder Thomas, Platon oder Aristoteles, eine systematische und methodisch stringente Argumentation zu setzen. In dem Bemühen, die Autonomie der Philosophie gegenüber der Theologie zu erstreiten, hat Hobbes Descartes noch übertroffen: Bleibt die Erkenntnistheorie Descartes' hinsichtlich der Begründung der Wahrheitsfähigkeit menschlicher Erkenntnis auf die Existenz Gottes angewiesen, darf die Staatsphilosophie von Hobbes als erster systematischer Entwurf einer rein säkularen Konzeption der politischen Philosophie bezeichnet werden. Mit ihrer individualistischen und rein auf die menschliche Vernunftfähigkeit gestützten Begründung bricht sie gleichermaßen mit dem politischen Aristotelismus wie mit theologisch oder kosmologisch gestützten politischen Ordnungskonzeptionen. Mit ihr beginnt die politische Philosophie der Neuzeit.

Obwohl Darstellung und Argumentation in den *Anfangsgründen des Naturrechts*, in *De Cive* und im *Leviathan* nicht vollständig übereinstimmen, liegt allen Entwürfen der Anspruch zugrunde, die Geltungs- und Konstitutionsbedingungen eines Frieden verbürgenden Rechtszustandes aufzuzeigen. In allen drei Schriften arbeitet Hobbes zu diesem Zweck mit der argumentationslogischen Figur des Naturzustandes als eines nicht-staatlichen Zustandes. Dieser Naturzustand ist keineswegs als eine historische

Entwicklungsstufe zu verstehen, sondern als ein hypothetisches Modell, das die Koexistenzbedingungen individueller Rechtspersonen unter der Annahme der Herrschaftsfreiheit ausbuchstabiert. Unter Zugrundelegung bestimmter wert- und handlungstheoretischer Annahmen (s. IV.) lassen sich die individuellen Rechtsansprüche unter den Bedingungen der Anarchie nicht koordinieren: Der Naturzustand wird daher von Hobbes als ein Kriegszustand charakterisiert, als Krieg aller gegen alle (*bellum omnium contra omnes*).

Die Mißlichkeit des Naturzustandes bezeichnet zwar den Vernunftgrund seiner Überwindung durch Institutionalisierung eines staatlichen Zustandes, aber Hobbes' genuines Interesse gilt den Konstitutions- und Legitimationsbedingungen des Staates, die über die Naturzustandsanalyse bestimmt werden. Damit rückt die Einrichtung des Staates ins Zentrum der politischen Philosophie. Die Überwindung des Naturzustandes beruht auf einer genuin menschlichen Sprach- und Vernunftleistung: der Institutionalisierung staatlicher Herrschaft über Vertrag. Staatliche Herrschaft ist in diesem Sinne als rein menschliche Kunstleistung zur Sicherung von Frieden und Recht zu verstehen, die durch einen Akt persönlicher Selbstbindung freier Individuen konstituiert wird. Obwohl Hobbes' eigene Staatstheorie absolutistisch strukturiert ist, begründet seine Interpretation der Vertragsfigur und des Staatsbegriffes den philosophischen Liberalismus der Neuzeit. Aber erst im Leviathan liegt eine ausgereifte Fassung der Naturzustandslogik und der Vertragskonzeption vor. Die folgende Darstellung greift daher vorwiegend auf den *Leviathan* zurück und konzentriert sich auf Kernpunkte folgender Aspekte: Methode (II), Kritik des politischen Aristotelismus (III), Praktische Anthropologie und Ethik (IV), Rechts- und Vertragstheorie (V) sowie Staatstheorie (VI).

II. Methode

Möchte man einen aufschlußreichen Zugang zur politischen Philosophie des Thomas Hobbes gewinnen, ist man gut beraten, seinen Anspruch ernst zu nehmen, die politische Philosophie begründet zu haben. In dem Widmungsschreiben zu *De Corpore* schreibt er, die Staatsphilosophie sei nicht älter als sein Werk *De Cive*. Diese selbstbewußte Einschätzung gründet in einem Philosophieverständnis, das die Möglichkeit der Erkenntnis vor allem in der Wahl und Einhaltung der richtigen Methode des philosophischen und wissenschaftlichen Vorgehens begründet sieht. Die Leitwissenschaft, an der sich dieses Methodenideal orientiert, ist die Geometrie, die von den meisten Philosophen und Wissenschaftlern des 17. Jahrhunderts als exakteste und am weitesten fortgeschrittene Disziplin angesehen wurde. Hinter dem Bemühen, die geometrische Methode von Resolution und Komposition resp. Analyse und Synthese, die Galilei so erfolgreich in der Physik angewandt hatte, nunmehr auf die Physiologie, Psychologie, die Metaphysik (vgl. Descartes *Meditationen*) und – eine Pionierleistung Hobbes' – auf die politische Philosophie zu übertragen, steht daher vor allem das Streben nach gewisser und exakter Erkenntnis. Dabei ist Erkenntnis für die meisten Philosophen des 17. Jahrhunderts und auch für Hobbes nicht zuletzt wegen ihrer praktischen Nützlichkeit erstrebenswert. Gerade Hobbes, in dessen Lebensspanne die Zeit des „Langen Parlaments" und der englische Bürgerkrieg fielen, verband mit der methodischen Neufundierung der Staatsphilosophie die Hoffnung, eine brauchbare und sichere Friedenswissenschaft zu begründen. In *De Cive* nicht weniger als in *De Corpore* kontrastiert er die Errungenschaften der „angewandten Geometrie", z.B. Landvermessung, Architektur, mathematische Physik, mit den bloß „tönenden Worten" der bisherigen Moralphilosophen, die nicht nur keinen Erkenntnisgewinn verbürgen, sondern in ihrer Mangelhaftigkeit vielmehr noch dazu beitragen, Meinungsverschiedenheiten, Parteiungen und Bürgerkrieg zu befördern.

Die Attraktivität der resolutiv-kompositiven Methode liegt in ihrem inventiven und konstruktiven Potential. Anders als eine rein deduktive Vorgehensweise, die immer nur von als wahr angenommenen Prämissen Aussagen von geringerem Allgemeinheitsanspruch ableiten kann, und anders als Bacons Verfahren einer sukzessiven Generalisierung von Beobachtungsergebnissen führt die geometrische Methode in der Resolution komplexe Vorstellungen oder Begriffe auf einfache Teile oder (gesetzesartige) Prinzipien zurück und erlaubt im Verfahren der Komposition wiederum die Entwicklung (anderer) komplexer Vorstellungen, Modelle oder Begriffe aus diesen einfachen Teilen oder Prinzipien. Während die Deduktion als Schlußverfahren und Darstellungsform der Philosophie von Hobbes durchaus beibehalten wird, steht er empiristischen Tendenzen skeptisch gegenüber: Erfahrungen und Beobachtungen sowie ihre Generalisierung und die Extrapolation vergangener Erfahrungen auf die Zukunft, die er als Leistung der Klugheit bezeichnet, konstituieren kein Wissen resp. keine Erkenntnis im wissenschaftlichen oder philosophischen Sinne.

Unter vernünftigem Denken und Philosophie versteht Hobbes „die durch richtiges Schlußfolgern gewonnene Erkenntnis der Wirkungen bzw. Phänomene im Ausgang vom Begriff ihrer Ursachen bzw. Erzeugungsweisen, und umgekehrt von möglichen Erzeugungsweisen im Ausgang von der Kenntnis der Wirkungen." (Co I.1.2; L 46) Dabei ist „richtiges Schlußfolgern" als ein Berechnen zu verstehen. (Co I.1.2; L 5) Die Operationen der Addition und Subtraktion sind nicht auf Zahlen beschränkt, sondern finden auch Anwendung auf „Größen, Körper, Bewegungen, Zeiten, Qualitätsabstufungen, Handlungen, Begriffe, Proportionen, Reden und Namen (und darin sind alle Zweige der Philosophie inbegriffen)." (Co I.1.3) So setzt sich z.B. die Vorstellung „Mensch" aus „Körper", „belebt", „vernünftig" zusammen oder die Vorstellung „Quadrat" aus „Viereck", „gleichseitig", „rechtwinklig".

Diese Auffassung von Philosophie als eines Rechnens mit Namen ist bei Hobbes mit einer nominalistischen Grundposition verbunden. Ausgangspunkt jedes Erkenntnisprozesses sind konkrete Vorstellungen, die wir mit willkürlichen Zeichen benennen; für jede einzelne Person erfüllen diese Benennungen die Funktion eines Merk- oder Kennzeichens; im Verkehr mit anderen Personen erfüllen sie eine Mitteilungsfunktion, die dadurch ermöglicht wird, daß man sich auf bestimmte Namen zur Bezeichnung oder zum Anzeigen einer Vorstellung geeinigt hat (L 5). Universalien versteht Hobbes als Namen von Namen, d.h. als Bezeichnungen von Bezeichnungen von Vorstellungen, die auf mehrere Dinge zutreffen. So wenig plausibel Hobbes' Sprachtheorie im einzelnen ist, so unbestritten ist der konventionelle und artifizielle Charakter der Sprache, der damit begründet werden soll. Erst die Sprache ermöglicht vernünftiges Denken, Philosophie und Wissenschaft, die die Beziehungen untersuchen, die zwischen Namen bestehen.

So ist ein Satz, z.B. „Alle Menschen sind sterblich", eine Verbindung von Namen, deren Wahrheit darin begründet liegt, daß wir übereingekommen sind, bestimmte Lebewesen als „Menschen" zu bezeichnen und auf diese Lebewesen „sterblich" anzuwenden. Ähnlich setzt die Bezeichnung einer Handlung als „gerecht" oder „ungerecht" die Vorstellung von Gesetzen voraus, denen die Handlung entspricht oder widerspricht; die Rede von „Gesetzen" beinhaltet wiederum die Vorstellung eines „Gesetzgebers", der sowohl die Autorität hat, Gesetze zu erlassen, als auch über die Macht verfügt, ihre Einhaltung durchzusetzen; wo es keinen solchen Gesetzgeber gibt, kann man auch nicht von „gerecht" oder „ungerecht" sprechen. Auf dieser Begriffsanalyse basiert Hobbes' Unterscheidung von Naturzustand und bürgerlichem Zustand.

Wenn Hobbes in der oben zitierten Definition die Philosophie inhaltlich als Erkenntnis der „Wirkungen bzw. Phänomene im Ausgang vom *Begriff* ihrer Ursachen bzw. Erzeugungsweisen" bestimmt, so ist das so zu verstehen, daß die Ursachen bzw. Erzeugnisweisen sprachlich gefaßte, generative Definitionen der Phänomene und Wirkungen benennen. Hobbes' kanonisches Beispiel einer solchen generativen Definition ist die Erzeugung einer Kreislinie durch die Drehung eines Körpers um einen festen Mittelpunkt. Sichere Erkenntnis kann es nur in den Bereichen geben, in denen wir über sichere Definitionen verfügen, d.h. über ein Erzeugungswissen, und dies sind für Hobbes die Geometrie und die Staatsphilosophie. In der Naturwissenschaft dagegen müssen wir uns mit hypothetischem Wissen begnügen, da nur Gott über das sichere Erkenntnis verbürgende Erzeugungswissen verfügt; anders als das Dasein Gottes sind Gottes Eigenschaften und Absichten dem Menschen nicht erkennbar. Daher kann die Physik ausgehend von bekannten Wirkungen nur hypothetisch auf mögliche Ursachen schließen, z.B. von sinnlichen Vorstellungen auf ihr Zustandekommen oder von Leidenschaften auf ihre physiologischen Ursachen. Dagegen ist der Staat, der *Leviathan*, eine „Wirkung" aus sprachlichen Zeichen, sprich Verträgen, zwischen verschiedenen Personen, von dessen Wirkungen und Ursachen wir sichere Kenntnis haben, weil wir ihn selbst erzeugen. Die Einleitung zum *Leviathan* beginnt mit der Feststellung, daß die *Kunst* des Menschen die Natur, i.e. „Kunst, mit der Gott die Welt gemacht hat", in vielen Dingen nachahmt und einen *künstlichen*

Menschen erzeugen kann, d.h. einen Staat oder politischen Körper: den Leviathan. Die Analogie zwischen den funktionalen Teilen und Eigenschaften des Staates und denen eines natürlichen Körpers schließt ab: „Endlich aber gleichen die Verträge und Übereinkommen, durch welche die Teile des politischen Körpers zuerst geschaffen, zusammengesetzt und vereint wurden, jenem ‚Fiat' oder ‚Laßt uns Menschen machen', das Gott bei der Schöpfung aussprach."

Der Schwerpunkt der Darstellung der politischen Philosophie liegt freilich auf dem kompositiven Teil: der Konstruktion einer stabilen Frieden gewährleistenden staatlichen Rechtsperson, deren Konstitution erst im *Leviathan* mit der Figur des Autorisierungsvertrages befriedigend gelöst wird. In Verbindung mit der vorgängigen Analyse menschlicher Eigenschaften und Fähigkeiten erhebt Hobbes' Staatsphilosophie den Anspruch, die „Ursachen" eines bürgerlichen Zustandes, d.h. eines Rechtszustandes, bestimmen und die Bedingungen seines Bestands, darunter die uneingeschränkte Macht des Gesetzgebers, logisch demonstrieren zu können. Die Anwendung der geometrischen Methode auf die Staatsphilosophie darf als eine Form der Analyse des Rechtsbegriffs und der darauf aufbauenden kompositorischen Konstruktion des Begriffs des Staates sowie seiner „Wirkungen" oder Folgen verstanden werden, i.e. der Rechte und Pflichten des Souveräns und der Bürger.

III. Kritik des politischen Aristotelismus

Mit der Konzeption einer Staatsphilosophie *more geometrico* und der Betonung des künstlichen Charakters des Staates bricht Hobbes in doppelter Hinsicht mit der philosophischen Tradition: Die klassische aristotelische Auffassung des Menschen als eines politischen Wesens (*zoon politikon*) verstand die politische Gemeinschaft als die natürliche Lebensform des Menschen. Nur im politischen Verband vermag der Mensch seine ihn auszeichnenden ethischen und intellektuellen Fähigkeiten und Fertigkeiten zu vervollkommnen. Daher wird der Mensch als ein Lebewesen betrachtet, das *von Natur aus* auf eine politische Existenz angelegt ist. Mit der zoon politikon-These verbindet sich für Aristoteles die Auffassung, daß die politische Gemeinschaft als logisch prioritär zu betrachten ist: „Denn das Ganze muß ursprünglicher sein als der Teil" (Politik 1253a), womit er meint, daß ein einzelner, autark lebender Mensch seine Anlagen nicht zu vervollkommnen vermag. Die zentrale Fragestellung, die die Politik des Aristoteles prägt, richtet sich daher auf die gelungene Organisation der politischen Gemeinschaft und tritt überwiegend als Frage nach der „guten" oder der „besten" Verfassung auf – eben der Verfassung, in der sich vor allem auch die sittlichen Anlagen der Bürger am besten entwickeln können. Daher bilden Ethik und Politik im politischen Aristotelismus eine Einheit. Die normative Frage nach der „besten Verfassung" wird aber vor dem Hintergrund eines bestehenden Wertekonsenses oder einer objektivistischen Wertetheorie geführt. Gerade Aristoteles hatte die praktische Philosophie als eine Wissenschaft verstanden, die ihren Gegenstand aus der Praxis gewinnt, sich auf die Praxis bezieht und daher nicht wie die theoretische Philosophie Wahrheit, sondern Praxis-Angemessenheit erstrebt. Obwohl die aristotelische Konzeption stoisch-christlich gebrochen und naturrechtlich modifiziert wurde, blieb sie bis zu Hobbes Zeiten die Standardkonzeption. Zwar zeigt sich eine deutliche Verlagerung der partikularistischen Ausrichtung des aristotelischen Ethikverständnisses zugunsten einer universalistischen Konzeption, doch bleiben die zoon politikon-Prämisse, die verfassungstheoretische Fragestellung und die methodische Orientierung der Politik an der Rhetorik (anstelle der Wissenschaft) in der politischen Philosophie des Humanismus erhalten. Letztlich wirkt der politische Aristotelismus weit über Hobbes hinaus und wird bis heute immer wieder als Gegenmodell aufgegriffen.

Hobbes' Bemühen zielt dagegen auf eine normative Rekonstruktion von Herrschaft, d.h. auf Herrschaftslegitimation. Er problematisiert das für den politischen Aristotelismus Selbstverständliche, nämlich die politische Gemeinschaft, und bestreitet die begründungslogische Priorität der politischen Gemeinschaft. Die anti-aristotelische Stoßrichtung tritt in der gedrängten Darstellung in *De Cive* deutlicher hervor als im *Leviathan*, aber auch dort findet sich die klare Zurückweisung sowohl der zoon politikon-These als auch der Orientierung der politischen Philosophie an der Frage nach der idealen Verfassung. Hobbes' Bruch mit der

Tradition ist letztlich wohl nur vor dem Hintergrund der umwälzenden Veränderungen des Naturverständnisses und anthropologischen Selbstverständnisses zu verstehen, die die zeitgenössische Entwicklung der Naturwissenschaften und das Aufkommen des mechanistischen Weltbildes begleiten. Das entscheidende Moment hierbei liegt in der Auflösung einer sinn- und werthaften Ordnung der Natur, die mit der Ablösung der Finalkausalität durch die Effizienzkausalität einhergeht. Die natürliche Welt des mechanistischen Weltbildes besteht aus aufeinander einwirkenden Körpern, deren Bewegungen durch das Prinzip von *actio und reactio* zu erklären sind. Diesem mechanistischen Erklärungsmodell unterliegt bei Hobbes auch der menschliche Körper, soweit seine biologischen Eigenschaften zu betrachten sind. Darunter fallen zum Teil auch psychologische Eigenschaften, insbesondere Leidenschaften und Werteinstellungen, die als „natürliche" Bewegungsmomente des menschlichen Körpers verstanden werden und den Gegenstand der Ethik bilden. Auf der Grundlage einer solcherart mechanistischen Auffassung der „Natur" des Menschen läßt sich weder eine „natürliche Erklärung" des politischen Zusammenschlusses entwickeln, noch die Orientierung an einer „natürlichen Wertordnung" aufrechterhalten. An ihre Stelle tritt eine „künstlerische" Leistung, ein Sprechakt, der konventionellen Charakter hat: der Vertrag. Indem er es unternimmt, den Staat aus den Handlungen, „Verträgen und Übereinkommen", individueller Personen zu rekonstruieren, bricht Hobbes, der Verteidiger einer absolutistischen Staatskonzeption, einem individualistischen Erklärungs- und Begründungsmodell Bahn, auf dem der politische Liberalismus aufbauen wird.

IV. Praktische Anthropologie und Ethik

Hobbes' Untersuchungen der praktischen Eigenschaften und Fähigkeiten der menschlichen Natur bestimmen die handlungs- und werttheoretischen Annahmen, die die Struktur und Interaktionslogik des Naturzustandes charakterisieren. Die praktische Anthropologie ist mechanistisch konzipiert; ihr zentraler Begriff ist der der Bewegung. Dabei ist zwischen *vitalen Bewegungen*, die *Lust* und *Unlust* definieren, und *willentlichen Bewegungen*, d.h.

Handlungen, zu unterscheiden. Handlungen sind durch Vorstellungen verursachte Bewegungen, die „zwei Richtungen" nehmen können: auf das vorgestellte Objekt zu (*Verlangen*) oder von ihm weg (*Abneigung*). Auf diesen Bewegungen in Verbindung mit der Zeitstruktur menschlichen Vorstellungsvermögens baut die Theorie der Leidenschaften auf. Entscheidend für das Verständnis des systemlogischen Stellenwerts der Anthropologie und der Interaktionslogik des Naturzustandes sind zwei Grundannahmen: erstens Hobbes' geradezu axiomatische Auffassung, daß jede willentliche Handlung ein Gut für die betreffende Person erstrebt; zweitens die Zukunftsorientierung des Menschen, die die Willens- und Handlungsorientierung des Menschen auf zukünftige Güter ausweitet.

Obwohl Hobbes' handlungstheoretische Grundthese und seine Darstellung der menschlichen Leidenschaften bereits früh den Vorwurf provoziert haben, er vertrete eine egoistische, auf das Selbstinteresse reduzierte Anthropologie, liegt ihr systematischer Stellenwert in der subjektivistischen und relativistischen Wendung, die sie der Güterlehre und Werttheorie verleiht. Wenngleich die mechanistisch-physiologische Erklärungshypothese der Güterlehre und Werttheorie sowie die damit verbundene Interpretation der Willensfreiheit nicht zu überzeugen vermögen, ist Hobbes Einsicht, daß Werte keine Eigenschaften von Gegenständen oder Zuständen sind, sondern personale Einstellungen, richtig: „Aber was auch immer das Objekt des Triebes oder Verlangens eines Menschen ist: Dieses Objekt nennt er für seinen Teil *gut*, das Objekt seines Hasses und seiner Abneigung *böse* und das seiner Verachtung *verächtlich* und *belanglos*. Denn die Wörter gut, böse und verächtlich werden immer in Beziehung zu der Person gebraucht, die sie benützt, denn es gibt nichts, das schlecht und an sich so ist." (L 6) Weniger überzeugend sind die relativistische Ausrichtung von Hobbes' Werte- und Gütertheorie sowie die mit dem mechanistischen Modell verbundene Fragmentierung von Handlungszusammenhängen. *Leben* bedeutet für Hobbes nur mehr Bewegung und bezeichnet keine die Einzelhandlungen umfassende Einheit, die auf ein höchstes Ziel ausgerichtet ist, sondern schlicht eine *Abfolge* von Handlungen, die ein aktuelles oder zukünftiges Gut erstreben. Leben ist daher nichts anderes als Streben nach Gütern, dessen natürliches Ende der Tod ist, wobei die Verfolgung der Selbsterhaltung (*primum bonum*) resp. die Vermeidung des gewaltsamen Todes (*primum malum*) grundlegende Bewegungen sind. Die die Ethik des politischen Aristotelismus leitende Vorstellung eines höchsten Gutes (*summum bonum*) weist Hobbes zurück und setzt an dessen Stelle ein rein quantitativ, unter Berücksichtigung der Zukunftsorientierung tendenziell unbegrenzt zu verstehendes Streben nach Gütern (*maximum bonum*). (L 11; Ho XI. 15) Die Funktion einer argumentationslogischen Schnittstelle von Ethik und Politik kann das *maximum bonum* nicht mehr erfüllen.

Die Trennung von Ethik und Politik findet bei Hobbes ihren drastischen Ausdruck in der Charakterisierung des Naturzustandes als eines Krieges aller gegen alle. Der subjektivistische und relativistische Charakter von Werteinstellungen darf nicht so verstanden werden, daß zwischen den Personen im Naturzustand keine Konkurrenz um Güter bestünde – im Gegenteil: Erst unter der Annahme, daß dem tendenziell unbegrenzten Streben nach Gütern nur eine begrenzte Menge an Gütern gegenübersteht, wird das Theorem der kriegerischen Eskalation des Machtstrebens im Naturzustand verständlich. *Macht* bezeichnet zunächst die Fähigkeiten und Mittel zur „Erlangung eines zukünftigen anscheinenden Gutes". (L 10) Da Macht die Option eröffnet, Güter zu erwerben und erworbene Güter zu behaupten, ist Macht selbst ein Gut, das von allen Personen erstrebt wird. Aber unter den Bedingungen der Konkurrenz ist Macht nur in dem Maße nützlich, in dem die Macht einer Person die ihrer Konkurrenten übersteigt. Daher ist Machterwerb ein Gebot der Selbsterhaltung und der Sorge um das zukünftige Wohlergehen, das aufgrund des relationalen Charakters der Macht keine Obergrenze kennt: „So halte ich an erster Stelle ein fortwährendes und rastloses Verlangen nach immer neuer Macht für einen allgemeinen Trieb der gesamten Menschheit, der nur mit dem Tode endet. Und der Grund hierfür liegt nicht immer darin, daß sich ein Mensch einen größeren Genuß erhofft als den bereits erlangten, oder daß er mit einer bescheidenen Macht nicht zufrieden sein kann, sondern darin, daß er die gegenwärtige Macht und die Mittel zu einem angenehmen Leben ohne den Erwerb von zusätzlicher Macht nicht sicherstellen kann." (L 11) Da Hobbes davon ausgeht, daß die Menschen hinsichtlich ihrer körperlichen und geistigen Fähigkeiten gleich sind, findet die Konkurrenz um Macht kein „natürliches" Ende in Form einer „natürlichen Herrschaft". Aber diese Begründung ist angesichts der natürlichen Unterschiede zwischen Menschen wenig überzeugend. Plausibler ist es, die Gleichheitsthese als eine normative Prämisse zu interpretieren, die im neunten *natürlichen Gesetz* „Jedermann soll den anderen für Seinesgleichen von Natur aus ansehen" auch ihren normativen Ausdruck findet. Wie jedes *natürliche Gesetz* wendet sich auch dieses gegen eine Leidenschaft, hier: den Stolz, der neben Konkurrenz und Mißtrauen die dritte Ursache der Bellizität des Naturzustandes bezeichnet. (L 13; L 15) Das Streben nach Selbsterhaltung und die Furcht vor dem gewaltsamen Tod bilden das Motiv, den Naturzustand zu verlassen, aber erst die Vernunft weist den Weg.

V. Rechts- und Vertragstheorie

Der Rechtsstatus der Personen im Naturzustand ist durch das *natürliche Recht* bestimmt, d.h. „die Freiheit eines jeden, seine eigene Macht nach seinem Willen zur Erhaltung seiner eigenen Natur, das heißt seines eigenen Lebens, einzusetzen und folglich alles zu tun, was er nach eigenem Urteil und eigener Vernunft als das zu diesem Zwecke geeignetste Mittel ansieht"; unter den Bedingungen des Kriegszustandes beinhaltet dies, daß „jedermann ein Recht auf alles hat, selbst auf den Körper eines anderen." (L 14) Obwohl Hobbes naturalistische Verkürzung des Begriffs der Freiheit auf die Abwesenheit äußerer Hindernisse unbefriedigend ist, darf nicht übersehen werden, daß er der Freiheit begründungslogische Priorität gegenüber der Verpflichtung einräumt, die den Begriff des Gesetzes charakterisiert. (L 14; L 21) Die *natürlichen Gesetze* sind nicht als Gesetze im eigentlichen Sinne zu verstehen, sondern als von der Vernunft ermittelte Regeln oder Vorschriften der Selbsterhaltung, die die Bedingungen friedlicher Koexistenz formulieren. Anders als im christlichen Naturrecht beschreiben die *natürlichen Gesetze* bei Hobbes kein überpositives Recht, das einen substantiellen Maßstab politischer Gerechtigkeit, legitimer Herrschaftsausübung und „natürlicher Pflichten" festschreibt. Erst das zweite *natürliche Gesetz*, das unter der Bedingung der Wechselseitigkeit den Verzicht auf das *natürliche*

Recht auf alles und die Beschränkung der *natürlichen Freiheit* als geeignetes Mittel zu diesem Zweck auszeichnet, schafft die Grundlage der *künstlichen* Einrichtung bindender und verpflichtender Gesetze, indem es den Weg zur Errichtung politischer Herrschaft aufzeigt.

Der Rechtsverzicht in Form eines Vertrages (*contract*) oder Übereinkommens (*covenant*), d.h. eines Vertrages auf der Grundlage wechselseitigen Vertrauens, ist ein sprachlicher Akt der Selbstbindung: eine Willenserklärung, deren Verbindlichkeit ihre einzige Grundlage darin hat, daß bestimmte Formen von Sprechhandlungen als Akte der Selbstverpflichtung angesehen werden. Weder die Bedingungen des Vertragsabschlusses noch der Inhalt des Vertrages beeinträchtigen seine Verbindlichkeit. Damit entdeckt Hobbes nicht nur die Sprache als genuin menschliche Quelle von Verbindlichkeit, sondern bestreitet auch jede Form vor-vertraglicher Pflichten oder Normativitätsstrukturen. Allerdings sind Personen nicht immer geneigt, zu tun, wozu sie sich verpflichtet haben: Der Vernunft treten immer die Leidenschaften entgegen. Die Schwäche der menschlichen Natur beinhaltet, daß Übereinkommen (*covenants*) im Naturzustand ungültig sind, weil berechtigte Furcht vor Nichteinhaltung besteht. Da die Vernunfteinsicht und die Kraft von Worten zu schwach sind, Menschen zur Einhaltung ihrer Verträge und Übereinkommen anzuhalten, bedürfen sie der Unterstützung durch die Leidenschaften, insbesondere der Furcht vor Strafe bei Nichteinhaltung. Weil wechselseitiger Rechtsverzicht und Freiheitseinschränkung unter die Kategorie der *covenants* fallen, bedarf ihr Abschluß der gleichzeitigen Einrichtung einer strafenden Instanz, die mächtig genug ist, das Motiv der Furcht zu aktivieren und somit die Einhaltung von Übereinkommen sicherzustellen: das Gewaltmonopol des Leviathan. Daher entwickelt Hobbes die rechtliche Figur eines Autorisierungsvertrages.

Der Autorisierungsvertrag ist ein Übereinkommen zwischen Einzelpersonen, in dem jeder Beteiligte zugunsten eines vertragsunbeteiligten Dritten von seinem *natürlichen Recht* zurücktritt. Die Vertragsformel, mit der politische Einheit und politische Herrschaft in einem Zug konstituiert werden, lautet: „Ich autorisiere diesen Menschen oder diese Versammlung von Menschen und übertrage ihnen mein Recht, mich zu regieren, unter der Bedingung, daß du ihnen ebenso dein Recht überträgst und alle Handlungen autorisierst." (L 17) Mit dieser Konstruktion gibt Hobbes der Vertragstheorie eine neue Gestalt und bricht mit dem traditionellen Dualismus von Einigungsvertrag (*pactum unionis*), durch den sich die Bürgerschaft konstituiert, und Herrschaftsvertrag (*pactum subjectionis*), der die Beziehung zwischen den Ständen und dem Herrscher bestimmt. Die Einheit der Bürgerschaft konstituiert sich über die Einheit der Willensbestimmung, die nur durch die Schaffung einer fiktiven Person, der Rechtsperson des Souveräns, erreicht werden kann, auf die das Herrschaftsrecht der Einzelpersonen übertragen wird. Damit entfällt die traditionelle politische Kategorie des Volkes als einer eigenständigen politischen Legitimationsinstanz; im Hobbesschen Staat gibt es nur Souverän und Untertanen. Rechtlich betrachtet, behält der Souverän sein *natürliches Recht* auf alles, während die Untertanen sich verpflichten, jede Handlung und jede Willensäußerung des Souveräns wie ihre eigene anzuerkennen und zu befolgen. Davon ausgenommen sind nur solche Befehle, die gegen die eigene Selbsterhaltung gerichtet sind. Denn Übereinkommen, die das Recht auf Selbsterhaltung einschränken oder übertragen sind stets nichtig. Obwohl Verträge wie jede willentliche Handlung auf ein Gut für die eigene Person zielen und die Autorisierung des Souveräns zum Zweck der Friedenssicherung und der Förderung der Wohlfahrt der Bürger erfolgt, ist der Souverän gesetzlich ungebunden (*legibus absolutus*). Zwar schließen sich „das Gesetz der Natur und das bürgerliche Gesetz" gegenseitig ein und sind „von gleichem Umfang" (L 26). Aber die Vorschriften und Regeln der *natürlichen Gesetze* formulieren allenfalls vernünftige Orientierungen souveräner Herrschaftsausübung, bilden jedoch keinen den Souverän in irgendeiner Form gegenüber den Bürgern bindenden oder verpflichtenden Gesetzes-Kanon: *Auctoritas non veritas facit legem* (L 26). Die Spannung zwischen Rechtspositivismus und normativer Rückbindung der legislativen Gewalt an einen Autorisierungsvertrag, die in diesem Grundsatz der Hobbesschen Rechtstheorie anklingt, läßt sich nicht auflösen. Ebenso lassen sich die freiheitlich-liberale Grundstruktur der Staatsbegründung und der etatistische Staatsbegriff schwer zusammenführen. Ihre Bewertung bezeichnet einen der zentralen Streitpunkte innerhalb der Hobbesforschung.

VI. Staatstheorie

Der Autorisierungsvertrag stellt eine ideale Konstruktionsanleitung zur Generation des Staates, der *persona civitatis*, dar, die dessen Eigenschaften zu bestimmen erlaubt: i.e. die Freiheiten der Bürger und die Rechte und Befugnisse des Souveräns. Diese Rechte gelten gleichermaßen für den Souverän des „Staates durch Aneignung", d.h. eines durch Gewalt erworbenen Staates (L 20; bereits Zeitgenossen vermuteten in diesem Kapitel eine Anbiederung an Cromwell). Die *Uneingeschränktheit* der souveränen Gewalt gründet in der Form des Autorisierungsvertrages als eines Begünstigungsvertrages, der dem Souverän sein *natürliches Recht* auf alles beläßt, aber die Untertanen verpflichtet, jede Maßnahme des Souveräns als ihre eigene anzuerkennen. Desgleichen basiert die Ablehnung eines Widerstandsrechts und kollektiven Ungehorsams auf der Vertragsform.

Die *Unteilbarkeit* der Souveränität, d.h. die Einheit von Legislative, Exekutive und Jurisdiktion, ergibt sich dagegen aus dem Ziel des Vertrages: der Friedenssicherung. Diese sah Hobbes insbesondere durch die Lehre von der Mischverfassung bedroht. Demselben Zweck dient das Monopol des Souveräns über die Zulassung von Meinungen und Lehren. Beide Maßnahmen zeigen, daß Hobbes Meinungspluralismus und darauf aufbauende Parteienbildung für die größte Gefährdung des Friedens hielt. Wie die Analyse der Ursachen des englischen Bürgerkrieges in *Behemoth* verdeutlicht, galt seine Besorgnis insbesondere Religionsstreitigkeiten, klerikalen Machtansprüchen und theologisch fundierten Herrschaftstheorien. Daher kommt dem Souverän auch die oberste Autorität in Fragen der Schriftauslegung und des Ritus zu. Das dritte und vierte Buch des Leviathan verteidigen diese Folgerung. Allerdings geht Hobbes nicht so weit, den Untertanen auch ihren privaten Glauben vorzuschreiben, sondern beschränkt die souveräne Weisungsbefugnis auf Handlungen und öffentliche Äußerungen. Die Freiheit der Untertanen besteht darin, privat zu denken, was ihnen beliebt, aber nichts zu tun, was gesetzlich verboten ist. Dagegen beruht die Verteidigung der Monarchie als geeignetster Regierungsform auf eher zweifelhaften pragmatischen und erfahrungsgeleiteten Argumenten; sie gilt daher nicht als im oben ausgeführten Sinne logisch bewiesen.

Hobbes' Souveränitätslehre war schon seinen Zeitgenossen Stein des Anstoßes. Die theoretischen Ursachen der bürgerlichen Rechtsdefizite scheinen dem wenig überzeugenden Freiheitsbegriff und dem radikalen Relativismus der Güterlehre und Wertetheorie geschuldet. An diesem Punkt setzt dann auch John Lockes Kritik der Hobbesschen Staatstheorie an, der ausgehend von der Annahme unveräußerlicher persönlicher Rechte den Vertragsgedanken zu einem Begründungsargument der Herrschafts*limitation* umformen wird.

VII. Rezeption

Die zeitgenössische Reaktion auf Hobbes ist weitgehend negativ, bezeugt aber im Atheismus-Vorwurf eine ausgeprägte Sensibilität für den radikalen Bruch mit der Tradition, den Hobbes' politische Philosophie bedeutet. Wenngleich John Lockes Vertragstheorie nochmals in das christliche Naturrechtsdenken zurückfällt, erlangt das Vertragsargument, vermittelt über Jean Jacques Rousseau und befreit von den veralteten mechanistischen und systemphilosophischen Annahmen in der politischen Philosophie Immanuel Kants ihre ausgereifte und überzeugende vernunftrechtliche Form. Nach der Wiederentdeckung Hobbes' durch Ferdinand Tönnies finden sich in der Philosophie des 20. Jahrhunderts zwei Stränge der Auseinandersetzung mit Hobbes: eine Radikalisierung der anti-liberalen und anti-pluralistischen Grundzüge seiner Staatstheorie bei Carl Schmitt sowie eine kritische Weiterentwicklung des vertragstheoretischen Begründungsargumentes in den modernen liberalen Vertragstheorien von J. Buchanan, J. Rawls und R. Nozick. Das Interesse moderner Vertragstheorien gilt jedoch nicht der Herrschaftskonstitution, sondern der inhaltlichen Bestimmung der politischen Gerechtigkeit. Anders als Hobbes interpretieren daher moderne Vertragstheoretiker die Vertragsfigur als eine Form des Konsenses. Die größte Nähe zu Hobbes weisen an James Buchanan anschließende ökonomistische Vertragstheorien auf, die den radikalen Individualismus und das instrumentelle Vernunftverständnis von Hobbes übernehmen –

freilich in modernisierter Gestalt. So kritisch viele Details der politischen Philosophie des Thomas Hobbes betrachtet werden müssen, bleibt ihm das uneingeschränkte Verdienst, die politische Philosophie auf ein anthropozentrisches und rationales Fundament gestellt zu haben.

Literaturhinweise

Plato

A. Texte und Übersetzungen

Grundlage für alle weiteren Ausgaben und für die bis heute gängige Zitierweise: Henricus Stephanus, 3 vol., Paris 1578. *Die meisten Ausgaben des griechischen Textes und dessen Übersetzungen basieren auf der Ausgabe von* Les Belles Lettres, Association Guilaume Bude, Paris 1991. *Grundlegende deutsche Übersetzung von* Friedrich Schleiermacher. *Zu empfehlende zweisprachige Ausgaben:* Platon. Sämtliche Werke, 10 Bände, Griechisch und Deutsch, übers. von Friedrich Schleiermacher, Hg. Karlheinz Hülser, Frankfurt/Main, Leipzig 1991; Platon. Werke in acht Bänden, Griechisch und Deutsch, übers. v. Friedrich Schleiermacher, Hg. Günther Eigler, Darmstadt 1991ff; Plato in Twelve Volumes. The Loeb Classical Library, ed. G. P. Gould, engl.-gr., Harvard UP/Cambridge, London 1977 ff. *Weitere Übersetzung:* Platons Staatsschriften, übers. v. Kurt Andreae, Jena 1925. *Übersetzungen der Politeia:* Platon. Der Staat, übers. v. O. Apelt, Hamburg [11]1989; Platon. Der Staat, übers. v. K. Vretska, Stuttgart 1958; The Republic of Plato, übers. v. A. Bloom, New York 1968.

B. Literatur

Umfassende Bibliographien seit 1950: L. Brisson/H. Ioannidi, Addenda a Platon 1950–1985, in: Lustrum 30 (1992), 330–338; R. D. Mc Kirahan JR., Plato and Socrates. A Comprehensive Bibiliography 1958–1973, New York, London 1978. *Zur Chronologie der platonischen Werke:* L. Brandwood, The Chronology of Plato's Dialogues, Cambridge 1990; George Klosko, The Development of Plato's Political Theory, New York, London 1986. Gregory Vlastos, Socrates – Ironist and Moral Philosopher, Cambridge 1991 *(klären und veranschaulichen die Reihenfolge anhand inhaltlicher Analyse). Index:* L. Brandwood (Hg.), A Word Index to Plato, Compendia – Computer-Generated Aids to Literary and Linguistic Research, vol. 8, Leeds 1976.

Werke zu den politischen Dialogen aus der ersten Hälfte des 20. Jahrhunderts, lesenswert aufgrund ihrer Anschaulichkeit: Werner Jaeger, Paideia, Bde. 1–3, Berlin 1934 ff; Paul Friedländer, Platon, Bd. III: Die platonischen Schriften. Zweite und dritte Periode, Berlin [2]1960; Ernest Berker, Greek Political Theory. Plato and his Predecessors, London, New York 1960 (Org. 1918); *deutlich erkennbar sind spezifisch deutsches bzw. anglo-amerikanisches Politikverständnis. Repräsentativ für die „Tübinger Schule":* Giovanni Reale, Per una nuova interpretazione di Platone, [13]1994.

Zum Umfeld Platons – die Welt der Polis: Jürgen Gebhardt, The Origins of Politics in Ancient Hellas, in: J. M. Porter (ed.), Sophia and Praxis. The Boundaries of Politics, Chatham, New Jersey 1984, 33–64; ders., Zum Begriff des Politischen in der hellenischen Antike, in: W. Merkel, A. Busch (Hg.), Demokratie in Ost und West. Für Klaus von Beyme, Frankfurt/Main 1999, 36–54; Mogens H. Hansen, Die athenische Demokratie im Zeitalter des Demosthenes, Berlin 1995; Christian Meier, Athen. Ein Neubeginn der Weltgeschichte, Berlin 1993; Walter Burkert, Griechische Religion der archaischen und klassischen Epoche, Stuttgart 1977; Eric Voegelin, Order and History, Bd. 2. The World of the Polis, Louisiana State 1957.

Empfehlenswert zur Einführung zu Platon: Barbara Zehnpfennig, Platon zur Einführung, Hamburg 1997; Alexandre Koyre, Vergnügen bei Platon, Berlin 1997. *Kurze und umfassende Einführungen mit Betonung auf Politeia, Politikos und Nomoi:* Helmut Kuhn, Platon, in: Klassiker des politischen Denkens I, H. Maier et alt. (Hg.), München ⁶1986, 15–44; Peter Weber-Schäfer, Platon, in: ders., Einführung in die antike politische Theorie II, Darmstadt 1976, 1–36. *Weitere einführende Literatur zu Platons Politeia:* Otfried Höffe, Einführung in Platons Politeia, in: ders. (Hg.), Platon. Politeia, Berlin 1997, 3–28; Wolfgang Kersting, Platons „Staat", Darmstadt 1999 *(mit ausführlicher Inhaltsangabe)*; Paul Shorey, Introductions to Plato V/VI, Republic I/II, Books I–V/VI–X, The Loeb Classical Library, transl. by Paul Shorey, Harvard UP/Cambridge, London 1978.

Problemorientierte Interpretationen: Peter Scholz, Der Philosoph und die Politik, Stuttgart 1998 *(thematisiert v. a. historisch das Verhältnis von Philosophie und Politik).* Ada Neschke-Henschke, Der Ort des ortlosen Denkens. Über Platons Politik, in: Zeitschrift für Philosophische Forschung, Bd. 42, Heft 4 (Oktober-Dezember 1988), 597–619 *(Frage nach Utopie oder Wirklichkeit platonischer Konzepte);* Leo Strauss, The City and Man, Chicago 1964 *(Beziehung zwischen Philosophie und Politik anhand Thukydides, Platon und Aristoteles);* Eric Voegelin, Order and History, Bd. 3. Plato and Aristotle, Louisiana State 1957 *(hermeneutische Untersuchung der Spannung zwischen Philosophie und Politik);* A. E. Taylor, Plato. The Man and his Work, Trowbridge, London 1969 *(aufschlussreich in Bezug auf Platons gesamtes politisches Denken!);* Zdravko Planinc, Plato's Political Philosophy, Columbia, London 1991 *(gut verständliche Interpretation in Anlehnung an Strauss und Voegelin).* *Problemorientierte Interpretationen der Politeia:* C. D. C. Reeve, Philosopher-Kings, Princeton UP 1988 *(Konzentration auf den Verlauf der Polisgründung);* Robert Spaemann, Die Philosophenkönige, in: Otfried Höffe (Hg.), Platon. Politeia, Berlin 1997, 161–177 *(u. a. über die Wirklichkeit der Politeia).* Helmut Kuhn, Der Staat. Eine philosophische Darstellung, München 1967 *(Begriff des Staates in der Politeia);* Reinhart Maurer, Platons „Staat" und die Demokratie, Berlin 1970 *(zu empfehlende umfassende Behandlung der Politeia in Konzentration auf die Seelenordnung des Philosophen).*

Kritisieren oder untersuchen Politikverständnis der Politeia: Egon Flaig, Weisheit und Befehl. Die „Politeia" und das Ende der Politik, in: Saeculum, Bd. 45 (1994), 34–70; Wayne A. R. Leys, Was Plato non-political?, in: Gregory Vlastos (ed.), Plato. A Collection of Critical Essays II: Ethics, Politics, and Philosophy of Art and Religion, Macmillan 1971, 166–173; F. E. Sparshott, Plato as anti-political thinker, in: ebd., 174–183 *(beurteilen Platon als un-, anti- oder nicht-politisch, da er der Politik in ihrem Verständnis durch seine Philosophie ein Ende setze).* Daniela Deibel–Hüttinger, Zum Begriff des Politischen bei Platon, in: Peter Nitschke, Jürgen Lietzmann (Hg.), Klassische

Politik, Opladen 2000 *(Versuch einer Klärung des Politikbegriffs anhand philologisch-politologischer Untersuchung).*

Grundlegende Kritik an Platon: Karl Popper, Die offene Gesellschaft und ihre Feinde I. Der Zauber Platons, Tübingen [7]1992 *(grundlegende und berühmte Verurteilung Platons als geistigen Vater des Totalitarismus);* Hannah Arendt, Vita Activa oder Vom tätigen Leben, München, Zürich 1994; dies., Vom Leben des Geistes I. Das Denken, München [3]1993 *(Geschichte des Denkens und Handelns mit häufiger und kritischer Bezugnahme auf Platon).* Ronald B. Levinson, In Defense of Plato, Harvard UP, Cambridge 1953 *(großangelegte Verteidigungsschrift).*

Aristoteles

A. Texte

1. Ausgaben

Die Standardausgabe der Werke Aristoteles' ist Immanuel Bekker (ed.), Aristotelis Opera, 5 Bde., Berlin 1831 bis 1870 (Neuauflage besorgt von Olof Gigon, Berlin 1960). *Nach Seiten-, Kolumnen- und Zeilenzahl dieser Ausgabe werden die Werke des Aristoteles im Text zitiert. Neuere Textausgaben der politiktheoretischen Werke sind u.a.:* I. Bywater (ed.), Aristotelis Ethica Nicomachea, Oxford 1975; W. D. Ross (ed.), Aristotelis Politica, Oxford 1973; W. D. Ross (ed.), Aristotelis Ars Rhetorica, Oxford 1969; F. G. Kenyon (ed.), Aristotelis Athenensium Respublica, Oxford 1920.

2. Übersetzungen

In der auf 20 Bände angelegten von Hellmut Flashar *herausgegebenen* Deutschen Aristoteles-Gesamtausgabe (Darmstadt 1983–) *sind von den politischen Schriften des Aristoteles bisher erschienen: Buch I bis VI der* Politik *in der Übersetzung von* Eckart Schüttrumpf (1991, 1996) *und der* Staat der Athener *in der Übersetzung von* Mortimer Chambers (1990). *Unter den zahlreichen deutschen Übersetzungen der politiktheoretischen Schriften sind die folgenden zu empfehlen:* Nikomachische Ethik. Auf der Grundlage der Übersetzung von Eugen Rolfes hrsg. v. Günther Bien, Hamburg 1972; Die Nikomachische Ethik. Übers. u. hrsg. v. Olof Gigon, Zürich 1951 (München 1972); Politik. Nach d. Übers, v. Franz Susemihl hrsg. v. Wolfgang Kullmann, Reinbek 1994; Politik. Übers. v. Eugen Rolfes Übers, mit einer Einleitung v. Günther Bien, Hamburg 1981; Politik. Übers. u. hrsg. v. Olof Gigon, Zürich 1971 (München 1973); Rhetorik. Übers. v. Franz G. Sievecke, München 1980; Der Staat der Athener. Übers. u. hrsg. v. Peter Dams, Stuttgart 1970.

B. Literatur

Eine kurz gefaßte allgemeine Einführung in das philosophische Denken des Aristoteles bietet Ulrich Charpa, Aristoteles, Frankfurt a.M. 1991. *An Monographien, die spezifisch dem politischen Denken des Aristoteles gewidmet sind,*

sind besonders zu empfehlen: Günther Bien, Die Grundlegung der politischen Philosophie bei Aristoteles, Freiburg 1973; Andreas Kamp, Die politische Philosophie des Aristoteles und ihre metaphysischen Grundlagen, Freiburg 1985; Andreas Kamp, Aristoteles Theorie der Polis – Voraussetzungen und Zentralthemen, Frankfurt a.M. 1990; Bernt Plickat, Aristoteles Begründung des politisch Guten, Frankfurt a.M. 1989.

An Artikeln in Sammelbänden, Fachzeitschriften und allgemeinen Abhandlungen zur politischen Theorie sind zu nennen: Jürgen Bellers, „Die metaphysischen Grundlagen von Aristoteles' politischer Philosophie", in: Norbert Konegen (Hg.), Politikwissenschaft IV: Politische Philosophie und Erkenntnistheorie, Münster 1992; Helmut Flashar, „Ethik und Politik in der Philosophie des Aristoteles", in: Gymnasium 78 (1971); Harry V Jaffa, „Aristotle", in: Leo Strauss u. Joseph Cropsey (Hrsg.), History of Political Theory, Chicago 1963; Wolfgang Kullmann, „Aristoteles' Staatslehre aus heutiger Sicht", in: Gymnasium 90 (1983); Peter Spahn, „Aristoteles", in: Iring Fetscher u. Herfried Münkler (Hg.), Pipers Handbuch der politischen Ideen. Band 1: Frühe Hochkulturen und europäische Antike, München 1988; Leo Strauss, „On Aristotle's Politics", in: L. S., The City and Man, Chicago 1964; Eric Voegelin, „Aristotle", in: E. V., Order and History, vol. 3: Plato and Aristotle, Baton Rouge 1957; Peter Weber-Schäfer, „Aristoteles", in: P. W.-S., Einführung in die antike politische Theorie. Zweiter Teil: Von Platon bis Augustinus, Darmstadt ²1992.

Cicero

A. Texte

Sämtliche Werke Ciceros liegen in einer Vielzahl von Ausgaben und Übersetzungen vor. Maßgebliche Editionen beider staatstheoretischer Schriften: K. Ziegler, Leipzig ⁷1963. *Zweisprachige Ausgaben:* K. Ziegler, Cicero. Staatstheoretische Schriften, Berlin 1964 *(beide Werke)*; K. Büchner, Vom Gemeinwesen. Lat.-dt., Zürich ³1973; R. Nickel, De Legibus. Paradoxa Stoicorum. Lat.-dt., Zürich 1994. *Kommentare:* K. Büchner, M. Tullius Cicero. De re publica, Heidelberg 1984; L. P. Kenter, Cicero, De Legibus. A Commentary on Book I, Amsterdam 1972.

B. Literatur

Bibliographien: In den Forschungsberichten von P. L. Schmidt, Cicero „De re publica". Die Forschung der letzten fünf Dezennien, in: Aufstieg und Niedergang der Römischen Welt, Bd. I, 4, Berlin 1973, 262–333 *und* E. Rawson, The Interpretation of Cicero's „De legibus", ebd. 334–356 *sowie bei* G. Gawlick u. W. Görler, in: H. Flashar (Hg.), Die Philosophie der Antike, Bd. 4: Die hellenistische Philosophie, Basel 1994, 995–1168.

Darstellungen von Leben und Werken: Ausführlich und quellennah im Artikel „M. Tullius Cicero", in: Realencyclopädie der classischen Altertumswissenschaft, Bd. 7, 1 (2. Reihe), 1939, 827–1274. *Aus dem entsprechenden Ab-*

schnitt ist die konventionelle, in allen Punkten zuverlässig informierende Biographie von M. Gelzer, Cicero, Wiesbaden 1969 *hervorgegangen.* M. Fuhrmann, Cicero und die römische Republik, München 1989 *enthält konzise Zusammenfassungen der literarischen Arbeiten Ciceros.*
Cicero als Vermittler der philosophischen Tradition: Gawlick u. Görler (s. o.); P. L. Schmidt, Cicero's Place in Roman Philosophy, Classical Journal 74, 1979, 115–127; G. Striker, Cicero and Greek Philosophy, Harvard Studies in Classical Philology 97, 1995, 53–61; W. Görler, Cicero, in: F. Ricken (Hg.), Philosophen der Antike, Stuttgart 1996, Bd. II, 83–109.
Einzelstudien zu De re publica und De legibus: Es folgt nur eine Auswahl neuerer Arbeiten. Verhältnis der beiden Werke und Datierung von De legibus: P. L. Schmidt, Die Abfassungszeit von Ciceros Schrift über die Gesetze, Rom 1969. *Fiktiver Charakter des „Scipionenkreises"*: H. Strasburger, Der „Scipionenkreis", Hermes 94, 1966, 60–72. *Staatsdefinition*: R. Werner, Über Herkunft und Bedeutung von Ciceros Staatsdefinition, Chiron 3, 1973, 163–178; M. S. Schofield, Cicero's Definition of Res Publica, in: J. G. F. Powell (Hg.), Cicero the Philosopher, Oxford 1995, 63–83. *Verfassungstypologie*: J. Christes, Beobachtungen zur Verfassungsdiskussion in Ciceros Werk De Re Publica, Historia 32, 1983, 461–483. *Geschichte des Mischverfassungsgedankens*: W. Nippel, Mischverfassungstheorie in Antike und früher Neuzeit, Stuttgart 1980. *Bild der römischen Verfassungsgeschichte*: J.-L. Ferrary, L'Archéologie du De Re Publica (2, 2, 4–37, 63), Journal of Roman Studies 74, 1984, 87–98. *Bewertung des Volkstribunats*: K. M. Girardet, Ciceros Urteil über die Entstehung des Tribunates als Institution der römischen Verfassung, in: Bonner Festgabe für Johannes Straub zum 65. Geburtstag, Bonn 1977, 179–200; L. Thommen, Das Bild vom Volkstribunat in Ciceros Schrift über die Gesetze, Chiron 18, 1988, 357–375. *„Reformprogramm" in De Legibus* : A. Heuß, Ciceros Theorie vom römischen Staat, Göttingen 1975; G. A. Lehmann, Politische Reformvorschläge in der Krise des späten römischen Repubik. Cicero De legibus III und Sallusts Sendschreiben an Caesar, Meisenheim/Glan 1980. *„Lenker des Staates"*: J. G. F. Powell, The rector rei publicae of Cicero's De republica, Scripta Classica Israelica 13, 1994, 19–29; J.-L. Ferrary, The statesman and the law in the political philosophy of Cicero, in: A. Laks u. M. S. Schofield (Hgg.), Justice and Generosity. Studies in Hellenistic Social and Political Philosophy, Cambridge 1995, 48–73. *Naturrechtskonzeption*: K. M. Girardet, Die Ordnung der Welt. Ein Beitrag zur philosophischen und politischen Interpretation von Ciceros Schrift De legibus, Wiesbaden 1983; ders., „Naturrecht" bei Aristoteles und bei Cicero (de legibus), in: W. W. Fortenbaugh u. P. Steinmetz (Hgg.), Cicero's Knowledge of the Peripatos, New Brunswick, 1989, 114–132.
Überlieferungsgeschichte: E. Heck, Die Bezeugung von Ciceros Schrift De re publica, Hildesheim 1966; P. L. Schmidt, Die Überlieferung von Ciceros Schrift De legibus in Mittelalter und Renaissance, München 1974. *Rezeption in der christlichen Literatur der Antike*: C. Becker, „Cicero", in: Reallexikon für Antike und Christentum, Bd. 3, 1957, 86–127. *Bedeutung für Rhetorik und politisches Denken in Mittelalter und Renaissance*: Q. Skinner: The Foundations of Modern Political Thought. I: The Renaissance, Cambridge 1978, 23–48; C. J. Nederman: The Union of Wisdom and Eloquence before the Renais-

sance: the Ciceronian Orator in Medieval Thought, Journal of Medieval History 18, 1992, 75–95.

Augustin

A. Hilfsmittel

Carl Andresen (Hg.): Bibliographie, in: Zum Augustin-Gespräch in der Gegenwart, Bd. 2, Darmstadt ²1981. Cornelius Mayer (Hg.): Augustinus-Lexikon, Bd. 1: Aaron – Conversio, Basel (u.a.) 1986–1994. Bd. 2: Vorspann, Fasc. 1/2, Basel (u. a.) 1996.

B. Texte

1. Gesamtausgaben

Die Migne-Ausgabe, beruhend auf der älteren Mauriner-Ausgabe (Paris 1679–1700), bildet bis heute die Grundlage der wissenschaftlichen Beschäftigung mit den Texten Augustins: Augustini opera omnia, in: J.-P. Migne: Patrologiae cursus completus, series latina, Bde. 32–47 (PL), Paris 1841–1849 u.ö. *Darin u.a. folgende Einzelschriften:* PL 32 Confessiones (Conf), Soliloquia (Sol), Retractationes (Retr), PL 33 Epistulae, PL 34 De doctrina christiana (Dchr), PL 36, 37 Enarrationes in psalmos (En), PL 38, 39 Sermones, PL 41 De civitate Dei (DcD), PL 42 De trinitate (Tr). – Augustini opera, in: Corpus Christianorum, series latina, Turnhout 1954–1985.

2. Übersetzungen

Confessiones/Bekenntnisse: Eingel., übers. u. Anm. v. Hans Urs von Balthasar, Einsiedeln ²1988; Übers. u. eingel. v. Wilhelm Thimme, München ⁵1988; Eingel.v. Kurt Flasch, übers., mit Anm. vers. u. hrsg. v. Kurt Flasch u. Burkhard Mojsisch, Stuttgart ⁴1989; Lat.-dt., eingel., übers. u. erl. v. Joseph Bernhart, Frankfurt am Main ⁴1994. De civitate Dei/Gottesstaat: Systematischer Durchblick in Texten, hrsg. u. eingel. v. Hans Urs von Balthasar ²1982; Übers. v. Wilhelm Thimme, eingel. u. komm. v. Carl Andresen, München 1991. Soliloquia/Selbstgespräche: Lat.-dt., übers., eingef., u. Anm. v. Hanspeter Müller, München 1986.

C. Literatur

1. Biographische Einführungen

Peter Brown: Augustin of Hippo, London 1967 u.ö. (*grundlegend*). Peter Brown: Augustinus von Hippo, München 2000. Ernst Dassmann: Augustinus, Heiliger und Kirchenlehrer, Stuttgart 1993. Kurt Flasch: Augustin. Einführung in sein Denken, Stuttgart 1980. Wilhelm Geerlings: Augustinus, Freiburg i.Br. 1999. Christoph Horn: Augustinus, München 1995. Frederik van der Meer: Augustinus der Seelsorger. Leben und Wirken eines Kirchenvaters, (Köln 1951) München 1983 (*farbige und quellengesättigte Darstellung*).

2. Einzelprobleme

Bildungsgang: Henri-Irénée Marrou: Augustinus und das Ende der antiken Bildung, Paderborn/ München ²1995 *(Standardwerk).*

Zeit: Kurt Flasch: Was ist Zeit? Augustinus von Hippo. Das IX. Buch der Confessiones. Historisch-philosophische Studie, Frankfurt am Main 1993 *(unentbehrlich für die Beschäftigung mit Augustins Philosophie der Zeit).*

Neuplatonismus: Werner Beierwaltes: Regio Beatitudinis. Zu Augustins Begriff des glücklichen Lebens, Heidelberg 1981. Werner Beierwaltes: Denken des Einen. Studien zur neuplatonischen Philosophie und ihrer Wirkungsgeschichte, Frankfurt 1985. Ubaldo Ramon Pérez Paoli: Der plotinische Begriff von Hypostasis und die augustinische Bestimmung Gottes als Subiectum, Würzburg 1990. Joachim Ritter: Mundus intelligibilis. Eine Untersuchung zur Aufnahme und Umwandlung der neuplatonischen Ontologie bei Augustinus, Frankfurt am Main 1937.

Soziallehre und Politik: Sergio Cotta: La città politica di Sant' Agostino, Mailand 1960. Ulrich Duchrow: Christenheit und Weltverantwortung, Stuttgart 1970. Wilhelm Kamlah: Christentum und Geschichtlichkeit, Stuttgart ²1951. Joseph Ratzinger: Volk und Haus Gottes in Augustins Lehre von der Kirche, München 1954, Nachdruck St. Ottilien 1992. Hermann Reuter: Augustinische Studien, Gotha 1887, Neudruck Aalen 1967. Heinrich Scholz: Glaube und Unglaube in der Weltgeschichte, Leipzig 1911, Nachdruck Leipzig 1967.

Wirkungsgeschichte: Henri-Xavier Arquillière: L'Augustinisme politique, Paris ²1972. Ernst Troeltsch: Augustin, die christliche Antike und das Mittelalter, München 1915, Neudruck 1963.

Thomas von Aquin

A. Texte

Am leichtesten erreichbar jetzt Opera omnia, ed. Roberto Busa, Stuttgart 1980; *erste kritische Edition des Fürstenspiegels (durch die sämtliche frühere Drucke überholt sind):* De regno ad regem Cypri, ed. Hyacinthe F. Dondaine, Editio Leonina XLII, Roma 1979, S. 421–471; *daneben vielfach noch gebraucht:* Opuscula omnia necnon opera minora, ed. Jean Perrier, Paris 1949; bzw. Opuscula philosophica, ed. Raimund M. Spiazzi, Torino 1954; De regimine principum, ed. J. Mathis, Torino *1948 (jeweils mit der Fortsetzung des Tolomeo von Lucca). Übersetzungen:* [*dtsch.*] Über die Herrschaft der Fürsten, übers. v. Friedrich Schreyvogel [¹1923], revidiert v. U. Matz, Stuttgart 1971; [*engl.*] St. Thomas Aquinas, On Kingship To the King of Cyprus, transl. by George Phelan, Introduction and Notes by Iohannes Thomas Eschmann, Toronto 1949 [*mit wichtiger, wenn auch problematischer Einleitung*]. *Sehr nützlich* Th. v. A., Prologe zu den Aristoteleskommentaren, hg., übersetzt u. eingeleitet von Francis Cheneval u. Ruedi Imbach, Hamburg 1993.

B. Literatur

1. Allgemeines:

Fortlaufende Bibliographie: Rassegna di letteratura Tomistica, Neapel 1968 ff. *Die Handbücher zur Geschichte der Philosophie, Theologie und der politischen Theorien können für eine erste Information herangezogen werden. Knappe Skizzen bieten etwa* Kurt Flasch, Das philosophische Denken im Mittelalter, Stuttgart 1986; *genauer zur politischen Theorie* Dieter Mertens, Geschichte der politischen Ideen im Mittelalter, in: H. Fenske, D. Mertens, W. Reinhard, K. Rosen, Geschichte der politischen Ideen von Homer bis zur Gegenwart, Frankfurt/Main ²1987, bes. S. 212–215; Jürgen Miethke, Politische Theorien im Mittelalter, in: Politische Theorien von der Antike bis zur Gegenwart, hg. H.-J. Lieber, München 1991, ²1993, bes. S. 83–88. *Einen besonderen Hinweis verdienen die Speziallexika, wie etwa das* Lexikon des Mittelalters, Bd. 1–10, München und Zürich 1980–1999, *die vielfältige Informationen bereithalten.*

2. Einführung zu Thomas:

Eine moderne Einführung in deutscher Sprache gab Otto Hermann Pesch, Th. v. A., Grenze und Größe mittelalterlicher Theologie, Mainz 1988, ³1995; Marie-Dominique Chenu, Introduction à l'étude de Saint Thomas d'Aquin (Paris ³1974) [dtsch: Das Werk des hl. Th. v. A., Heidelberg-Graz ²1982)]; *zuverlässig zu Daten und Bibliographie zuletzt* Jean-Pierre Torrell, Initiation à Saint Thomas d'Aquin, Fribourg 1993 [dtsch.: Magister Thomas, Leben und Werk, Mainz 1995]. *Unter den Lebensbeschreibungen hervorzuheben sind* John A. Weisheipl, Friar Th. d'A., Toronto 1974, ²1983) [*dtsch:* Th. v. A., s. Leben u. s. Theologie, Graz 1980]; Marie-Dominique Chenu, Th. v. A. in Selbstzeugnissen und Bilddokumenten, Reinbek 1960.

3. Ausgewählte Einzelstudien:

Die Literatur zu Thomas von Aquin ist überreich, darum werden hier (mit wenigen Ausnahmen) nur wichtige (vorwiegend neuere) Arbeiten genannt, die auch Hinweise auf die ältere Forschung enthalten: Alfred O'Rahilly, Notes on St. Thomas, IV: „*De regimine principum*", V: Tholomeo of Lucca, the Continuator of the „*De regimine principum*", in: The Irish Ecclesiastical Record 31 (1928) S. 396–410, 605–614 [*zur Frage der Authentizität und zur Forts.*]; Wilhelm Berges, Die Fürstenspiegel des hohen und späten Mittelalters, Leipzig 1938 [u.ö.], bes. S. 195–211, 317–319 [*Interpretation*]; Jean-Marie Aubert, Le Droit Romain dans l'Œuvre de Saint Thomas, Paris 1955 [*wichtige Quellen*]; Iohannes Thomas Eschmann, St. Thomas Aquinas on the Two Powers, in: Mediaeval Studies 20 (1958) S. 177–205; Thomas Gilby, Principality and Polity, Aquinas and the Rise of State Theory in the West, London 1958 [*zusammenfassende Monographie*]; Leonbard E. Boyle, The „*De regno*" and the Two Powers, in: Essays in Honour of Anton Charles Pegis, ed. by J. R. O'Donnell, Toronto 1974, S. 237–247; Jeremy Catto, Ideas and Experience in the Political Theory of Thomas Aquinas, in: Past and Present 71 (1976) S. 3–21; Léopold Genicot, Le „*De regno*": speculation ou réalisme? In: Aquinas and Problems of his Time, edd. G. Verbeke, D. Verhelst, Louvain 1976; Paul Mikat, Gesetz und Staat nach Thomas von Aquin unter besonderer Berücksichtigung der

Lehre vom Gesetz in der *„Summa Theologiae"* (¹1979), jetzt in: Mikat, Geschichte, Recht, Religion, Paderborn 1984, Bd. 2, S. 489–516; Yves Marie Joseph Congar, Thomas d'Aquin: sa vision de théologie et de l'Eglise, Paris 1983 [*Aufsatzsammlung*]; James M. Blythe, Ideal Government and the Mixed Constitution in the Middle Ages, Princeton, N.J. 1992, S. 39–59; Christoph. Schefold, Souveränität als Naturrechtsproblem, „Naturrechtliche" Lehren bei Aristoteles und Thomas von Aquin – und einige Konsequenzen für ein „rechtlich" orientiertes Souveränitätsdenken, in: Das Naturrechtsdenken heute und morgen, Festschrift René Marcic, hgg. D. Mayer-Maly, P. M. Simons, Berlin 1983, S. 137–194; David E. Luscombe, Thomas Aquinas and Conceptions of Hierarchy in the Thirteenth Century, in: Thomas von Aquin, Werk und Wirkung im Licht neuer Forschung, ed. A. Zimmermann, Berlin 1988, S. 261–277; Georg Wieland, Die Rezeption der aristotelischen *Politik* und die Entwicklung des Staatsgedankens im späten Mittelalter am Beispiel des Thomas von Aquin und des Marsilius von Padua, in: Rechts- und Sozialphilosophie des Mittelalter, hgg. E. Mock, G. Wieland, Frankfurt/Main 1990, S. 67–81; Christoph. Flüeler, Rezeption und Interpretation der Aristotelischen *Politica* im späten Mittelalter, Amsterdam 1992; Ludger Honnefelder, Naturrecht und Normwandel bei Thomas von Aquin und Johannes Duns Scotus, in: Sozialer Wandel im Mittelalter, Wahrnehmungsformen, Erklärungsmuster und Regelungsmechanismen, hgg. J. Miethke, K. Schreiner, Sigmaringen 1994, S. 195–213; Hans-Joachim Schmidt, König und Tyrann, Das Paradox der besten Regierung bei Thomas von Aquin, in: *Liber amicorum necnon et amicarum* für Alfred Heit, hg. F. Burgard (u.a.), Trier 1996, S. 339–357; John Finnis, Aquinas, Moral, Political, and Legal Theory, Oxford 1998; Jürgen Miethke, Der Tyrannenmord im späteren Mittelalter, hgg. G. Beestermöller, H.-G. Justenhoven, Stuttgart 1999, S. 24–48; Karl Ubl, Engelbert von Admont, Ein Gelehrter im Spannungsfeld von Aristotelismus und christlicher Überlieferung, Wien-München 2000.

4. Zur praktischen Philosophie des 13. Jhs.:

vgl. etwa Wolfgang Kluxen, Philosophische Ethik bei Thomas von Aquin, Hamburg 1964, ³1998; Georg Wieland, Ethica – *scientia practica*, Die Anfänge der philosophischen Ethik im 13. Jh., Münster 1981.

5. Zur frühen Nachwirkung:

Daten und Bibliographie zuverlässig bei Frederick J. Roensch, Early Thomistic School, Dubuque, Iowa 1964. *Zur Verurteilung von 1277*: Jürgen Miethke, Papst, Ortsbischof und Universität in den Pariser Theologenprozessen des 13. Jahrhunderts, in: Die Auseinandersetzungen an der Pariser Universität im XIII. Jahrhundert, hg. A. Zimmermann, Berlin 1976, S. 52–94; Kurt Flasch, Aufklärung im Mittelalter, Die Verurteilung von 1277, Mainz 1989 [*mit Text und Übers.*]; Anneliese Maier, Der Widerruf der *„Articuli Parisienses"* (1277) im Jahr 1325 (¹1968), jetzt in: Maier, Ausgehendes Mittelalter, Bd. 3, Rom 1977, S. 601–608.

Dante Alighieri

A. Texte

Rime, Vita Nova (VN), (Fiore/Detto d'amore), Convivio (Cv), De vulgari eloquentia (DVE), Monarchia (Mon), Epistulae, Eclogae, Questio de situ et forma aque et terre, Divina Commedia (DC). – *Die Hauptwerke Dantes liegen deutsch in zahlreichen Übersetzungen vor.* – *Die Divina Commedia wird zitiert nach der zweisprachigen Ausgabe von* Hermann Gmelin, Die Göttliche Komödie, Übersetzung (3 Bde.) und Kommentar (3 Bde.), Stuttgart 1968/70²; *die Monarchia nach der gleichfalls zweisprachigen Ausgabe von* Ruedi Imbach/Christoph Flüeler, Stuttgart 1989.

B. Literatur

Zur Auskunft über alle Dante betreffenden Fragen: Enciclopedia Dantesca, hg. v. U. Bosco, Rom 1996³, 6 Bde. (z. B. Stichwort: Gentile, Giovanni).

Zur allgemeinen Einführung in das Schaffen Dantes: Ugo Dotti, La Divina Comedia e la città dell'uomo. Introduzione alla lettura di Dante, Rom 1996; Horst Heintze, Dante Alighieri. Bürger und Dichter, Berlin/ Weimar 1981²; R. Jacoff (Hg.), The Cambridge Companion to Dante, Cambridge 1993; Ulrich Prill, Dante, Stuttgart/Weimar 1999 (*mit ausführlicher Bibliographie*).

Zu den Deutungsvoraussetzungen: Giuseppe Antonio Borgese, Golia. Marcia del Fascismo, 2. Aufl., Verona 1946 (Titel des engl. Originals: Goliath, the march of fascism (1937/8)); Maria Corti, La felicità mentale. Nuove prospettive per Cavalcanti e Dante, Turin 1983.

Zur politischen Problematik: Charles T. Davis, Dante and the idea of Rome, Oxford 1957; ders., Dante's vision of history, in: Dante Studies 93 (1975), 143–160; Joan M. Ferrante; The political vision of the Divine Comedy, Princeton 1984; Jacques Goudet, Dante et la politique, Paris 1969; Klaus Ley, ‚Ultimo imperadore de le Romani' (Convivio IV,3). Friedrich II. als Exemplum Dantes, in: Deutsches Dante-Jahrbuch 68/69 (1993/94), 153–181; Dirk Lüddecke, Das politische Denken Dantes. Überlegungen zur Argumentation der *Monarchia* Dante Alighieris, Neuried 1999; Francesco Mazzoni, Teoresi e prassi in Dante politico, in: D. A., Monarchia, Epistole politiche (ed. F.M.), Torino 1966; Karl Maurer; Dante als politischer Dichter, in: Poetica 7 (1975), 158–188; Alessandro Passeriny D'Entrèves, Dante as a political thinker, Oxford 1952/1965; Giorgio Petrocchi; La storia politica di Dante, in: D.A., Monarchia, hg. v. M. Pizzica, Milano 1988, 5–27; Maurizio Pizzica; La Monarchia di Dante nel confronto tra regime spirituale e regime temporale, in: ebda., 29–130; Quentin Skinner, Ambrogio Lorenzetti: The artist as political philosopher, in: H. Belting/D. Blume (ed.), Malerei und Stadtkultur in der Dantezeit. Die Argumentation der Bilder, München 1989, 85–103.

Zur Rezeption von Dantes politischen Ideen: Francis Cheneval, Die Rezeption der Monarchia Dantes bis zur Editio Princeps im Jahre 1559, München 1995; Peter Kuon, ‚lo mio maestro e'l mio autore'. Die produktive Rezeption der Divina Commedia in der Erzählliteratur der Moderne, Frankfurt/M. 1993;

Klaus Ley, Foscolos ‚Dante illustrato': Zu den Anfängen neuerer Dante-Deutung, in: Deutsches Dante-Jahrbuch 1980/81, 138–168.

Marsilius von Padua

A. Texte

1. Ausgaben

The Defensor Pacis of Marsilius of Padua, hg. v. Charles William Previté-Orton, Cambridge 1928. Defensor Pacis, hg. v. Richard Scholz, Hannover 1932–33 (= MGH Fontes Iuris Germanici). Œuvres mineures. Defensor minor. De translatione imperii, hg. v. C. Jeudy/Jeanine Quillet, Paris 1979.

2. Übersetzungen

Der Verteidiger des Friedens. Aufgrund der Übersetzung von Walter Kunzmann bearbeitet und eingeleitet von Horst Kusch, Darmstadt 1958. (*zweisprachig; vollständige dt. Übers.*) *Auszüge daraus in:* Der Verteidiger des Friedens. Auswahl von Heinz Rausch, Stuttgart 1971. *Daneben gibt es weitere Übersetzungen in europäische Sprachen.*
Übersetzung der kleineren Schriften Writings on the Empire. Defensor minor and De translatione Imperii, hg. v. Cary J. Nederman, Cambridge 1993.

B. Literatur

1. Bibliographien

Jürgen Miethke, Literatur über Marsilius von Padua (1958–1992), in: Bulletin Philosophie Médiéval 35 (1993), 150–165.

2. Darstellungen und Untersuchungen

Alan Gewirth, Marsilius of Padua and Medieval Political Philosophy, New York 1951. Johannes Heckel, Marsilius von Padua und Martin Luther. Ein Vergleich ihrer Rechts- und Soziallehre, in: Zeitschrift für Rechtsgeschichte, kan. Abt. 44 (1958), 268–336. Georges de Lagarde, La naissance de l'esprit laïque au déclin du moyen âge, Bd. III. Le „Defensor pacis", Louvain-Paris 1970. Michael Löffelberger, Marsilius von Padua. Das Verhältnis von Kirche und Staat im ‚Defensor Pacis', Berlin 1992. J. Lutz, Zur Struktur der Staatslehre des Marsilius von Padua im ersten Teil des „Defensor Pacis", in: Zeitschrift für historische Forschung 22 (1995), 371–386. Cary J. Nederman, Community and Consent. The Secular Political Theory of Marsiglio of Padua's Defensor Pacis, Lanham 1995 (*deutet die Theorie des Defensor Pacis als eine sinnvolle Verbindung rationaler und willensbezogener Aspekte des Politischen*). Friedrich Prinz, Marsilius von Padua, in: Zeitschrift für bayerische Landesgeschichte 39 (1976), 39–77 (*detaillierterer Überblicksartikel*). Jeanine Quillet, La philosophie politique de Marsile de Padoue, Paris 1970 (*hebt die Bezüge zum Kaiser und zum Reich hervor*). Hermann Segall, Der „Defensor Pacis" des Marsilius von Padua. Grundfragen der Interpretation, Wiesbaden 1959 (*zeigt*

Forschungskontroversen auf, erschließt den seinerzeitigen Forschungsstand, sieht in Marsilius jedoch mehr den Christen als den Aristoteliker). Dolf Sternberger, Die Stadt und das Reich in der Verfassungslehre des Marsilius von Padua, in: ders., Die Stadt als Urbild, Frankfurt a.M. 1985, 76–142 *(aristotelische Lesart des Defensor Pacis).* Tilman Struve, Die Rolle des Gesetzes im Defensor Pacis, in: Medioevo 6 (1980), 355–378 *(die Bde. 5 und 6 enthalten zahlreiche weitere Beiträge zu Marsilius). Die Bedeutung der aristotelischen Politik für das politische Denken Marsilius' zeigt* Tilman Struve, Die Bedeutung der aristotelischen Politik für die natürliche Begründung der staatlichen Gemeinschaft, in: J. Miethke (Hg.), Das Publikum der politischen Theorie im Mittelalter, München 1992, 153–171. *Für den ideengeschichtlichen Hintergrund und den Vergleich mit zeitgenössischen Autoren* Nicolai Rubinstein, Marsilius of Padua and Italian Political Thought of his Time, in: J. Hale (Hg.), Europe in the late Middle Ages, London 1965, 44–75. Heiner Bielefeldt, Von der päpstlichen Universalherrschaft zur autonomen Bürgerrepublik. Aegidius Romanus, Johannes Quidort von Paris, Dante Alighieri und Marsilius von Padua im Vergleich, in: Zeitschrift für Rechtsgeschichte, kanonist. Abt. 73 (1987), 70–130. Jürgen Miethke, Politische Theorien im Mittelalter, in: H.-J. Lieber (Hg.), Politische Theorien von der Antike bis zur Gegenwart, Bonn 1992, 47–156. Wolfgang Stürner, Peccatum und Potestas. Der Sündenfall und die Entstehung der herrscherlichen Gewalt im mittelalterlichen Staatsdenken, Sigmaringen 1987, 202–207.

Niccolò Machiavelli

A. Texte

1. Ausgaben

Opere complete, Ed. S. Bertelli/F. Gaeta, 8 Bde., Mailand 1960–1965; Edizione dell'Opere omnia, Ed. S. Bertelli, 11 Bde., Mailand/Verona 1968–1982; Opere, Ed. M. Bonfantini, Mailand/Neapel ²1963; Istorie Fiorentine. Kritische Ausgabe, Ed. P. Carli, 2 Bde., Florenz 1927; Il Principe. Introducione e note di F. Chabod, Ed. L. Firpo, Turin 1979; Discorsi sopra la prima deca di Tito Livio. Introduzione di C. Vivanti, Turin 1983.

2. Übersetzungen

Sämmtliche Werke, Übers. U. Hg. Johannes Ziegler/Franz Nikolaus Baur, 8 Bde., Karlsruhe 1833; Gesammelte Schriften, Hg. Hanns Floerke, 5 Bde., München 1925; Politische Schriften, Hg. Herfried Münkler, Frankfurt/M. 1990 u.ö (= PS). *Die von Ziegler und Baur veranstaltete Ausgabe ist bis heute die einzige deutschsprachige Gesamtausgabe der Schriften Machiavellis; sie leidet hinsichtlich ihrer heutigen Brauchbarkeit jedoch darunter, daß die Herausgeber die verfassungspolitischen Termini der Zeit eingedeutscht haben, was eher irritiert als weiterhilft. Die von Floerke herausgegebenen Ausgabe (gekürzt um die Kriegskunst und einige kleine Texte) sowie die Ausgabe der Politischen Schriften (Principe, Discorsi in Auszügen, einige Stellen aus der Geschichte von Florenz sowie Denkschriften, Berichte, Kurzbiographie und ausgewählte Briefe), die vor allem für den Studienbetrieb gedacht ist, stützen sich mit leichten Modifikationen auf die Übersetzung von Ziegler und Baur.* Der Fürst, Übers. u. Hg. Rudolf Zorn, Stuttgart ⁴1972 u.ö; Il Principe/Der Fürst. Ital.-dt. Übers. u. Hg. Philipp Rippel, Stuttgart 1986; Discorsi. Politische Betrachtungen über die alte und die italienische Geschichte, Übers. u. Hg. Friedrich von Oppeln-Bronikowski, Berlin 1922; Discorsi. Gedanken über Politik und Staatsführung. Deutsche Gesamtausgabe Übers. u. Hg. Rudolf Zorn, Stuttgart 1966 u.ö.; Geschichte von Florenz, dt. von Alfred von Reumont, Nachw. von Kurt Kluxen, Zürich 1976; Das Leben Castruccio Castracanis aus Lucca, Übers. u. Hg. Dirk Hoeges, München 1998; Mandragola, Clizia, Andria. Komödien, Nachwort von Peter Amelung, München 1967.

B. Literatur

1. Bibliographien

Adolph Gerber: Niccolò Machiavelli. Die Handschriften. Ausgaben und Übersetzungen seiner Werke im 16. und 17. Jahrhundert. 3 Teile, Gotha 1912/13; Sergio Berteli/Piero Innocenti: Bibliografia machiavelliana, Verona 1979 (= Opere, Bd. 10: *Zusammenstellung der Werkausgaben und Übersetzungen vom 16. bis 19. Jhdt.). Einen vorzüglichen Überblick über den eiditionsphilologischen Forschungsstand, aber auch einen zusammenfassenden Bericht über die inhaltsbezogene Forschung bietet* August Buck: Machiavelli, Darmstadt 1985.

2. Darstellungen und Untersuchungen

Da nahezu jede Epoche wie jede politische Tradition ihr eigenes Machiavelli-Bild entworfen hat, kann von einer fortschreitenden Forschungsgeschichte und – darauf aufbauend – einem zusammenfaßbaren Stand der Machiavelli-Forschung nur ansatzweise die Rede sein. Dementsprechend sind die nachfolgend aufgeführten Titel als Auswahl unterschiedlicher Sichtweisen und Rezeptionsstränge zu verstehen.

Vorzugsweise der Vita gewidmete Schriften: Roberto Rudolfi: Vita di Niccolò Machiavelli, Rom ²1954; Giuseppe Prezzolini: Das Leben Niccolò Machiavellis, Berlin 1989 *(die erste dt. Übersetzung der Originalausgabe von 1927 erschien 1929 im Umkreis des Nationalbolschewismus von Ernst Niekisch). Im Hinblick auf den Aufstieg der Diktatoren im Europa der 20er und 30er Jahre geschrieben ist auch die Machiavelli-Biographie von* Valeriu Marcu: Machiavelli. Die Schule der Macht. Im Anhang Reflexionen des Autors zu Lenin und Hitler, München 1994. *Dagegen aus der historischen Distanz der Nachkriegszeit:* Alfred A. Strnad: Niccolò Machiavelli. Politik als Leidenschaft, Göttingen/Zürich 1984; Karl Mittermaier: Moral und Politik zu Beginn der Neuzeit, Gernsbach 1990; Christiane Gil: Machiavelli. Eine Biographie. Aus dem Franz. von U. Schäfer und E. Heinemann, Solothurn/Düsseldorf 1994. – *Eine politische Kontroverse um die Anschlußfähigkeit mit Machiavellis hinsichtlich der politischen Herausforderungen des 20. Jahrhunderts findet sich bei* Hans Freyer: Machiavelli, Leipzig 1938 (Weinheim 1986) *sowie* René König: Niccoló Machiavelli. Zur Krisenanalyse einer Zeitenwende, Erlenbach/Zürich

1941 (München 1979). *Während Freyer Machiavellis Denken hinsichtlich der Erklärung politischer Entwicklungen wie der Effizienz politischer Entscheidungen fruchtbar zu machen versucht, lehnt König Machiavelli als einen politischen Romantiker und Utopisten ab. Als Zerstörer einer normativen Politiktheorie und Verenger des Politikbegriffs wird Machiavelli interpretiert von* Leo Strauss: Thoughts on Machiavelli, Glencoe/Ill. 1958, *und* Dolf Sternberger: Machiavellis ‚Principe' und der Begriff des Politischen, Wiesbaden 1974. *Als Wiederaufnahme einer ideengeschichtlichen Behandlung Machiavellis nach dem 2. Weltkrieg darf gelten:* Gennaro Sasso: Niccolò Machiavelli. Geschichte seines politischen Denkens (ital. Orig. 1958), Stuttgart 1965. *Als Repräsentant der sog. Cambridge-School, die politischen Theorien im Hinblick auf ihre sprachpragmatischen Strategien untersucht ist zu nennen* Quetin Skinner: The Foundations of Modern Political Theory, Cambridge 1978, Bd. 1, S. 69 ff. *sowie* Skinner: Machavelli, Oxford 1981 (dt. Übers. Hamburg 1988). *In dieser theoretisch-methodischen Tradition steht auch der Sammelband* Machiavell and Republicanism, ed. by Gisela Bock, Quentin Skinner and Mauricio Viroli, Cambridge 1990. *Dagegen als Versuch, neben ideengeschichtlichen Traditionen auch politisch-kulturelle wie sozio-ökonomische Zusammenhänge für das Verständnis der Machiavellischen Theorie fruchtbar zu machen* Herfried Münkler: Machiavelli. Die Begründung des politischen Denkens der Neuzeit aus der Krise der Republik Florenz, Frankfurt/M. 1982 u. ö. *Die beste Analyse der Quellen und Referenzautoren Machiavellis bietet* Gennaro Sasso: Machivelli e gli Antichi e altri saggi, 3 Bde., Mailand/Neapel 1986. *Machiavelli als Anfang der Tradition des Staatsräsondenkens behandelt* Friedrich Meinecke: Die Idee der Staatsräson in der neueren Geschichte, München ^{4}1986; *stärker auf die frühe Neuzeit konzentriert* Herfried Münkler: Im Namen des Staates. Die Begründung der Staatsraison, Frankfurt/M. 1987 *sowie* Michael Stolleis: Staat und Staatsräson, Frankfurt/M. 1990. *Eine umfassende Analyse machttechnischer Machiavelli-Rezeption bietet* Erwin Faul: Der moderne Machiavellismus, Köln/Berlin 1961; *dagegen in Konzentration auf die republikanische Rezeption Machiavellis* John G. A. Pocock: The Machiavellian Moment. Florentine Political Thought and the Atlantic Republican Tradition, Princeton 1975.

Thomas Morus

A. Texte

1. Ausgaben

The works of Sir Thomas More, Knyght, sometime Lorde Chauncellor of England, wrytten by him in the English tonge. Introd. by K. J. Wilson, Vol. I and II, London 1557. Thomae Mori ... Omnia quae hucusque ad manus nostras pervenerunt, Latina Opera, Louvain 1565. Thomas More, Opera omniae Latina, Francoforti et Lipsiae 1689. (Unveränderter Nachdruck Frankfurt am Main 1963). Thomas More, The English Works. Eds. W.E. Campbell, A.W. Reed, R.W. Chambers and W.A.G. Doyle-Davidson, London 1931 (*unvollständig*). Thomas More, The complete works of St. Thomas More. Ed. by

Frank Sullivan, Vol. I–V., Los Angeles 1958. The Yale Edition of the Complete Works of St. Thomas More, bisher erschienen Bd. 2–15, New Haven and London 1963f. *Die Yale-Edition ist die grundlegende Ausgabe der Werke Mores; sie enthält auch die beste lateinisch-englische Edition der „Utopia"* in: Vol. 4. Edited by Edward Surtz, S.J. and J.H. Hexter, New Haven and London 1965.

2. Übersetzungen

Thomas Morus, Werke. Hrsg. v. Hubertus Schulte Herbrüggen, bisher erschienen Bd. 1–7, München 1983f. *Diese Werkausgabe ist die einzige deutschsprachige Edition des Morusschen Oeuvres; allerdings ist sie noch nicht abgeschlossen. So fehlt eine so bedeutende Schrift wie „Utopia". Unter den deutschen Übersetzungen der „Utopia" ragen zwei Editionen heraus:* Thomas More, Utopia. Übersetzung von Gerhard Ritter. Mit einer Einleitung von Hermann Oncken, Berlin 1922, Nachdruck Darmstadt 1964 und 1979 sowie Thomas Morus, Utopia, in: Der utopische Staat übersetzt und mit einem Essay „Zum Verständnis der Werke", Bibliographie und Kommentar herausgegeben von Klaus J. Heinisch, Reinbek bei Hamburg 1996 (Zitate im Text = Seitenzahlen dieser Ausgabe).

B. Literatur

1. Bibliographien

R. W. Gibson and J.M Patrick, A Preliminary Bibliography to the Works of Thomas More and of Moreana to 1750, New Haven 1961; Judith Patterson Jones, Recent Studies in More, in: New Studies in the English Renaissance, Bd. 9 (1979), S. 442–558; Frank Sullivan and Majie Padberg, Sir Thomas More. A First Bibliographical Notebook, Los Angeles 1953; dies., Moreana 1478–1945, Kansas City 1946; dies., Materials for the Study of St. Thomas More, 4 vols., 1964–68; Supplement and Chronology ot 1800 by Majie Padberg Sullivan, Los Angeles 1977; C. Smith, An Updating of R.W. Gibson's „St. Thoma More: A Preliminary Bibliography". Sixteenth Century Bibliography, Vol. 20, St. Louis 1981.

Einen guten Überblick über die relevante neuere Morus-Literatur bietet: Hans Peter Heinrich, Bibliographie, in: ders., Thomas Morus mit Selbstzeugnissen und Bilddokumenten, Reinbek bei Hamburg 1991, S. 145–158. *Über den Stand der Morus-Forschung informieren die Periodika:* Thomas Morus-Gesellschaft: Jahrbuch 1981ff. Hrsg. v. Peter Berglar, Hermann Boventer und Hubertus Schulte Herbrüggen, Düsseldorf 1982 sowie Moreana: Bulletin Thomas More, Angers, Association Amici Thomase Mori, 1963/64ff.

2. Darstellungen und Untersuchungen

Zur Einordnung des Morusschen Textes in die Geschichte der politischen Utopien siehe Richard Saage, Politische Utopien der Neuzeit, Darmstadt 1991 sowie ders., Vermessungen des Nirgendwo. Begriffe, Wirkungsgeschichte und Lernprozesse der neuzeitlichen Utopien, Darmstadt 1995.

Angesichts der unübersehbaren Literatur, die sich mit seinem Œuvre auseinandersetzt, ist als erste Annäherung an Leben und Werk Thomas Morus' die

Lektüre geeigneter Biographien zu empfehlen. Als Einstieg bietet sich an der informative und mit Bilddokumenten versehene Band von Hans Peter Heinrich, Thomas Morus, Reinbek bei Hamburg 1997. *Zur weiteren Vertiefung sind vor allem drei Biographien heranzuziehen:* R. W. Chambers, Thomas More. Deutsch von Wolfgang Rüttenauer, Regensburg 1946; E. E. Reynolds, The Field is Won. The Life and Death of St. More, London 1968 sowie Richard Marius, Thomas Morus. Eine Biographie. Aus dem Amerikanischen von Ute Mäurer, Zürich 1987. *Insbesondere der Morus-Biographie von Marius ist es am überzeugendsten gelungen, die hagiographischen Züge der älteren Darstellungen zugunsten eines quellennahen und kritischen Morus-Bildes zu überwinden.*

Die Literatur zu Morus' „Utopia" hat unterdessen einen solchen Umfang angenommen, daß sie hier im Detail nicht kommentiert werden kann. Doch angedeutet werden sollen wenigstens einige Zäsuren ihrer Rezeptions- und forschungsgeschichte. Der komplexe und zudem durch das Stilmittel der Ironie noch zusätzlich gebrochene Text hat Ansatzpunkte für sehr unterschiedliche Interpretationen geboten, wie die kommentierte Bibliographie von Thomas Nipperdey, Reformation, Revolution, Utopie, Göttingen 1975, S.142–146 *sowie die informative Überblicksdarstellung von* Jenny Kreyssig, Die Utopia des Thomas Morus. Studien zur Rezeptionsgeschichte und zum Bedeutungskontext, Frankfurt am Main u. a. 1988 *zeigt. So hat* Karl Kautsky, Thomas More und seine Utopie. Mit einer historischen Einleitung, Stuttgart 1890 *den von den Utopiern praktizierten Kommunismus zum Anlaß genommen, „Utopia" als einen gewichtigen Vorläufer des modernen Sozialimus hervorzuheben. Ähnlich argumentierte* Ernst Bloch, Freiheit und Ordnung: Abriß der Sozial-Utopien, New York 1946, S. 62–70. *Ein Historiker wie* Hermann Oncken, Die Utopia des Thomas Morus und das Machtproblem in der Staatslehre (Sbr. d. Heidelberger Adad. d. Wiss. Phil. Hist. Klasse, XIII), S. 3 f. *sah in dieser Schrift einen Vorboten des britischen Imperialismus.* Gerhard Ritter, Die Dämonie der Macht: Betrachtungen über Geschichte und Wesen des Machtproblems im politischen Denken der Neuzeit, 5. Auflage, Stuttgart 1947, *hat diesen Ansatz weiterentwickelt, indem er Morus zum Vordenker des „englischen insularen Wohlfahrtsstaates" stilisierte. Von Morus selbst nicht durchschaut, verberge sich hinter der Maske der Gerechtigkeit die „Dämonie der Macht". Literaturwissenschaftler wie* Alfred Doren, Wunschräume und Wunschzeiten (Vorträge der Bibliothek Warburg 1924/25), Friedrich Brie, Thomas Morus der Heitere, in: Englische Studien, Bd. 71 (1936/37), S. 46, 48–50 und Clive Staples Lewis, English Literature in Sixteenth Century Excluding Drama, Oxford repr. 1959, S. 168 *entwickelten die These, das ideale Gemeinwesen „Utopia" sei gar nicht ernst gemeint. Vielmehr stelle es nichts weiter als eine ironische intellektuelle Spielerei dar. Und ein christlicher Autor wie* Edward Surtz, S. J., The Praise of Pleasure. Philosophy, Education and Communism in More's Utopia, Cambridge 1957, *glaubte schließlich, in „Utopia" das humanistische Manifest für eine umfassende Reformation des Katholizismus am Vorabend der großen protestantischen Revolte entdecken zu können. Diese aktualisierenden und standpunktbezogenen Interpretationen haben einen gegenläufigen Forschungstrend hervorgerufen, der „Utopia" fest in den historischen Kontext der Biographie Morus' und ihrer späteren Entwicklung nach 1516 ein-*

bindet. Beispiele im deutschsprachigen Bereich sind Ferdinand Seibt, Modelle totaler Sozialplanung, Düsseldorf 1972, S. 15 f. sowie Gerhard Oexle, Wunschräume und Wunschzeiten in Mittelalter, Früher Neuzeit und Moderne, in: Jörg Calließ (Hrsg.), Die Wahrheit des Nirgendwo. Zur Geschichte und Zukunft des utopischen Denkens, Rehberg-Loccum 1994, S. 33–84. *Aber auch diese „Schule" ist nicht unkritisiert geblieben: Bei aller Akzeptanz der antiken und christlichen Quellen haben Forscher wie* Thomas Nipperdey, Die Utopia des Thomas Morus und der Beginn der Neuzeit, in: ders., Reformation, Revolution, Utopie, Göttingen 1975, S. 119–146, Norbert Elias, Thomas Morus' Staatskritik, in: Utopieforschung. Hrsg. v. Wilhelm Voßkamp, Bd. 3, Frankfurt am Main 1982, S. 183–196 und Krishan Kumar, Utopia and Anti-Utiopia in Modern Times, Oxford and New York 1987, S. 1–32 *sowie der vorliegende Versuch auf das spezifisch „moderne" Profil der „Utopia" hingewiesen.*

Martin Luther

A. Texte

D. Martin Luthers Werke, Weimar: Bohlau 1883 ff. = Weimarer Ausgabe (WA zit. nach Buch, Seite, Zeile), *maßgebende kritische Gesamtausgabe mit den Abteilungen I.* Schriften (WA 1 usw.; *bisher 60 Bde., weitgehend abgeschlossen, derzeit Revision der älteren Bde.),* II. Tischreden (WA TR; *6 Bde., abgeschlossen*), III. Briefwechsel (WA Br; *16 Bde., abgeschlossen*), IV. Deutsche Bibel (WA DB; *bisher 12 Bde., noch ein Bd. zu erwarten*); Martin Luther, Ausgewählte Werke, Hg. H. H. Borcherdt/Georg Merz, 6 Bde. u. 7 Erg.-Bde., München ³1948 ff., Nachdruck 1962 ff. = Münchner Ausgabe, MA (*Lateinische Texte ins Deutsche übersetzt, frühneuhochdeutsche Texte der modernen Sprache angepaßt; Band 5 enthält ausgewählte und sorgsam kommentierte Lutherschriften zur Staatslehre und Sozialethik. Für den sprachlich ungeschulten Leser bietet diese Auswahl-Ausgabe den besten Zugang zu Luthers Werk*); Luther deutsch, die Werke M. Luthers in neuer Auswahl, Hg. Kurt Aland, 11 Bde., Stuttgart 1991, Kart. Ausgabe 1982.

B. Hilfsmittel zum Lutherstudium

Kurt Aland, Hilfsbuch zum Lutherstudium, Bielefeld ⁴1996. Luther-Jahrbuch, Berlin 1922–1941; 1957 ff., *enthält jährlich fortlaufende Luther-Bibliographien. Zur ersten Information auch die Artikel Luther und Reformation in Nachschlagewerken wie* Evangelisches Kirchenlexikon (EKL, ²1961 ff., ³1986 ff., Neufassung), Religion in Geschichte und Gegenwart (RGG, ³1957–62), Evangelisches Staatslexikon (EvStL, Stuttgart ³1987) *mit herangezogen werden. Die neuere Lutherliteratur bringen und kommentieren:* Otto Herman Pesch, Hinführung zu Luther, Mainz 1982 und Bernhard Lohse, Martin Luther. Leben und Werk, München ²1982. *Beide Bücher sind zugleich ausgezeichnete Hinführungen zur Beschäftigung mit Luther.*

C. Darstellungen und Untersuchungen

a) Leicht greifbare neuere Darstellungen der Reformationszeit: Joseph Lortz; Die Reformation in Deutschland Nachdruck Freiburg 1982; Erwin Iserloh, Geschichte und Theologie der Reformation im Grundriß, Paderborn 1980; Heinrich Lutz, Reformation und Gegenreformation, München ²1982; Rainer Wohlfeil, Einführung in die Geschichte der deutschen Reformation, München 1982 *(die beiden letzten Werke behandeln auch das soziale und politische Umfeld);* Robert Stupperich, Die Reformation in Deutschland, Gütersloh (Siebenstern-TB) ²1980 *führt in der Bibliographie die* wichtigsten *Gesamtdarstellungen auf.*

b) Die bedeutendsten neuen Biographien sind: Roland H. Bainton, Martin Luther, Göttingen ⁷1980, als TB München 1983 *(engl. Originalausgabe*; Here I stand. A life of Martin Luther, New York 1950), *immer noch Standardwerk;* Richard Friedenthal, Luther. Sein Leben und seine Zeit, München ⁷1996 *(bringt Biographie und Theologie, aber nicht aus primär theologischem Interesse geschrieben; sein Vorzug, Luther in die sozialen, kulturellen und politischen Gegebenheiten seiner Zeit zu stellen, kein wissenschaftlicher Apparat);* Martin Brecht, Martin Luther. Sein Weg zur Reformation, Stuttgart ²1983 *(wissenschaftliches Standardwerk, zugleich spannend zu lesen);* Dietrich Korsch, Martin Luther zur Einführung, Hamburg 1997; Reinhard Schwarz, Luther, UTB Göttingen 1998; Heiko A. Oberman, Luther. Mensch zwischen Gott und Teufel, Berlin 1982 *(Schwerpunkt der Deutung liegt auf Luthers endzeitlicher Besessenheit), als TB München 1991.*

c) Gesamtdarstellungen von Luthers Theologie: Paul Althaus, Die Theologie Martin Luthers, Gütersloh ²1963 *(klassische evangel. Lutherinterpretation, materialreich, behandelt auch Forschungsprobleme*); Gerhard Ebeling, Luther. Einführung in sein Denken, Tübingen (UTB) ⁴1981 *(Einbeziehung auch der katholischen Tradition ins Lutherbild);* Bernhard Lohse, Luthers Theologie in ihrer Entwicklung, Göttingen 1995.

d) Luthers Wirkung: Heinrich Bornkamm, Luther im Spiegel der deutschen Geistesgeschichte. Heidelberg 1955, Göttingen ²1970.

e) Zwei-Reiche-Lehre und Ordnung des Politischen: Noch immer aufschlußreich die Artikel Zwei-Reiche-Lehre *und* Rechtstheologie in EKL, RGG, EvStL, *verdeutlichen gut die unterschiedlichen Auffassungen zur Zwei-Reiche-Lehre:* Franz Lau, Zwei-Reiche-Lehre, RGG VI, 1945 ff.; Paul Althaus, Zwei-Reiche-Lehre, EKL III, 1928–1937; Johannes Heckel, Zwei-Reiche-Lehre, EKL III, 1937 ff.; *vor allem P. Althaus und J. Heckel nehmen in manchem recht unterschiedliche Positionen ein;* Martin Honecker, Zwei-Reiche-Lehre, EvStL, 4112–4124; Martin Heckel, Rechtstheologie L.s, EvStL, 2840–2849 *schließt sich im wesentlichen J. Heckel an.* W. Lienemann, Zwei-Reiche-Lehre, EKL (Neufassung), IV, 1408–1419, *hebt auf konfessionsübergreifende Traditionsgeschichte, Funktionswandel und Wirkungsgeschichte der Zwei-Reiche-Lehre ab.*

Zum tieferen Eindringen in die Problematik: Hans Robert Gerstenkorn, Weltlich Regiment zwischen Gottesreich und Teufelsmacht. Die staatstheoretischen Auffassungen Martin Luthers und ihre politische Bedeutung. Bonn 1956 (sehr materialreiche, etwas zu apologetisch angelegte Darstellung); Johannes Heckel, Lex Charitatis. Eine juristische Untersuchung über das Recht in der Theologie Martin Luthers, München 1953, Köln ²1973 (umfassende, grundlegende Arbeit stützt sich auf ein ungemein breites Quellenmaterial und verarbeitet die gesamte vorliegende Literatur); Johannes Heckel, Im Irrgarten der Zwei-Reiche-Lehre, München 1957 (korrigiert in vielem die Ergebnisse der Lutherforschung); Gunnar Hillerdal, Gehorsam gegen Gott und Menschen. Luthers Lehre von der Obrigkeit und die moderne evangelische Sozialethik. Göttingen 1955 (lehnt christokratische Vorstellungen ab, betont die sozialethische Bedeutung der Regimentenlehre gegenüber der Reichelehre und steht so in einem gewissen Gegensatz zu Heckel); Carl Hinrichs, Luther und Müntzer. Ihre Auseinandersetzung über Obrigkeit und Widerstandsrecht, Berlin ²1962, Nachdruck 1971; Walter Künneth, Politik zwischen Dämon und Gott, Hannover 1961 (streng lutherisch-konfessionelle Darstellung); Gustav Törnvall, Geistliches und weltliches Regiment bei Luther. Studien zu Luthers Weltbild und Gesellschaftsverständnis München 1947 (ein wichtiger Vertreter der Regimentenlehre).

Francisco de Vitoria

A. Texte

Francisco de Vitoria, Comentarios a la Secunda Secundae de Santo Tomás. Ed. V. Beltrán de Heredia, Bd. 1–6, Salamanca, 1932–1952. (*Enthält die Vorlesungen an der Universität Salamanca in Mitschriften der Studenten*). Relecciones teológicas del Maestro Fray Francisco de Vitoria. Lat.- span. Ed. L.G.A. Getino (3 Bde), Madrid-Valencia 1933–1935. F. de V.: Obras. Relecciones teológicas. Lat.-span. Ed. T. Urdánoz, Madrid 1960. F. de V. :Vorlesungen I und II (Relectiones). Völkerrecht Politik Kirche, hrg. v. U. Horst, H.-G. Justenhoven, J. Stüben (Theologie und Frieden 7 u. 8), Stuttgart 1995 u. 1997. (*Enthält alle Relectiones lat. – deutsch*: abgk. Vorl. I u. II). F. de V.: De Indis recenter inventis et de jure belli Hispanorum in barbaros. Lat.- deutsch. Ed. u. Übers. W. Schätzel (Klassiker des Völkerrechts II), Tübingen 1952. F. de V.: Relectio de Indis o Libertad de los Indios. Lat.-span. Ed. u. Übers. L. Pereña u. J. M. Pérez Prendes (Corpus Hispanorum de Pace V), Madrid 1967. F. de V.: Relectio de iure belli o Paz dinámica. Lat.-span. Ed. L. Pereña u. a. (Corpus Hispanorum de Pace VI), Madrid 1981. F. de V.: Über die staatliche Gewalt. De Potestate Civili. Lat.-deutsch. Eingel. u. übers. von R. Schnepf, Berlin 1992. F. de V.: Leçons sur les Indiens et sur le droit de guerre. Introduction, traduction et notes par M. Barbier (Les classiques de la pensée politique 3), Genf 1966. F. de V.: Leçons sur le pouvoir politique. Introduction, traduction et notes par M. Barbier (Bibliothèque des textes philosophiques), Paris 1980. F. de V.: Political Writings. Ed. u. Übers. A. Pagden – J. Lawrence, Cambridge 1991. – *Für die Nachgeschichte wichtig*: Juan de la Peña, De bello contra insulanos. Intervención de España en América, ed. L. Pereña u.a., 2 Bde. (Corpus Hispanorum de Pace IX u. X), Madrid 1982.

B. Literatur

1. Bibliographien

J. Stüben, Francisco de Vitoria, Vorles. II 816–819. R. Hernández, Francisco de Vitoria. Vida y pensamiento internacionalista, Madrid 1995, XV–XXIV. A. Bandolfi – D. Deckers, Auswahlliteratur zu den Debatten um die Eroberung Amerikas, in: Freiburger Zeitschrift f. Philosophie u. Theologie 39 (1992) 472–500 (über Vitoria 474–479).

2. Biographien

Wegen der sonst nur schwer zugänglichen Dokumente ist immer noch nützlich: L.G.A Getino, El Maestro Fr. Francisco de Vitoria. Su vida, su doctrina e influencia, Madrid ²1930. *Da zu Lebzeiten Vitorias keines seiner Werke gedruckt wurde, sind wir auf die Nachschriften seiner Schüler angewiesen. Die uns überlieferten Vorlesungen an der Universität Salamanca enthalten überdies viele interessante Bemerkungen des Meisters zu aktuellen theologischen und politischen Problemen. Sie sind zugänglich in der Untersuchung des Altmeisters der Vitoriaforschung* V. Beltrán de Heredia, Los manuscritos del Maestro Fray Francisco de Vitoria, Madrid-Valencia 1928. *Eine für ein breites Publikum geschriebene Biographie bietet* R. Hernández, Un español en la ONU. Francisco de Vitoria, Madrid 1977. *Vom selben Autor*: Francisco de Vitoria. Vida y pensamiento internacionalista, Madrid 1995. *Die Arbeit genügt wissenschaftlichen Ansprüchen, berücksichtigt aber zu wenig die internationale Forschung. Am leichtesten zugänglich*: U. Horst, Francisco de Vitoria, Vorles. I 14–99 *(Biographie, Einführung in die Werke, Literatur). Für die Pariser Studienzeit unentbehrlich*: R. G. Villoslada, La Universidad de Paris durante los estudios de Francisco de Vitoria O. P. (1507–1522), Rom 1938. *Zu Vitoria und Johannes Maior, der als erster auf die Probleme der neuentdeckten Länder aufmerksam machte, s.* P. Leturia, Maior y Vitoria ante la conquista de América, in: Estudios Eclesiásticos 11 (1932) 44–82. M. Beuchot, El primer planteamiento teológico-jurídico sobre la conquista de América, in: Ciencia Tomista 103 (1976) 213–230.

3. Untersuchungen

Zur geistigen Umwelt Spaniens s. die klassische Studie von M. Bataillon, Erasme et l'Espagne (Nouvelle Edition, 3 Bde), Genf 1991. *Zur politischen Situation s.* P. Chaunu, L'Espagne de Charles Quint, 2 Bde, Paris 1973. J. Lynch, Spain and the Habsburgs, Bd. 1, Oxford ²1981. *Zum Aufstand Kastiliens gegen Karl V., der auch für Vitorias Haltung zum Kaiser bestimmend war, s.* J. Pérez, La révolution des „Comunidades" de Castille (1520–1521), Bordeaux 1970. J. A. Maravall, Las Comunidades de Castilla, Madrid 1984. Ders., Carlos V y el pensamiento político del renascimiento, Madrid 1960. *In die politischen, ökonomischen u. sozialen Probleme der Eroberungen führt gut ein:* L. N. McAlister, Spain and Portugal in the New World 1492–1700, Minneapolis 1984. *Das Ringen der Missionare um Gerechtigkeit ist vorbildlich dargestellt bei* L. Hanke, The Spanish Struggle for Justice in the Conquest of America, Philadelphia 1949. Ders., Pope Paul III and the American Indians, in: Harvard Theological Review 30 (1937) 65–102. *Sehr zu empfehlen*: J. Höffner, Kolonialismus und Evangelium. Spanische Kolonialethik im Goldenen Zeitalter, Trier ³1972. *Bedeutsam sind die Anmerkungen und Kommentare von* M. Barbier *in seiner Ausgabe Leçons sur les Indiens. Ausführliche Darstellung der Gesetze und Diskussionen der Theologen und der spanischen Krone bei* V. D. Carro, La teología y los teólogos-juristas españoles ante la Conquista de América, Salamanca ²1951. *Einen präzisen Überblick derselben Problematik bietet* L. Pereña, Carta magna de los indios, Madrid 1987. *Einen wichtigen Mitstreiter Vitorias, Domingo de Soto, behandelt* J. Brufau Prats, La Escuela de Salamanca ante el descubrimiento del Nuevo Mundo, Salamanca 1989. *Wichtige Einzelfragen behandeln*: J. B. Scott, The Spanish Origin of International Law. Francisco de Vitoria and His Law of Nations, Oxford 1934. J. Soder, Die Idee der Völkergemeinschaft. Francisco de Vitoria und die philosophischen Grundlagen des Völkerrechts, Frankfurt – Berlin 1955. H.-G. Justenhoven, Francisco de Vitoria zu Krieg und Frieden (Theologie u. Frieden 5), Köln 1991. D. Deckers, Gerechtigkeit und Recht. Eine historisch-kritische Untersuchung zur Gerechtigkeitslehre des Francisco de Vitoria (1483–1546), Freiburg/Schw. 1991. *Zu Vitoria als Kirchenreformer s.* U. Horst, Ekklesiologie und Reform. Voraussetzungen und Bedingungen der kirchlichen Erneuerung nach Franz von Vitoria, in: Revista de História das Ideias (Coimbra) 9 (1987) 117–160. – *Zur Wirkungsgeschichte Vitorias s.* R. Hernández, Francisco de Vitoria 213–267. C. Schmitt, Francisco de Vitoria und die Geschichte seines Ruhmes, in: Die Neue Ordnung 3 (1949) 289–313. A. Truyol Serra, F. Vitoria y H. Grocio: Cofundadores del derecho internacional, in: Ciencia Tomista 111 (1984) 17–27.

Jean Bodin

A. Texte

Eine historisch-kritische Ausgabe gibt es nicht. Von der geplanten Werkgesamtausgabe ist nur Bd.1 mit den Frühwerken Oratio de Instituenda in Republica Iuventute, Juris universi Distributio *und* Methodus ad facilem Historiarum Cognitionem *(latein./französ.) erschienen:* Oeuvres Philosophiques de Jean Bodin, ed. Pierre Mesnard, Bd. 1, Paris 1951. *Das Hauptwerk über die Republik ist am besten greifbar im Faksimiledruck der Ausgabe letzter Hand (Paris 1583):* Les six Livres de la République, Aalen ²1977. *Die einzige kritische Ausgabe des Hauptwerkes, allerdings nur der englischen Übersetzung von Knolles 1606 bringt mit großem Apparat und ausführlicher Einleitung die exzellente Edition von* Kenneth D. McRae: The Six Bookes of a Commonweale, Cambridge: Harvard U. P. 1962. *Die moderne italienische Übersetzung ist heranzuziehen wegen der Teilentschlüsselung der Marginalien Bodins (Hinweise zu Quellen und Literatur):* Margherita Isnardi Parente: I sei libri dello stato di Jean Bodin, Turin 1964. *Einen Nachdruck der Ausgabe von 1580 gibt es jetzt von:* De la Démonomanie des sorciers, Hildesheim: Olms 1988 und der Ausgabe von 1857 des Colloquium Heptaplomeres , Fromann-Holzboog 1966.

Neuere deutsche Übersetzungen des Hauptwerks bieten die knappe Auswahl von Gottfried Niedhart: Jean Bodin, Über den Staat, Stuttgart: Reclam 1976

(Übersetzung meist zuverlässig, teilweise aber zu frei) und die verdienstvolle kommentierte erste deutsche Gesamtübersetzung: Jean Bodin, Sechs Bücher über den Staat, Übers. Bernd Wimmer, Hg. Peter C. Mayer-Tasch, München: Beck 2 Bde. 1981/86 *(Übersetzung nah am Original, manchmal weitschweifend; Lesarten der latein. Fassung; neuere Bodin-Bibliographie).*

B. Literatur

1. Bibliographien

Die alten Bodin-Ausgaben dokumentiert jetzt Roland Crahay, Marie-Thérèse Isaac, Marie-Thérèse Lenger: Bibliographie critique des éditions anciennes de Jean Bodin, Brüssel 1992. *Die Bibliographie der Werke und der Sekundärliteratur seit 1800 bietet* Horst Denzer (Ed.): Jean Bodin. Verhandlungen der internationalen Bodin-Tagung in München, München: Beck 1973; *sie wird fortgeführt bis 1983 in* Peter C. Mayer-Tasch (Ed.), Jean Bodin, Sechs Bücher über den Staat, München: Beck 1981/86. *Fortlaufend unterrichten über die neue Literatur:* Otto Klapp, Bibliographie der französischen Literaturwissenschaft, Frankfurt/M. 1960 ff., Répertoire bibliographique de la Philosophie, Paris 1949 ff. *und die Chronique der Zeitschrift* Bibliothèque d'Humanisme et Renaissance. *Nach wie vor unentbehrlich der die Literatur über Bodin von 1936 bis 1962 bewertende Forschungsbericht:* Georg Roellenbleck, Zum Schrifttum über Jean Bodin, in: Der Staat 2 (1963) und 3 (1964).

2. Darstellungen und Untersuchungen

Zur Biographie immer noch grundlegend Roger Chauviré, Jean Bodin, auteur de la Republique, Paris 1914, Nachdruck Genf 1969. *Für die grundlegende Prägung in Toulouse wichtig:* Pierre Mesnard, Jean Bodin à Toulouse, Bibliothèque d'Humanisme et Renaissance 12 (1950), 31–59. *Die neueren biographischen Forschungen bringen:* Roellenbleck, Schrifttum (s. o.), *die Skizzen in den Werkausgaben von* Pierre Mesnard (Vers und portrait de Jean Bodin), Kenneth D. McRae *und* Peter C. Mayer-Tasch, *sowie das Buch von* Paul L. Rose (s.u.). *Neueste Deutung verbunden mit der Zusammenstellung der Sekundärliteratur von 1800–2000:* Peter Cornelius Mayer-Tasch, Jean Bodin, Düsseldorf 2000.

Den Forschungsstand zum ganzen Werk und Leben dokumentieren die Tagungsberichte: Horst Denzer (Ed.), Jean Bodin, Verhandlungen der internationalen Bodin-Tagung in München, München: Beck 1973; Jean Bodin, Actes du colloque interdisciplinaire d'Angers, 2 Bde. Angers 1985 *und* Yves Charles Zarka (Ed.), Jean Bodin, Nature, histoire, droit et politique, Paris: PUF 1996; *sowie die Bücher* Julian H. Franklin, Jean Bodin and the Rise of Absolutist Theory, London 1973; J. P. Mayer, Fundamental Studies on Jean Bodin, New York 1979 *und* Gerd Treffer, Jean Bodin. Zum Versuch einer juristisch-philosophischen Bewältigung des allgemeinen religiösen Bürgerkriegs in Frankreich, München 1977.

Zum Weltbild und Wissenschaftssystem: Pierre Mesnard, Jean Bodin et la critique de la morale d'Aristote, Revue Thomiste 57 (1949) 542–62 *(fundamental zu Bodins Ethik);* Ann Blair, The Theater of Nature. Jean Bodin and Renaissance Science, Princeton U. P. 1997 *(zur Interpretation von* Universae naturae theatrum, *zur Naturphilosophie und zur Wissenschaft).* Georg Roellenbleck, Offenbarung, Natur und jüdische Überlieferung bei Jean Bodin. Eine Interpretation des Heptaplomeres, Gütersloh 1964 *(zu Weltsicht, Wissenschaftsbegriff, Religion und Toleranz). Hier wird der Einfluß des Judaismus ebenso überschätzt wie bei* Paul L. Rose, Bodin and the Great God of Nature. The Moral and Religious Universe of a Judaiser, Genf: Droz 1980, *der Bodin als jüdischen Konvertiten und Propheten deutet. Die Zweifel, die jüngst vor allem* Karl F. Faltenbacher (z. B.: Das Colloquium Heptaplomeres und das neue Weltbild Galileis, Stuttgart 1993) *zur Datierung des Toleranzgesprächs und zur Autorschaft Bodins gesät hat, sind wohl ausgeräumt durch* Jean Letrouit, Jean Bodin, auteur du Colloquium Heptaplomeres, in: La lettre clandestine 1995. *Zur Wissenschaftsmethode und zum Einfluß des Ramus grundlegend:* Kenneth D. McRae, Ramist Tendencies in the Thought of Jean Bodin, Journal of the History of Ideas 16 (1955), 306–23.

Zur Rechts- und Geschichtstheorie und ihren geschichtlichen Standort: Julian H. Franklin, Jean Bodin and the Sixteenth-century Revolution in the Methodology of Law and History, New York/London 1963; John L. Brown, The Methodus ad facilem historiarum cognitionem of Jean Bodin, a Critical Study, Washington 1939; Adalbert Klempt, Die Säkularisierung der universalhistorischen Auffassung, Göttingen 1960.

Zur politischen Philosophie und ihrer Einordnung in die Zeit grundlegend Pierre Mesnard, L'Essor de la philosophie politique au 16ᵉ siècle, Paris ²1952; *daneben* William F. Church, Constitutional Thought in 16th-century France, Cambridge/London 1941, *der den Wandel zum dynamischen Staatsdenken und die Entwicklung des Absolutismus hervorhebt. Jüngst hat die Rechts- und Staatsphilosophie als ambivalent zwischen Tradition und Moderne dargestellt* Simone Goyard-Fabre, Jean Bodin et le droit de la République, Paris: PUF 1989. *Speziell zur Souveränitätslehre* Hans-Ulrich Scupin, Der Begriff der Souveränität bei Althusius und Bodin, Der Staat 4 (1965), 1–26 *und das grundlegende Werk:* Helmut Quaritsch, Staat und Souveränität, Frankfurt 1970, *das auch die mittelalterlichen Vorläufer und die Wirkungsgeschichte der Souveränität behandelt. Allgemein zur Wirkungsgeschichte* J.H.M. Salmon, The French Religious Wars in English Political Thought, Oxford 1959. *Zum Einfluß auf die deutsche Reichspublizistik* Friedrich H. Schubert, Die deutschen Reichstage in der Staatslehre der frühen Neuzeit, Göttingen 1966 *und* Horst Denzer, Spätaristotelismus, Naturrecht und Reichsreform, in: Pipers Handbuch der politischen Ideen Bd.3, München 1985, 233–73.

Hugo Grotius

A. Texte

Die verschiedenen Ausgaben aller mehr als 120 Werke sind mitsamt ihren Übersetzungen nachgewiesen in den unter B 1. genannten Bibliographien.

Eine moderne textkritische lat. Ausgabe des juristischen Hauptwerks De iure belli ac pacis libri tres *mit Hinweisen auf die von Grotius selbst vor-*

genommenen Änderungen in den frühen Ausgaben von 1631–1646 von B. J. A. de Kanter/van Hettinga Tromp, Leiden 1939. *Die letzte, auch im Text verwendete, nicht immer zuverlässige dt. Übersetzung ist:* W. Schätzel, Drei Bücher vom Recht des Krieges und des Friedens, Tübingen 1950 (*abweichende Übersetzung in eckigen Klammern*).

Eine ausführliche Einführung in die „Staatsparallelen von 1601/1602 sowie die dt. Übersetzung des 6. Kapitels dieser Schrift findet sich bei W. Fikentscher, De fide et perfidia. – Der Treuegedanken in den „Staatsparallelen des Hugo Grotius aus heutiger Sicht, München 1979. *In dt. Übersetzung liegt schließlich noch vor:* R. Boschan (Hg.), Mare liberum – Von der Freiheit des Meeres, Leipzig 1919. *Vom „Beuterecht" liegt neben der lat. Ausgabe (1869) nur eine engl. Ausgabe in den Classics of International Law (vol. 22) vor:* J. B. Scott (Hg.), Commentary on the Law of Prize and Booty, Oxford/London, 1950.

Die für die Forschung wichtige Korrespondenz von Grotius liegt nun vollständig vor: Briefwisseling van Hugo Grotius, Hg. P. C. Molhuyssen, B. L. Meulenbroek, P. P. Witkam, H. J. M. Nelen/C. M. Ridderikhoff, 's-Gravenhage: Instituut voor Nederlandse Geschiedenis 16 Bde 1928 ff.

B. Literatur

1. Bibliographien

Grundlegend: J. Ter Meulen/P. J. J. Diermanse, Bibliographie des écrits imprimés de Hugo Grotius, Den Haag 1950 *und* J. Ter Meulen/P. J. J. Diermanse, Bibliographie des écrits sur Hugo Grotius imprimés au XVIIe siècle, Den Haag 1961. *In der Zeitschrift* Grotiana *werden seit 1980 regelmäßig in einer „A-Liste" die Werke (Erstausgaben sowie aktuelle Übersetzungen), in einer „B-Liste" die Sekundärliteratur zu Grotius – auch rückwirkend – erfaßt. Der Katalog der weltweit größten Sammlung von Grotius' Werken im Friedenspalast in Den Haag ist wiedergegeben in* Grotiana 3 (1982), 79 ff.

2. Darstellungen und Untersuchungen

Das „Zentralorgan" der Grotius Forschung stellt heute die von der Grotiana Foundation herausgegebene Zeitschrift Grotiana (Van Gorcum, Assen 1980ff) *dar. Sie hatte bereits von 1916–1947 einen gleichnamigen Vorläufer. Sammelpublikationen zum 400. Geburtstag 1984:* T. M. C. Asser Instituut (Hg.), International Law and The Grotian Heritage, The Hague 1985; Grotius Commitee of the Royal Netherlands Academy of Arts and Sciences (Hg.), The World of Hugo Grotius, Amsterdam/Maarssen 1984; Faculty ol Law – University of Limburg (Hg.), Hugo Grotius: 1583–1983 – Maastricht Hugo Grotius Colloquium, Assen 1984; H. Bull/B. Kingsbury/A. Roberts (Hg.), Hugo Grotius and International Relations, Oxford 1992.

Als Einstieg in die juristischen bzw. staatsphilosophischen Aspekte eignen sich – jeweils mit umfangreichen Literaturhinweisen sowie biographischen Skizzen – die bereits klassische Studie von Erik Wolf, Hugo Grotius, in: Wolf (Hg.), Große Rechtsdenker der deutschen Geistesgeschichte, Tübingen 1963, 253 ff; *zusätzlich mit Überblick über die Rezeptionsgeschichte in Deutschland:* H. Hoffmann, Hugo Grotius, in: Stolleis (Hg.), Staatsdenker in der frühen Neuzeit, München ³1995 *und* C. Link, Hugo Grotius als Staatsdenker, Tübingen

1983. *Aus sozialistischer Sicht liegt vor die Monographie von* N. Paech, Hugo Grotius, Berlin 1985.

Speziell zur Kontroverse um seinen Platz in der Geschichte des Völkerrechts grundlegend H. Lauterpacht, The Grotian Tradition in International Law, British Yearbook 23 (1946), 11 ff., *an dem sich allerdings auch die Kontroverse um die „Vaterschaft" von Grotius für diese Rechtsdisziplin neu entzündet hat: Vgl. kritisch hierzu etwa* H. Bull, The Grotian Conception of International Society, in: Butterfield/Wight (Hg.), Diplomatic Investigations; Essays in the Theory of International Politics, London ³1969, 51 ff. *und für eine „Korrektur" des Grotiusbildes plädierend auch* W. Grewe, Epochen der Völkerrechtsgeschichte, Baden-Baden 1984, 227 ff. sowie ders., Grotius – Vater des Völkerrechts, Der Staat 11(1984), 161 ff. *Vielbeachtet auch die Grotius in die Tradition der spanischen Spätscholastik stellende Studie von* J. B. Scott, The Spanish Origin of International Law, Lectures on Franciso de Vitoria (1480–1546) and Francisco Suarez (1548–1617), Washington 1928.

Zu seiner Bedeutung für die Entwicklung des Privatrechts F. Wieacker, Privatrechtsgeschichte der Neuzeit, Göttingen ²1967, 249 ff; *sowie* R. Zimmermann/D. L. Carey-Miller, Generi humanis iuris consultus: Hugo Grotius, Jura 6 (1984), 1 ff. *Kurzer Abriß des Naturrechtsdenkens bei* H. Welzel, Naturrecht und materiale Gerechtigkeit, Göttingen ⁴1962, 123 ff.), *ausführlicher (aus kath. Perspektive)* P. Ottenwälder, Zur Naturrechtslehre des Hugo Grotius, Tübingen 1950. *Grundlegend für die moderne Grotius Forschung schließlich* P. Haggenmacher, Grotius et la doctrine de la guerre juste, Genf 1983.

Thomas Hobbes

A. Texte

1. Ausgaben

Thomae Hobbes Malmesburiensis opera philosophica quae latinae scripsit omnia. In unum corpus nunc primum collecta et labore Gulielmi (William) Molesworth, London 1839–1845. 5 Bde. (2. Nachdr.: Darmstadt 1966); The English Works of Thomas Hobbes of Malmesbury. Now first collected and edited by Sir William Molesworth. London 1839–1845. 11 Bde. (2. Nachdr.: Darmstadt 1966). *Von* The Clarendon Edition of the Philosophical Works of Thomas Hobbes, Oxford *sind bislang erschienen*: Vol. 2: De Cive (Latin Version). A Critical Edition by H. Warrender, Oxford 1983. Vol. 3: De Cive (English Version; *gilt in der neueren Hobbes-Forschung als unauthorisierter Raubdruck*). A Critical Edition by H. Warrender, Oxford 1983; Vol. 6: The Correspondence 1622–1659. Ed. N. Malcolm, Oxford 1994. *Standardausgaben sind nach wie vor die Molesworth-Ausgaben; allerdings sind inzwischen einige weitere Schriften aufgefunden und editiert worden; ein ausführliches Werkverzeichnis findet sich in*: Grundriss der Geschichte der Philosophie (= „Überweg"): Die Philosophie des 17. Jahrhunderts, Bd. 3/1: England hg. J.-P. Schobinger, Basel 1988.

2. Textausgaben und Übersetzungen

Als englische Ausgabe wird empfohlen: Leviathan, with selected variants from the latin edition of 1668 Ed. E. Curley, Indianapolis (Hackett) 1994. *Als deutsche Ausgabe*: Leviathan oder Stoff, Form und Gewalt eines bürgerlichen und kirchlichen Staates Hg. I. Fetscher/Übs. W. Euchner, Frankfurt/ Main (stw) 1984 mit weiteren Auflagen; *oder:* Leviathan (= Philosophische Bibliothek 491) Hg. K. Klenner/ Übs. J. Schlösser, Hamburg 1996; Elemente der Philosophie. Erste Abteilung. Der Körper (= Philosophische Bibliothek 501), Übs./Hg. Karl Schuhmann, Hamburg 1997; Vom Menschen. Vom Bürger (= Philosophische Bibliothek Bd. 158) Hg. G. Gawlick/Übs. M. Frischeisen-Köhler, Hamburg ²1966/Nachdruck 1977; Naturrecht und allgemeines Staatsrecht in den Anfangsgründen Hg. F. Tönnies, Berlin 1926, Nachdr. Darmstadt 1976; Dialog zwischen einem Philosophen und einem Juristen über das englische Recht Hg. und komm. B. Willms, Weinheim 1992. Behemoth oder Das Lange Parlament Hg./Essay H. Münkler, Frankfurt 1991.

B. Literatur

1. Bibliographien und neuere Forschungsberichte

E. Curley, Reflections on Hobbes: Recent Work on His Moral and Political Philosophy, in: Journal of Philosophical Research 15 (1989) 170–249; A. Garcia, Thomas Hobbes: bibliographie international de 1620 à 1986, Caen 1986; W. Stacksteder: Hobbes-Studies 1879–1979, A Bibliography, Bowling Green 1982; B. Willms: Der Weg des Leviathan. Die Hobbes-Forschung 1968–1978, Der Staat/Beiheft 3. Berlin 1969 *enthält eine von* Peter Collier *zusammengestellte internationale Bibliographie des genannten Zeitraums. Eine kontinuierliche kommentierte Bibliographie bietet das seit 1988 fortlaufend geführte* Bulletin Hobbes, *in*: Archives de Philosophie vol. 51 u. spätere. *Seit 1988 erscheinen jährlich die* Hobbes-Studies, (Van Gorcum) Assen.

2. Deutschsprachige Einführungen

W. Kersting, Thomas Hobbes zur Einführung, Hamburg (Junius) 1993 *eine philosophisch-systematisch orientierte Einf.*; W. Kersting (Hg.), Reihe: Klassiker auslegen. Thomas Hobbes: Leviathan, Berlin (Akademie-Verlag) 1996 *ein systematischer Textkommentar*; F. Tönnies, Thomas Hobbes. Leben und Lehre, Stuttgart/Bad Canstatt 1971 (Neudruck der 3., verm. Aufl. v. 1925) *die Arbeiten des Initiators der deutschsprachigen Hobbes-Forschung sind noch immer uneingeschränkt empfehlenswert*; B. Willms, Thomas Hobbes. Das Reich des Leviathan, München (Piper) 1987 *eine historisch orientierte Einf., die das Problem der politischen Theologie diskutiert.*

3. Darstellungen und Untersuchungen (Auswahl)

Wissenschaftstheorie und Methode: H. Fiebig, Erkenntnis und technische Erzeugung. Hobbes operationale Philosophie der Wissenschaft, Meisenheim 1973; Th. A. Spragens, The Politics of Motion. The World of Thomas Hobbes, Lexington 1973; U. Weiß, Das philosophische System von Thomas Hobbes, Stuttgart/ Bad-Canstatt 1980. *Anthropologie*: O. Höffe (Hg.), Thomas Hobbes. Anthropologie und Staatsphilosophie, Freiburg/ Schweiz 1981; J. G. van der Bend (Hg.), Thomas Hobbes. His View of Man, Amsterdam 1982; *Naturrecht und Rechtsphilosophie*: N. Bobbio, Thomas Hobbes and the Natural Law Tradition, Chicago 1993; Dieter Hüning, Freiheit und Herrschaft in der Rechtsphilosophie des Thomas Hobbes, Berlin 1998; B. Ludwig, Die Wiederentdeckung des epikureischen Naturrechts. Zu Hobbes' philosophischer Entwicklung von De Cive zum Leviathan im Pariser Exil 1640–1651, Frankfurt/Main 1998; *Vertragstheorie und politische Theorie*: D. Baumgold, Hobbes's Political Theory, Cambridge 1988; D. Gauthier, The Logic of Leviathan. The Moral and Political Theory of Thomas Hobbes, Oxford 1969; M. Oakeshott, Hobbes on Civil Association, Oxford 1975; R. Polin, Politic e philosophie chez Hobbes, Paris 1953; Y. Ch. Zarka, Hobbes et la pensée politique moderne, Paris 1995; *einflußreiche Forschungsarbeiten*: J. Hampton, Thomas Hobbes and the Social Contract Tradition, Cambridge 1986 *eine spieltheoretische Interpretation des Vertragsargumentes*; C. Schmitt, Der Leviathan in der Staatslehre des Thomas Hobbes, Hamburg-Wandsbeck 1938 *erkennt bei Hobbes eine Politische Theologie*; L. Strauss, Die politische Philosophie des Thomas Hobbes, Neuwied/Berlin 1965 *argumentiert für die Unabhängigkeit der politischen Philosophie von Hobbes' mathemat.-naturwiss. Ansichten*; H. Warrender, The Political Philosophy of Hobbes. His Theory of Obligation, Oxford 1957 *behauptet die Kontinuität der Hobbesschen Verpflichtungstheorie mit dem christlichen Naturrecht.* – Vgl. a. die Beiträge *in*: P. King (Hg.), Thomas Hobbes. Critical Assessments, London/New York 1993. 4 Bde.

Die Autoren

Christine Chwaszcza, geb. 1962, studierte Politische Wissenschaft, Soziologie, Neuere Deutsche Literatur und Philosophie in München; 1994 Promotion zum Dr. phil. Seit 1994 Wissenschaftliche Assistentin am Philosophischen Seminar der Universität Kiel; dort 1999 Habilitation in Philosophie. Veröffentlichungen: Zwischenstaatliche Kooperation. Perspektiven einer normativen Theorie der Internationalen Beziehungen, Wiesbaden 1995; zus. m. Wolfgang Kersting (Hg.): Politische Philosophie der Internationalen Beziehungen, Frankfurt/ Main 1998.

Horst Denzer, geb. 1941, studierte Politikwissenschaft, Geschichte, Philosophie und Germanistik in Freiburg, Berlin und München. 1971 Dr. phil.; nach universitären Positionen in München und Augsburg 1988–97 Referatsleiter in der Bayerischen Staatskanzlei (inkl. ein Jahr in Schwerin); seitdem Ltd. Akadem. Direktor an der Akademie für Politische Bildung in Tutzing. Wichtige Buchveröffentlichungen: Moralphilosophie und Naturrecht bei Pufendorf (1972), Jean Bodin, Verhandlungen der internat. Bodin-Tagung (1973), Samuel Pufendorf, Die Verfassung des deutschen Reichs (1976, lat.-dtsch. 1994), Zur Entwicklung der Demokratie in Ostdeutschland (2002).

Ulrich Horst, Dr. theol., geb. 1931, studierte Philosophie u. Theologie in Walberberg, Salamanca u. München. 1977 Habilitation in München. Seit 1977 o. Professor der Theologie in Bonn. Seit 1985 Professor für Geschichte der Theologie in München, Vorstand des Grabmann-Instituts. Seine wichtigsten Buchveröffentlichungen: Die Trinitäts- und Gotteslehre des Robert v. Melun (1964), Papst-Konzil-Unfehlbarkeit (1978), Unfehlbarkeit und Geschichte (1982), Zwischen Konziliarismus und Reformation (1985), Autorität und Immunität des Papstes (1991), Evangelische Armut und Kirche (1992), Franz v. Vitoria, Vorlesungen I u. II (Hrg.) (1995, 1997), Evangelische Armut und päpstliches Lehramt (1996), Bischöfe und Ordensleute nach Thomas v. Aquin (1999).

Daniela Hüttinger (geb. Deibel), M. A., geb. 1972, studierte Politische Wissenschaft, Alte Geschichte und Philosophie in Erlangen und Rom. Praktika und Auslandsaufenthalte in San Francisco (1993), Seattle (1994), Florenz (1995) und Paris (1996). Seit 1999 Wissenschaftliche Mitarbeiterin und Doktorandin am Institut für Politische Wissenschaft der Universität Erlangen. Dissertation zum „Begriff des Politischen bei den Griechen". Veröffentlichungen: Zum Begriff des Politischen bei Platon (2000), in: Lietzmann/Nitschke (Hg.), Klassische Politik; Die Politeia und das Politische bei Platon (1997).

Daniel-Erasmus Khan, geb. 1961, studierte Rechtswissenschaften an den Universitäten Marburg, Genf und München. 1995 Promotion zum Dr. jur. Wissenschaftlicher Assistent am Institut für Internationales Recht/Völkerrecht der Universität München. Zahlreiche Veröffentlichungen auf dem Gebiet des Völker- und Europarechts und in anderen Bereichen des öffentlichen Rechts. Schwerpunkte: Grenz- und Gebietsstreitigkeiten, internationaler Menschenrechtsschutz sowie (völker-)rechtshistorische Fragestellungen.

Klaus Ley, geb. 1943, studierte Romanistik, Klassische Philologie und Philosophie in Bonn, Köln, Tübingen und Paris. 1974 Promotion; 1981 Habilitation. Seit 1990 Professor für Romanische Philologie an der Universität Mainz. Umfangreichere Veröffentlichungen: zur Renaissance-Literatur in Frankreich und Italien; zu Gegenreformation und Barock; zur Beziehung von Roman und Oper im 19. Jahrhundert.

Dirk Lüddecke, geb. 1969, studierte Philosophie, Geschichte und Wissenschaftliche Politik in Freiburg, Dublin und Basel. Wissenschaftlicher Mitarbeiter am Geschwister-Scholl-Institut der Universität München und redaktioneller Mitarbeiter des Philosophischen Jahrbuchs. Veröffentlichungen: Dantes politisches Denken. Überlegungen zur Argumentation der Monarchia Dante Alighieris, München 1999; Veritas exagitata. Die politische Lehre Wilhelms von Ockham und ihre Darstellung im Dialogus, in: K. Jacobi (Hg.), Gespräche lesen. Philosophische Dialoge im Mittelalter, Tübingen 1999, Philosophen auf dem Zauberberg. Überlegungen zur philosophischen Debatte zwischen Ernst Cassirer und Martin Heidegger in Davos (1929), in: P. Gemeinhardt u. a. (Hg.), Kultur und Wissenschaft beim Übergang ins Dritte Reich, Münster 1999.

Hans Maier, geb. 1931, nach Studien der Geschichte, Germanistik und Romanistik Professor für politische Wissenschaft an der Universität München (1962–1988). Von 1970–1986 Bayerischer Staatsminister für Unterricht und Kultus; von 1988–1999 Prof. für christliche Weltanschauung, Religions- und Kulturtheorie an der Universität München. Seine wissenschaftlichen Arbeiten gelten vor allem dem Verhältnis von Kirche und Demokratie und den christlichen Spuren im Prozeß der Moderne. Wichtigste Veröffentlichungen: Revolution und Kirche (1959, ^{5}1988; engl., frz., tschech.); Die ältere deutsche Staats- und Verwaltungslehre (1966, ^{3}1986); Die christliche Zeitrechnung (1991, ^{5}2000; jap., ital.).

Jürgen Miethke, geb. 1938, Studium in Göttingen und Berlin; Promotion bei Wilhelm Berges (1967); Habilitation an der Freien Universität Berlin (1970); Professor für Mittelalterliche Geschichte an der FU (1971–1984), in Heidelberg (seit 1984). Gastprofessuren in Rom (1978/1979), Madison, WI (1983) und Buenos Aires (1996); Fellow des Historischen Kollegs München (1988/89), Member des Institute for Advanced Study, Princeton, N.J. (1994/95). Forschungsschwerpunkte: Kirchengeschichte, Bildungsgeschichte, Geschichte der politischen Ideen, Theoriegeschichte. Die wichtigsten Veröffentlichungen: Ockhams Weg zur Sozialphilosophie (1969); Kaiser und Papst im Konflikt (mit Arnold Bühler, 1988); Quellen zur Kirchenreform im Zeitalter der großen Konzilien des 15. Jhs. (mit Lorenz Weinrich, 1995); „De potestate papae", Die päpstliche Amtskompetenz im Widerstreit der politischen Theorie von Thomas von Aquin bis Wilhelm von Ockham, Tübingen 2000.

Herfried Münkler, geb. 1951, Studium der Politikwissenschaft, Germanistik und Philosophie in Frankfurt/M.; 1981 Promotion zum Dr. phil., 1987 politikwissenschaftliche Habilitation. Seit Frühjahr 1992 Inhaber des Lehrbereichs Theorie der Politik an der Humboldt-Universität zu Berlin. Mitglied der Berlin-Brandenburgischen Akademie der Wissenschaften. Bücher: Machiavelli (1982), Pipers Handbuch der politischen Ideen (Hg. mit Iring Fetscher, 5 Bde. 1985–1993), Gewalt und Ordnung. Das Bild des Krieges im politischen Denken (1992), Thomas Hobbes (1993), Nationenbildung. Die Nationalisierung Europas im Diskurs humanistischer Intellektueller (mit K. Mayer u. H. Grünberger, 1998), Die Wiedergeburt des Krieges aus dem Geist der Revolution (Hg. mit Johannes Kunisch 1999), Renaissance-Lexikon (mit Marina Münkler, 2000).

Wilfried Nippel, geb. 1950, Promotion 1978, Habilitation 1983; Professor für Alte Geschichte an der Humboldt-Universität Berlin. Veröffentlichungen: Mischverfassungstheorie und Verfassungsrealität in Antike und früher Neuzeit, Stuttgart 1980; Aufruhr und „Polizei" in der römischen Republik, Stuttgart 1988; Griechen, Barbaren und „Wilde", Frankfurt 1990; (Hg.), Über das Studium der Alten Geschichte, München 1993; Public Order in Ancient Rome, Cambridge 1995; (Hg.) Max Weber, Wirtschaft und Gesellschaft, Teilband 5: Die Stadt, Tübingen 1999. Aufsätze zur Verfassungs- und Sozialgeschichte der Antike, zur antiken politischen Theorie und ihrer Rezeption und zur Geschichte der Altertumswissenschaft.

Richard Saage, Dr. phil, Dr. disc. pol. habil., geb. 1941, studierte von 1965 bis 1972 Politikwissenschaft, Geschichte und Philosophie in Frankfurt am Main. Visiting Scholar der Studienstiftung des Deutschen Volkes an der Harvard University, Cambridge, Mass. 1972/73. Habilitation 1981 an der Georg-August-Universität Göttingen. Seit 1992 Universitätsprofessor für Politikwissenschaft an der Martin-Luther-Universität Halle-Wittenberg. Seit 1998 ordentliches Mitglied der Sächsischen Akademie der Wissenschaften zu Leipzig. Seine wichtigsten Buchveröffentlichungen: Eigentum, Staat und Gesellschaft bei Immanuel Kant (1973, 2. Aufl. 1994), Faschismustheorien (1976, 4. Aufl. 1997, ital. Übersetzung 1979), Herrschaft, Toleranz, Widerstand (1981), Politische Utopien der Neuzeit (1991, 2. Auflage 2000, ital. Übersetzung 1997), Utopieforschung (1997).

Hans Karl Scherzer, geb. 1929 in Ludwigshafen/Rh., Ministerialdirigent a.D.. Studium der Geschichte, Germanistik, Geographie und Philosophie in Regensburg und Würzburg; Staatsexamen für das Höhere Lehramt, Studienrat in Weiden/Opf. und München, Mitarbeiter von Prof. Hans Maier im Deutschen Bildungsrat und am Geschwister-Scholl-Institut der Universität München; von 1971–1991 Referent, dann Abteilungsleiter (Grundsatzfragen und grenzüberschreitende Zusammenarbeit) in der Bayerischen Staatskanzlei. Leiter des Lehrgangs für Verwaltungsführung der Bayerischen Staatskanzlei.

Peter Weber-Schäfer, geb. 1935, Professor em. für Politikwissenschaft an der Ruhr-Universität Bochum. Wichtigere Veröffentlichungen: Ono no Komachi. Gestalt und Legende im Nô-Spiel (1960); Vierundzwanzig Nô-Spiele (1961); Der Edle und der Weise (1963); Zen. Aussprüche und Verse der Zen-Meister (1964); Altchinesische Hymnen (1967); Oikumene und Imperium (1968); Das politische Denken der Griechen (1969, Hg.); Einführung in die antike politische Theorie (1976). Aufsätze zur politischen Theorie, zur ostasiatischen Politik sowie zu Fragen des interkulturellen Vergleichs und der Theorie des Übersetzens.